三尺讲台见匠心

安徽师范大学教师课堂教学艺术与经验集萃（2010—2016）

安徽师范大学教务处
安徽师范大学本科教学督导团
编

安徽师范大学出版社
·芜湖·

责任编辑：王一澜
装帧设计：润一文化

图书在版编目(CIP)数据

三尺讲台见匠心：安徽师范大学教师课堂教学艺术与经验集萃：2010—2016 / 安徽师范大学教务处，安徽师范大学本科教学督导团编. — 芜湖：安徽师范大学出版社，2017.8（2023.12重印）

ISBN 978-7-5676-2902-8

Ⅰ. ①三… Ⅱ. ①安… ②安… Ⅲ. ①高等学校－课堂教学－教学艺术 Ⅳ. ①G642.421

中国版本图书馆CIP数据核字(2017)第114116号

SAN CHI JIANGTAI JIAN JIANGXIN

三尺讲台见匠心

ANHUI SHIFAN DAXUE JIAOSHI KETANG JIAOXUE YISHU YU JINGYAN JICUI（2010—2016）

——安徽师范大学教师课堂教学艺术与经验集萃(2010—2016)

安徽师范大学教务处
安徽师范大学本科教学督导团 编

出版发行：安徽师范大学出版社
芜湖市九华南路189号安徽师范大学花津校区　邮政编码：241002
网　　址：http://www.ahnupress.com/
发 行 部：0553-3883578　5910327　5910310(传真) E-mail：asdcbsfxb@126.com
印　　刷：苏州市古得堡数码印刷有限公司
版　　次：2017年8月第1版
印　　次：2023年12月第2次印刷
规　　格：700 mm × 1 000 mm　1/16
印　　张：19.5
字　　数：378千字
书　　号：ISBN 978-7-5676-2902-8
定　　价：87.80元

编　委　会

序

现代大学有诸多职能。其中，人才培养既是其最古老的职能，也是其最重要的职能。培养人才也有诸多方法与途径。其中，最重要的就是课堂教学。一直以来，安徽师范大学秉承着“重教”（安徽师范大学校训：厚德、重教、博学、笃行）的优良传统，视本科教学质量为学校发展的生命线，近年来更是确立了“以生为本”的办学主张。由安徽师范大学教务处与安徽师范大学本科教学督导团组织编写的《三尺讲台见匠心——安徽师范大学教师课堂教学艺术与经验集萃（2010—2016）》（以下简称《集萃》），既是对近几年来安徽师范大学本科示范观摩课的总结、回顾，又是我校提高本科教学质量的一大举措，其目的在于充分展现学校优秀教师群体的教学艺术与风采，发挥其示范引领作用，增进教师之间的学习与交流，推动青年教师的成长与进步。

大学教学是教师教学智慧与教学个性的充分彰显，是教师与学生在自由探究过程中思维与心智空间的完全开启，是在师生互相尊重、真诚相待中心灵与心灵的敞开对话。《集萃》中的教师在日常教学中或慷慨激昂、诙谐幽默，或思维缜密、逻辑分明，或博闻强识、旁征博引，或情感温婉、循循善诱，尽管他们研究领域不同，教学风格迥异，但皆挥洒自如、清新自然，凸显着别样的教学之美。他们并不拘泥于现代教学技术、教学技巧，更专注于教学本身，超越功利，将教学与学生的生命发展相联系，体现着其对教学、对学生真诚的爱，孕育着生命共同成长的感动。《集萃》中的教学感言不仅是教师们对自己从教以来教学经验的高度凝练与概括，而且体现了安师大人对大学卓越教学的永恒追求！

“一支粉笔两袖风华，三尺讲台四季晴雨”，《集萃》中一百多位老师在追求卓越的过程中一直潜心努力着、摸索着、钻研着，在富于创造、凸显个性的教学过程中实现着自身的生命价值。他们的精彩教学被定格为一幅幅隽永的画卷，也将激励并引领着安师大人在教学上不断精益求精，谱写出更加华美的教学乐章。

朱家存

引　言

安徽师范大学是安徽建校最早的高等学府，为社会各行各业，尤其为基础教育输送高质量的人才，一直是学校的基本宗旨和最高追求，进而形成了注重教学、视教学为各项工作之根本的良好传统。正是在这样一种良好的氛围之下，多年来，学校各院系涌现出一批又一批优秀教师，他们先后在全校、全省乃至全国各种类型的教学竞赛或评比中获得殊荣，成为安徽师范大学的教学品牌，成为安徽师范大学的骄傲。

为发挥品牌效应，进一步提升教学质量，安徽师范大学教务处、安徽师范大学本科教学督导团从2010年起开办了校级示范观摩课，旨在让优师、名师有展示风采的更大舞台，让广大教师尤其是青年教师有更多交流、学习的机会。截止到2016年7月，安徽师范大学主办的示范课有150场之多。每一次观摩课都吸引了众多的聆听者、学习者，其中有校领导，院、系领导，校、院督导专家，而人数最多的是中青年教师。每一次观摩课后，都有交流、评议，其中有执教者的反思，有督导专家的点评，有同行、学者的互议，亦有青年教师的感悟、体会。每一次观摩课后，相关学院都做出了较为客观、翔实的报道，并迅速上报教务处，最后经审核以教务处、督导团的名义发表在教务处的网页上。几年来，100多位优秀教师、教学名师先后登上观摩课的讲台，留下了一个又一个精彩纷呈、魅力四射的教学镜头。为此，我们特编辑此书，集中反映示范观摩课所走过的这一段平凡而又不平凡的历程，集中展示我校优秀教师、教学名师的教学艺术与教学经验。

该书选取了全校17个学院的100多位教师的有关教学艺术与经验的材料。在所有入选者之中，余恕诚、陶富源、顾也萍这三位德高望重，是其他入选者的老师、前辈，故单独编排。余恕诚、顾也萍两位老师的文章是他们对自己从教几十年来心得的总结与提炼，他们分别从不同角度表达了自己对教学的理解，对教学的追求，字里行间浸透着对课堂、对学生的热爱。陶富源老师的文章，由其弟子供稿，从一个学生的视角向我们呈现了一个课堂之外的陶老师。其他则按照学科的一般分类，分为文科、理科、艺体三大门类，将我校所有院系囊括其中。之所以做这样的编排，是考虑到不同的学科有自己独特的教学规律，将相近的学科放在一起，是为了存同比异、彰显特色。

在编写体例上，每一位入选者的材料都由教师简介、示范课报道、教学感言三部分构成。教师简介主要介绍入选者的教学成就，对其科研成果只做简要介绍；示范课报道基本沿用了当时的反馈资讯，真实地反映了当时的教学情况；教学感言则是入选教师在公开课的基础上做出的课后反思和教学提炼，这些感言基于一课而不限于一课，力图使教师站在一个更高、更理性的角度，去重新审视教学，升华自己的教学艺术与心得。与此同时，入选者可以根据自己的认识、体会提炼一两句话作为自己的教学座右铭。

这里需说明两点。第一，文学院的陈文忠老师和物电学院的黄时中老师没有写“教学感言”。他们作为教学名师，曾有长文论及课堂教学，既充分又深刻，故在书中直接引用。第二，教学感言是最能显示入编者特色的，虽然我们在征集材料时提出了统一要求，但也指出：篇幅不拘，可长可短；文体不拘，自由抒写；教学座右铭，不做强求，可有可无。正因为如此，教学感言呈现出较为多彩的面貌，篇幅上有两三百字的，也有洋洋数千言的；文体大多是议论式的，也有散文化、诗化的；有的有教学座右铭的，有的无教学座右铭。不少老师撰写了非常富于内涵的句子，这里姑且列出几句，供读者品味。

“一个人遇到好老师是人生的幸运”，愿我的学生因我而幸运是我毕生的追求。（新闻与传播学院袁立庠老师）

以“文”化“语”，以“文”统“语”，“学”以致“用”，以“用”导“学”。（文学院詹绪左老师）

大教教己，修己方能安人，教己方能教人。（教育科学学院李宜江老师）

当一辈子老师，一辈子学当老师。（数学计算机科学学院齐学梅老师）

该书不过是安徽师范大学课堂教学艺术的一个剪影。6年多的时间，在安徽师范大学近百年的历史中只不过是一个短短的片段，然而它所具有的继往开来、承前启后的价值却是值得我们珍视的。课堂教学在继续，安师大人对教学艺术的追求不会停止。我们坚信，在未来的岁月里，安徽师范大学将会有更多的优秀教师、教学名师涌现出来，安师大人在教学艺术的世界里将勇攀新的高峰。

目　录

专访篇

为了传承安师大人厚德重教的理念和教书育人的经验，弘扬安师大人课堂教学勤勉求索的精神和娴熟驾驭课堂的风范，2011年上半年，校本科教学督导团分别专访了首届国家级教学名师余恕诚教授和首届校级教学优秀特等奖得主顾也萍教授，二位亲为力作；下半年，又专访了省级教学名师陶富源教授，由其弟子供稿，现辑录为“专访篇”一并呈现。

余恕诚

余恕诚（1939—2014），安徽肥西人。1954年毕业于肥西初级师范，1957年毕业于六安师范，1961年毕业于合肥师范学院，同年留校任教。先后任安徽师范大学中文系助教、讲师、副教授，1987年晋升为教授，2003年担任博士生导师，2013年3月退休。曾任第八届全国政协委员，第六届安徽省政协委员，第八届安徽省政协常委，原安徽省人民政府参事，国务院突出贡献专家，安徽师范大学中国诗学研究中心主任、名誉主任。

余恕诚先生是卓越的大学教师，先后获得多项荣誉：全国优秀教育工作者（1991），安徽省教育系统师德先进个人（1997），曾宪梓教育基金会高等师范院校教师奖二等奖，国家级教学名师奖（2003），首届安徽师范大学终身成就奖（2014）。

余恕诚先生是我国杰出的古典文学研究专家之一，独著《唐诗风貌》《唐诗风貌及其文化底蕴》《唐诗与其他文体之关系》《诗家三李论集》等，合著《李商隐诗歌集解》《李商隐文编年校注》《李商隐资料汇编》《李商隐诗选》《中国文学史》等。曾荣获国家图书奖两项，全国优秀古籍图书奖两项，全国高校人文社会科学研究优秀成果奖两项，安徽省社会科学优秀成果一、二、三等奖各两项，《文学评论》优秀论文奖一项。

1995年，余恕诚先生作为中国古代文学的学科负责人，成功将该学科申报为安徽省首批重点学科之一。1999年，余恕诚先生领衔创建安徽师范大学中国诗学研究中心，并担任中心主任。2001年，“中国诗学研究中心”升级为教育部省属高校人文社科重点研究基地。2003年，余恕诚先生领衔成功申报中国古代文学博士点。2007年，余恕诚先生领衔成功申报中国语言文学博士后流动站。2008年，余恕诚先生领衔成功申报中国古代文学国家级教学团队。

余恕诚先生是忠诚的教育工作者，是永远矗立在安师大人心中的一座不朽丰碑！

谈谈如何搞好课堂教学

我是读师范出身的。从初师（相当于初中）读到中师，再读到高师。我在小学、中学都曾经实习过，在大学则是教了50年的书。自己对教书有些体会，别人教书的情况也或多或少了解一些。因此，我愿意就如何搞好课堂教学谈一点个人的认识。不妥之处，敬请批评。

一、积淀“学识”的教学底蕴

当前教育界对教学研究非常重视，大家从事研究的热情很高。教育主管部门每年都要立许多教改项目，国内有许多教学研究报刊，还有各种类型的教学研究奖项，这是非常好的现象，能调动广大教师的积极性，启发从事教学的人员锐意改革教学方法，提高教学效率。但在研究中，我觉得首先应该倡导的，是要增强教师的业务底蕴。业务的根底与教学方法的关系，有点近似于文章写作上内容与形式的关系。文章好不好，首先是内容。如果内容不行，即使形式上再花巧，也很难收到好效果。又比如话剧，同样是北京人艺的演员，演技都是第一流的。演老舍的戏，让人感动得流泪，而上世纪末，我曾看过他们演的另一出戏，却让人感到做作。这种现象若与课堂的情况相比拟，也相当于课堂内容与讲授技巧的关系。前者是根本性的，对一堂课的好坏成败起决定性作用。我在初师读书时，有一位教数学的老师，姓陈，他只念过半年高中，给我们上代数、几何，主要靠自学得来的知识。课堂上也没有什么花巧，但他自己学得透、学得扎实，能把知识讲得非常清楚。他在课堂上带领学生，跟着他一步步边思考边解析或运算那些典型的题目，推导那些公式或定理，结果全班同学的兴趣都给调动起来了，学得非常好。这就是老师自己把基础夯实所取得的效果。我校已退休的刘学锴老师是全国教育系统劳动模范、曾宪梓教育基金会高等师范院校教师奖一等奖获得者。他在教学上也不大讲究形式，但他原是北大骨干教师，业务功底非常深厚，在每届学生中都极受欢迎。他告诉我：一堂课只要有一两点能给学生启发，课就是成功的。这当然是经验之谈，但我们想，能真正做到每堂课都给学生一点启发，谈何容易！刘老师是因为在专业上有非常深厚的底蕴，有许多一流的著作，他把研究成果转化到了教学之中，所以才有这样的效果。马鞍山市有一位在任多年的教育局局长是我校中文系1978级校友，他曾向我介绍过一些给他授课老师的教学情况，最后感慨地说：“要给学生一碗水，老师就要有一桶水。老师自己没有一碗水，要给学生一碗水，是难以办到的。”这也很形象地说明教师的底蕴要足。我们也见过有些教师口才不错，课堂上甚至能经常引发笑声，但一门课教完之后，或者是多年之后，学生对他并没有多少好评，显然还是由于课堂的教学内容没能跟上，形式大于内容。因此我们一定要在根本上多下工夫，切切不要弄成花拳绣腿，而实际上腿拳都没有力气。这当然不是说教学的形式和方法不重要，而是说形式和方法要为内容服务，只有从深厚的底蕴中产生出来的教学内容，再配上好的方法，才能产生最佳效果。否则，任何方法、技巧都要大大地打折扣。以其昏昏，不能使人昭昭。切不可在专业上没有吃透的情况下匆忙上阵，而必须是胸中有足够的储存，才能在课堂上举重若轻、深入浅出、化难为易，不断地在关键处给学生以有力的点拨和启发。

二、追求“知音”的教学境界

提高高等学校教学质量，是一项要从多方面着手的艰巨任务。近年来启动的精品课程建设，是收到了一定成效的措施之一，但不等于说某门课程由某校某专业点做成“精品”后，其他学校的相同专业就可以仿照，也成为类“精品”、准“精品”，这是不应该，也是不可能的。这样做只能导致生搬硬套，导致教学改革与课程建设中创新意识的减退。课堂教学是由教师组织实施的师生共同活动，因时因人（师生双方）而异，处在不断变化之中。一个负责任的有能力的教师，即使是教两个平行班的课程，也不会使用完全相同的语言，运用完全相同的课件，组织完全相同的活动。教师总要根据不同的情况，选择特有的方式、语言、活动，形成每一堂课特有的气氛、场面和内容。由于课堂教学主导者是教师，因此教学活动中教师追求一种什么样的教学境界，对教学质量的高低起着关键作用。

教师追求的教学境界，因学科不同会有不同特征。理工科师生教学活动的最佳状态是什么境界？我因为没有实际体验，不敢妄议。而在长期从事中国古代文学教学中，我感觉自己似乎是在痴迷着追求“知音”的教学境界。所谓追求“知音”的教学境界，就我所从事的中国古代文学教学而言，是指师生围绕优秀文学作品所达到的一种心灵的沟通、审美的愉悦，分享对所学专业进行探索所可能有的困惑、焦虑与喜悦，交流对宇宙、人生、事业等重大问题的认识与思考，等等。《论语》中所记载的孔子与其弟子一起交流、切磋、探讨，乃至一起亲身实践的情景，可算是达到“知音”境界的一种典范。教学上的“知音”境界，内容和形式可以有多种变化，但那种师生之间的真正相互沟通、相互激励，乃至在某些重大问题上达成共识，共同追求与探索的精神，在今天的教学中仍然需要，而且亟待加强。

追求和实现教学中高标准的“知音”境界，需要师生在知识层面有互相对话、交流的基础。课程本身的艰深复杂的内容，教师和学生之间知识的差距，会让对话和交流产生一定的困难。要缩短师生差距，使学生的知识和学养得到迅速提高，必须把深奥的知识和相关的高层次的成果转化为学生易于接受和乐于接受的课堂内容。为了做到这一点，必须在课前从学生的实际情况出发，对教学内容、方法及各个教学环节加以精心设计。力求把深奥复杂的问题讲得易懂易记而不失深度，把枯燥的问题讲得饶有学术兴味，把错综复杂的问题讲得清晰明了，这样才有可能使授课富有吸引力并为学生乐于接受，使学生由原先跟课文和教师处于比较疏远隔膜的状态，化为彼此接近乃至相互沟通的知音。

师生之间形成知音，要有共同的思想基础，有了正确的共同的思想基础，才能形成一种向心力，形成共同探索真理的热情与氛围。在青年学生中决不能让懒懒散散、百无聊赖，或者追求享受与刺激的情绪蔓延。否则，不仅会荒废学业，而且会毁掉一个班级甚至一代人。把学生往正确的思想境界引导，一些人开始时未必能理解，但熏陶既久，当其有所感悟时，会从心底感激老师的正确指引。我们要挖掘教材中的德育因素，激发学生对祖国、对民族、对我国悠久历史与文化的热爱。我们要像房玫老师那样，带着责任和爱走进大学生，把理性的表达和情感的投入结合起来，通过情感的激励，思想的引领，行动的示范，与学生真正做到互相沟通，成为知音。

就专业知识的学习而言，开展创造性、探究性学习，最能激发学生学习兴趣。师生在探究中相互支持、激励，在取得成果时共同分享成功的喜悦。教学相长，正是通过由共同追求到成为“知音”的历程。1982年，我给中文系学生讲唐代诗人王之涣的《登鹳雀楼》。这首诗的头一句是“白日依山尽”。诗人为什么不说“红日”而用“白日”呢？前辈学者曾有说法，认为“白日”比“红日”还要亮，因而作者选用了“白日”。对此，我提出疑问，认为不一定可信，建议予以探究。一些同学遂分工合作，对唐代以前的诗文进行一次普查。当时没有电脑，全靠一本本翻阅，工程很大。但工夫不负有心人，结果发现“白日”这个词资格很老，而“红日”到初盛唐时才出现两、三个用例，这就从词的发展演变上，回答了王之涣为什么用“白日”而不用“红日”的问题。这项研究，由学生署名，写成短文，发表在权威刊物《中国语文》上。这个班同学毕业20年返校团聚时，还深情回忆当时集体“查书”的情景，认为那一场锻炼使他们大为开窍，知道了学问是怎么做的。

追求知音的教学境界，对教师永远是一种鞭策。教师必须了解学生，了解他们的业务水平、兴趣爱好、思想状况，结合实际制订教学方案；必须不断提高业务能力，关心学术前沿动态，把自己和学术界最新成果不断补充到教学内容中去，使自己的教学跟上时代，富有新鲜的魅力。教师还必须不断根据变化的情况，调整教学手段，把学生吸引到自己周围，一起探求知识。这样做当然比一年年重复老讲稿、老课件的做法，要花出多得多的精力，但学生大为受益，师生在教学相长、成为“知音”的过程中所感受到的乐趣是无穷的，而这种乐趣又必将转化为下一轮积极从事教学和学习的动力。

陶富源

陶富源，1944年生，江苏海安人。1969年毕业于北京大学哲学系，1971年分配到安徽芜湖师专任教。1983年9月至1984年5月在复旦大学哲学系进修，1995年3月调入安徽师范大学任教，政治学院教授、博士生导师，国务院特殊津贴享受者，国家社会科学基金学科评审专家，“国家青年拔尖人才支持计划”评审专家。主讲本科课程“历史唯物主义”“马克思主义哲学史”“文献检索与论文写作”，并为硕士生、博士生开设多门课程。1998年被评为“安徽省优秀教师”，1999年被授予“安徽省十大杰出教师”荣誉称号和“五一劳动奖章”，2007年被评为“省级教学名师”。先后主持并完成三项国家社科基金项目和多项省厅级项目，发表学术论文200余篇，著有《形上智慧论》《实践主导论》《终极关怀论》等多部学术著作，2016年出版近400万字的《陶富源文集》（十卷本）。曾获曾宪梓教育基金会高等师范院校教师奖三等奖、省部级科研成果一等奖1项，二等奖3项，三等奖1项，省级教学成果奖三等奖1项。

把学生放在心上
——记我的博士生导师陶富源教授

汪盛玉

当今社会，各种诱惑太多。在这样的氛围中，能埋头治学，且把学生放在心上的大学老师，实属难能可贵，令人敬佩。我的博士生导师陶富源教授就是这样一位把学生放在心上的人，他以自己的学养激励着弟子的成长。先生是我们的良师益友，以下是我对他感触最深的两点。

一、不断求新

“不能克隆别人，也不能克隆自己”是先生常说的话。先生给我们这届博士生上的第一门课是“马克思主义基本原理专题研究”。应该说，这门课通常的讲法是就原理讲原理。即就某一原理的形成、内涵、发展以及引申、运用讲下去。但先生却另辟蹊径，在分析和解决重大现实问题的过程中运用原理，深度开掘、显示亮点。他列出了十三个专题，每个专题讲解一次，一次三个多小时。其中有“马克思主义的当代命运”“世界历史视野中的当代资本主义”“经济全球化与中国现代化”“发展核心竞争力与建设创新型国家”“社会关系形成的主体向度及契约方式”“如何看待民主社会主义”等。这些专题都体现了历史穿透力和强烈的现实感，且颇为引人眼球。然而，要把这一系列事关重大的专题讲好，即讲出水平，讲出境界，讲得学生叫好，并非轻松之事，但先生做到了。他的讲课不仅使本点的博士生大开眼界，受益匪浅，而且还吸引了外点的博士生前来听课，于是不得不添加座椅，从而使小小的会议室充满人气。先生的教学达到如此好的效果，其中付出的辛劳是外人难以想象的。

在本科生教学中，先生亦能及时吸取国内外教改经验和学科发展的最新成果，不断充实教学内容。毫无疑问，一个老师如果对上课不是十分认真，对学生不是充满感情，是绝不会如此投入的。但先生乐此不疲。他说，马克思主义的教学和科研都应该直面现实，特别是重大现实问题，不能克隆别人，也不能克隆自己，而应该主动迎接挑战，激发探索热情。

先生注重改进教学方法，实现“两个转向”：即实现教师由“单纯讲授”转向“讲授与讨论相结合”；实现学生由“单纯接受型学习”转向“科研推动型学习”。先生不主张教师单向操作，而讲究师生互动，双向交流。每次讲完课，他都要留出一定的时间，征求学生意见，鼓励学生提出问题，发表见解，特别是发表与他不同的见解。他也经常提出一些问题，让我们展开讨论。这样的讨论一开始不是很理想。针对这种情况，先生总是鼓励我们说，认真的讨论对我们来说是一种很好的学习。你们每一个人所思考的问题或许是别人还没有考虑到的，现在你们把问题提出来了，也就逼着别人不得不学习呢。大家敞开心扉畅所欲言，才能产生共鸣，才能营造探究氛围、激活理论思维。在先生的组织、引导下，这样的讨论逐渐踊跃、热烈起来，效果也愈来愈好。在讨论中，先生总是认真倾听每位学生的发言，其专注的神情，现在回忆起来还历历在目。每次讨论，先生都要进行点评，并作总结发言。在这样的总结中，先生总忘不了感谢大家的发言，说是给了他不少启发。

二、严谨治学

对博士生来说，压力最大的是博士论文的撰写，而其中尤以确定选题最为头痛。对此，先生也十分重视。记得在第一学期期末，先生要我选择几个题目向他汇报。看到我列的几个题目，先生说，毕业论文选题要坚持三个原则和三种境界。三个原则，一是专业性原则，毕业论文是专业学位论文，要在专业范围内选题；二是价值性原则，选题要新颖别致，要有理论和实践价值；三是可实现原则，要根据自己的基础和能力进行选题。三种境界，一是把选题的目的仅限于完成一篇毕业论文；二是以选题的确定为研究契机，开辟自己学术研究的一块阵地；三是通过选题的研究为学术界打开一片新天地。

毕业论文的选题确定以后，如何看待它，如何做好它，先生认为要树立一个理念。这个理念就是要把博士毕业论文当作学术道路上的一个里程碑来看待，应该为塑造好自己的这个学术里程碑而不懈奋斗，精雕细刻。博士毕业论文达到合格等级，只是一个基本条件、一个底线，不能把这个底线当作目的。他曾举例说，一些学术前辈，比如冯友兰先生于二十世纪二十年代在美国哥伦比亚大学留学，其博士论文《天人损益论》几十年后读起来还那样耐人寻味、启发思想。我们可能做不到这一点，但一定要以他们为榜样，树立精品意识。他是这样教导我们的，也是这样严格要求自己的。先生极为珍惜时间，对学习和写作满怀热情，十分勤奋。他的每篇论文都是有感而发、字斟句酌而成，他的每部著述都是精心研究、反复提炼而出。如此长期倾心于学术研究，先生对大量原著文本都能够准确道出、诠释恰当，对许多前沿观点都能够全面评述、引证传神……这让他的每一个弟子感念至深。

我在写作过程中，每逢碰到难以解决的问题，就往先生家跑，先生不以为烦。每次去先生家，他都会放下手头的工作，或帮我答疑解惑，或帮我修改文稿。提起先生修稿的文稿，我至今还会汗颜，文稿中不少地方被先生改红了一片，密密麻麻，甚至连错别字和用得不当的标点符号也一一订正了过来。尤令我感动的是，先生时时把学生的学业放在心上。先生经常给我打来电话，说他看到某刊物上的某篇文章，或某本书的某章、某节建议我不妨看一下，可能对我写作论文有帮助。每每接到这样的电话，我心潮难平，不能自已。老师做到了这种份上，当学生的除了奋发以外，还有什么可说！先生这种严谨治学的精神也践行于他对本科学生毕业论文的指导中，作为一种经验总结，他还撰写并出版了著作《学术论文写作通鉴》。先生的辛勤付出，得到了回报。我们作为他的博士生，不仅在做人上很有进步，而且在学业上也很有长进。他所指导的博士生，有三分之二的人以博士论文为基础，成功申报了国家社科基金项目。

先生一直认为：与书本为伴，是教师的幸福；与学生为友，是教师的快乐。教育的最高境界是激励学生个性潜能的自由发展。

顾也萍

顾也萍，1938年生，上海松江人。1960年北京师范大学地理系本科毕业，1971年来安徽师范大学任教，2004年退休。安徽师范大学国土资源与旅游学院教授，硕士生导师。主讲“土壤地理学”“土壤资源及评价”“土地资源学”“土地退化”等课程。获安徽师范大学教学质量优秀奖（1980），安徽师范大学第三批重点课程建设奖（1996），安徽师范大学“皖泰杯”教师教学优秀特等奖，安徽师范大学教学成果优秀二等奖（1997），曾宪梓教育基金会高等师范院校教师奖三等奖（1999）。担任安徽师范大学“成人高等学历教育”教学督导员（2003—2006），担任安徽师范大学教学督导团副团长（2004—2010）。先后主持2项国家自然科学基金子课题，2项省部级项目和4项厅局级项目子课题，并获得1项国家自然科学二等奖，1项国家教委科技进步三等奖，1项国家土地管理局土地利用优秀成果奖一等奖。发表学术论文（第一作者）33篇，其中7篇论文发表在一级刊物上（《土壤学报》6篇、《地理科学》1篇）。

提高课堂教学质量的几点体会

我从参加工作到退休，在高等师范院校从事土壤地理教学工作44个春秋，退休后被聘为校教学督导员，在全校各学院听了不少课，下面谈几点我对提高课堂教学质量的粗浅认识。

一、吃透教材

教材是课堂教学的主要依据。教材是教师备课的主要依据之一，也是学生学习的主要用书。要上好课一定要吃透教材内容，搞清教材脉络、重点和难点，对教材要逐章逐节，一段一句认真阅读、理解，要前后联系，融会贯通。另外，仅仅看一本教材是不够的，还要看相关教材。就“土壤”方面的教材来说，我们用的《土壤地理学》，由北京师范大学、华东师范大学、东北师范大学编写；综合性大学采用《土壤学基础与土壤地理学》，由北京大学、南京大学编写；中国农业大学采用《土壤学》，南方本由浙江农业大学编，北方本由山西农业大学编。近几年的教材，有教育部组织编写的普通高等教育“十五”国家级规划教材、面向21世纪课程教材和个人自编教材等，这些都应阅读。各种教材都有自己的特点，可以起到取长补短的作用。为了更好地理解教材，还要阅读和本学科相关的专业书籍，如土壤有机质、土壤胶体、土壤分类等。

二、写好讲稿

写好讲稿是讲好课的基础。教师讲一门课，必须在上课前要有详细、完整的讲稿。讲稿既要汇集前人对这门学科的研究成果，又应包括自己对问题的理解与体会。一份好的讲稿应该是教材的提高和进一步升华，讲稿就是教师“再制造”的产物。

撰写讲稿时要考虑在传授科学知识的同时体现出鲜明的思想性，应该充分发挥课程内容本身的思想性，即寓思想教育于专业课教学之中。如写到土壤阳离子交换能力大小时，其中有一条受质量作用定律支配，代换能力小的氨离子，在浓度很高的情况下也能把代换力大而浓度小的离子从胶体上代换下来。农业上施用化肥硫酸铵，增加氨离子浓度，使氨离子跑到土壤胶体上。我想到这就是一个从量变到质变的过程。事物不是固定不变的，在一定条件下可以转化，我们要认识、掌握这些规律，为人类服务。这是来自科学知识本身的辩证法，学生对辩证法的这个结论印象会很深刻，事后也证明了这一点。又如写到土壤类型荒漠土时，要进行国情教育，有意识强调我国荒漠土和荒漠化土壤面积大，虽然我国治理沙漠取得了很大成绩，今后的治沙工作任重而道远。进行思想教育不能强求，也不能生硬结合，但教师在思想上要重视，在实际教学中要花气力落实，不能做表面文章，要追求实际效果。不能无准备临场发挥，否则效果不好。

教材受客观条件限制，不能经常变，教材是“死的”，教师要把它变“活”。讲稿要及时补充本学科的新成果、新研究动向，用以开拓学生视野，增加信息量，启迪创造智慧。这些内容应在讲稿中占一定比重。讲稿既不能简单重复教材，又不能脱离教材；讲稿内容要略多于讲课时所需的内容，说明问题的例子要多准备几个，供多于需。这样，讲课时就能从容应对各种情况，有回旋的余地。

在写好讲稿的基础上，做好课件。

三、注重理论联系实际

土壤地理学是一门实践性很强的课程。在讲授中必须联系生产、联系大自然和本省实际。如讲阳离子交换作用时，联系石膏为什么能改良碱土，石灰为什么能改良酸性土。讲胶体凝聚时，联系大自然的现象，江河入海口处，三角洲的形成是由于河水常年冲刷河泥形成的溶胶，遇到海水中的盐类凝聚下来的结果。讲到全国土壤类型时，对我省淮北平原、江淮丘陵和皖南山区的主要土壤类型分别进行介绍。通过上述讲授使学生感受到土壤地理学有着很强的生命活力，学好土壤地理学对今后中学教学，服务于农业生产有着广阔前途，使学生对土壤地理学产生了感情和兴趣，从而激发他们学习土壤地理学的自觉性和积极性。

课堂教学与室内实验、近郊野外实习有机结合，提高学生实际工作能力。土壤地理室内实验，目的是应用理化测试手段，培养学生土壤理化分析、结果计算和数据处理等技能技巧。如讲了土壤有机质、土壤酸度后，进行土壤有机质、土壤酸度的测定。近郊野外实习是验证、加深和扩大课堂理论知识，也是培养学生独立工作能力的重要环节。如讲到成土母质，可带领学生到四褐山、曹姑洲、湾址实习，观察下蜀黄土、第四纪红土和河流冲积物等母质类型。又如讲到水稻土，可到清水河易太乡进行水稻土的教学实习。要充分发挥地理科学的特点，面向大自然，以大自然为课堂。

四、关注表达与教法

有了好的讲稿，在课堂上照本宣科，教学不一定会获得成功，教师在课堂上不能念讲稿、背讲稿，而是需要用风趣的语言，生动贴切的比喻，深入浅出讲解，理科教师更要把握好语言表达。例如，一种好的土壤既能供肥、又能保肥，这就像在银行存活期存款一样，随时用随时可取，不用时又能避免浪费。又如盐土好像新鲜青菜里加了一些盐，成为盐拌菜，用水冲洗，盐容易被洗掉；碱土像腌了很久的咸菜，即使用水反复洗，菜还是咸的，盐已浸到菜里面了，所以碱土性质比盐土更坏。还有课堂语言要准确而简练，语气是坚定的，不用“大概、可能”等不确定的词汇；讲话速度适当放慢，尤其是新教师语速容易偏快。另外上课前要有计划地设计板书。

讲稿偏重于学科本身的理论体系，讲课面对的是学生，即要“备学生”，要换位思考。具体做法是上课前几天，一方面熟悉讲稿，一方面从学生角度设想，哪些问题容易理解，哪些难理解，用什么方法表达，学生更容易理解。经过这样的反复，对每堂课的教学内容和教学方法了然于胸，讲课时不仅能条理清晰，挥洒自如，而且可以更多注意学生听课神态、反应，临堂发挥，驾驭教学。看到学生“茫然”的时候，说明他们对问题没有理解，我就从另一个角度把问题重新交代清楚，而不能赶进度，急于往下讲。看到学生对教师所讲内容已基本明白时，我就跳过一些枝节，提前进入下一阶段的讲解。这样就容易做到有的放矢，击中要害。

我在课堂讲授中采用多种教学方法。讲授中注意“先慢后快”。基本概念、基本知识、基本理论要讲清，不要怕花时间，开始似乎是慢一点，当基本东西懂了，后面就自然会快起来，否则想快也不行。讲授时注意类比，突出特点。事物的特殊性是事物最本质的东西，要深刻认识该事物的本质，就要把握它的特殊性。讲课要科学分配时间，重其所重，轻其所轻。重点要讲透，难点要讲清，简单或雷同的可一带而过。

课后要进行教学反思。两节课下来，教师自己回顾课上得怎样，哪些地方是好的，哪些地方不够好，不满意，要有一个反思过程，这对自己很有帮助。反思中有成功，也有失败，成功和失败总是结伴而行，经验固然重要，应该总结；教训也可贵，同样需要总结。这样不断积累，提高更快。

文科篇

陈文忠

教师简介

陈文忠，1952年生，上海人。安徽师范大学文学院教授，安徽师范大学诗学研究中心研究员。主要研究美学、文艺学。主讲“文学理论”“西方文论史”“现代西方批评理论”“西方美学要籍导读”“20世纪中国美学”“人文学导论”等课程。主持国家精品资源共享课程“文学理论”。2006—2012年，多次随团赴美国、缅甸、马来西亚等国家，为当地汉语教师讲授“中国传统文化”“中国古代诗歌”“中国古代散文”等课程，深受各地听课教师好评。获安徽师范大学首届“卓越教学成果奖”，获“安徽省高校省级教学名师”称号。

示范课报道

荟萃群英蕴朴雅　驰骋讲坛任挥洒

2012年5月30日，本科教学观摩（示范）课第十四讲在花津校区教学楼2070501教室举行。本次校示范课由高等学校省级教学名师奖与校卓越教学奖获得者、文学院陈文忠教授主讲。教室内群贤毕至，少长咸集。除了校督导团成员、教务处领导、文学院领导、院督导组成员等参加了观摩活动以外，学校众多青年教师和研究生也前来聆听名师的课堂教学，感受名师风范。

此次授课内容是“文学艺术的进步”。首先，陈老师依据文学史的不同发展阶段和各家各派对文学发展的不同观点，在与“演化”等含义的比较下，抽丝剥茧出“进步”的具体内涵。其次，陈老师对“文学艺术进步”的两种不同观点进行了深入细致的剖析和阐释。最后，陈老师在微观和宏观双重视域中描述“文学艺术进步”的一般性表现和历史性规律。他在讲解时思路清晰，以重点内容为抓手，各项内容纲举目张。尤其他在介绍不同学术观点时，并不是简单罗列枚举，而是让学生在不同思维的碰撞中抓住瞬间迸发的灵感火花，体会智慧的乐趣，在主动接受中启迪思想，在引导探究中拓宽视野。

虽然授课教材是由陈老师主编，但他仍数十年如一日，根据最新的学术研究成果和不断变化的世界，坚持不懈地修订和丰富授课的内容，及时补充新鲜元素，用以完善教材并借以优化教学。陈老师对待板书语言与教学语言不分偏颇：板书设计合理，主副结合，在其美观的书写下精确地反映了知识体系的严密性；他授课时激情澎湃、风趣幽默，课堂用语凝练准确，而久负盛名的“陈氏语录”更是雅俗并具，相映生辉，或让人会心一笑，或发人深省。陈老师行云流水的课堂讲解和炉火纯青的教学技艺赢得了观摩师生们的交口称誉。

文学院高度重视本次示范课教学观摩活动，在课后也精心组织了评议活动。观摩老师们纷纷表示本次公开课不但充分展示了陈文忠老师日臻化境的教学艺术，也彰显了他非凡的人格魅力。青年教师不但要学习陈老师爱岗敬业的奉献精神，还要从中学习具体的教学方法和教学技巧，要在名师的引领和激励下更好、更快地成长。

教学感言

“让思想流动起来”
——谈谈课堂教学的艺术

一、引　言

多年前，一位同学在课程论文上的一段留言，谈论听课的感受和感想，至今读来，仍令我感慨不已。她最后这样写道：

> ……思想的起承转合，胜于知识的碎片。作为已经具备一定知识储备的大学生，知识的碎片我们可以自主地从书本中获得，甚至更为系统、更能深入自我的内心。但课堂上老师思想的起承转合，却能让我们陪他一起舞蹈，带领我们参与其中，感觉到自己真正是学习的主人，而不是接收知识碎片的机器。只有真正深入学生内心的东西，才能够真正成为学生自己的东西；只有真正调动学生思考的思想，才会真正成为学生自己的思想。有的老师常常把简单的知识高深化，用知识的碎片封堵我们的心；有的老师则善于通过思想的起承转合，让思想流动起来，在思辨的舞蹈中征服我们的心。

每一个沉默的学生都是一个苛刻的裁判！这段洋溢着学理与诗情的话，是这位“苛刻的裁判”长期听课经验的体会，也表达了她对理想的课堂教学的期待。现今的师生之间很少有正面交流，更难得对教师作正面评价。这位同学或许为保持作为学生的尊严感和独立性，用的是第三人称。但从一个学期的课堂反应、课后交流和学生眼神，我知道最后一句话表达了这位同学对我讲课的正面评价。“让思想流动起来，在思辨的舞蹈中征服我们的心”，读到这句话，我真有“先获我心”之感。这不正是我长期追求的教学效果吗？此后，这段留言一直鞭策着我反思和改进教学方法，自觉追求一种“让思想流动起来”的教学境界。

教室是一个静止的空间。在这个静止的空间里，为了“让思想流动起来”，在“思辨的舞蹈”中“征服”学生，我在备课和讲授中，是花了一些心思的。不过，说来实在“卑之无甚高论”。我的基本原则是“基于教材而又超越教材”，这是常情常理。具体做法不妨概括为五个方面：课前，让学生行动起来；备课，发掘已知背后的未知；教案，把知识纳入逻辑框架；讲课，让时间流动起来；听课，让师生互动起来。

二、课前：让学生行动起来

课堂上要让思想流动起来，上课前必须让学生先行动起来。学生如何行动？一个再简单不过如今却难以达到的要求：认真预习，通读教材。

为什么要求学生课前通读教材？源于我多次失败的教训。我的专业是文艺学，在近四十年的课堂教学中，讲授包括本科生的基础课、选修课以及研究生课程，大概有七八门；但常年主讲的课程则是“文学理论”或“文学概论”。我国高校尤其是师范院校，汉语文学系的课程体系大致由“语言”“文学”“写作”三大部分构成。“文学理论”在课程体系中处于核心基础地位。如下图：

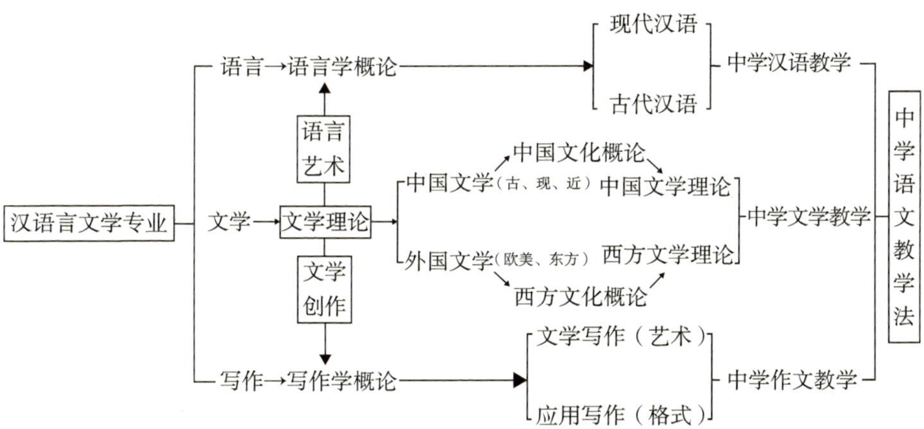

“文学理论”，向上与“语言艺术”相连，向下与“文学创作”相通，居中又是中外文学的方法论基础。一方面，文学理论在文学院课程体系中的地位极为重要；另一方面，被学生简称或戏称为“文概”或“文丐”的文学理论，又是所有课程中最抽象、最枯燥、最难讲的一门课。吸取以往的经验、教训，最初上课，我力求条理清晰，生动有趣，课堂效果似乎不错。但一学期下来，征求学生意见后，学生普遍的反应是：课堂上讲得很好，课后我们都忘了。再深入一调查，原来学生基本不读教材！记笔记、考笔记、忘笔记，成为文学理论课的常态。

面对对教学内容茫然无知的学生，课堂上不可能有师生互动，更不可能有“思想的流动”，教学效果必然大打折扣。为了改变被动的教学状况，我便要求学生认真预习，通读教材。具体地说有三方面考虑。一是全面了解课程的知识体系。科学性、系统性和全面性，这是教材编写的基本原则。要想全面了解一门学科内容，读教材比听讲课更有效。西哲有云：当教授窘得脸色发白时，教材已表达得一清二楚。二是有助于训练学生的思维能力。在语言文学系的课程体系中，“文学理论”最具哲理性和思辨性，因而也是训练学生思维最有效的课程。恩格斯说得好：我们只能通过哲学学习思维。[①]确实，我们只能在哲学中学习哲学，在理论中学习理论，在思维中训练思维。三是形成学生的“前理解”，为课堂上主动听课打下基础。知识的获得与个人的“前理解”关系密切。可以这样说：你所学到的，是你心中已有的；你所理解的，是以你的前理解为基础的。因此，有了预习的“前理解”，听课便会双倍清楚；没有预习的“前理解”，听课就会双倍糊涂。正是在这个意义上，美国思想家爱默生曾说：“只有学生提高到了与你同样的状态，具有了同样的理论，你才可以教育他们；于是开始输血了；于是你就是他，他就是你了；于是才有了教育。”[②]这段初读似乎不可理喻的话，仔细想想实是蕴涵丰富智慧的至理名言。

一个本科生如果能够认真仔细地通读四年的全部教材，他会打下多么扎实的基础，累积多么系统全面的知识！在电子媒体环境中成长起来的当代大学生，要求他们系统读书是困难的事，系统读教材更是困难的事，系统阅读枯燥的理论教材则是难上加难的事。针对这种现状，我不只要求学生通读教材，也指导学生如何有效地通读教材，具体读法有二。

一是快速通读。这是一位英国学者的经验。对于“如何阅读艰深的书”，英国学者阿德勒说过一段极富启发性的话，他说：“第一次读一本难书的时候，要毫不停顿把它读完，注意你所能了解的部分，不要因你所无法立刻领悟的部分而停顿。照这个方法继续下去，你第二次再读的时候（不要间隔太久）更有机会了解它。”[③]中国史学家吕思勉有同样的经验，他在介绍“读旧史入手的方法”时说：“初读求速不求甚解。……若读书必要一字一句都能解说，然后读下去，则终身将无读完一部书之日，更不必说第二部了。”[④]中西两位学者的经验，不免令人联想起陶渊明的一句名言：“好读书，不求甚解。”易言之，初读艰深的书，不

① 恩格斯在《自然辩证法》中提到：“理论思维无非是能力方面的一种生来就有的素质。这种才能需要发展和培养，而为了进行这种培养，除了学习以往的哲学，直到现在还没有别的办法。”

② 爱默生.爱默生演讲录[M].孙宜学，译.北京：中国人民大学出版社，2004:308.

③ 韦政通.中国的智慧[M].长春：吉林出版集团有限责任公司，2009:111.

④ 吕思勉.为学十六法[M].张耕华，编.北京：中华书局，2007:79.

妨不求甚解。对中文系本科生来说，“文学理论”便是一本艰深的“难书”，阿德勒和吕思勉的读书法，解决了学生通读教材的拦路虎，学生的反应可谓“欢欣鼓舞”。如何“快速通读”？我进一步提出要求，即采用细读、泛读、粗读三种方式，一周内通读教材。具体地说，“细读”全书目录、每编提要、每章前言，“泛读”每一章的章、节、目、点，“粗读”每一章中你感兴趣的某一节，一周后交一篇“《文学理论》阅读印象”。第一次布置作业，我真有一点担心。然而，一周后交给我的作业，出乎我的意料。只要方法得当，学生的潜力和积极性是无穷的。

二是逐章细读。只有解剖了论著的思维结构，才能把握著作的思想精髓。细读必须做读书笔记，我对细读教材的“读书笔记”提出三项要求：一是在逐章细读的基础上，每章整理出一个“概念范畴体系表”；二是根据“概念范畴体系表”，叙述每一章的内在理路；三是从阅读实感出发，谈一点收获，或做一点批判。为什么要逐章细读？既为学生掌握知识，也为教师课堂讲授。就学生掌握知识而言，我经常跟学生讲：从课堂上听来的，像沙漠中的雨，很快就会蒸发得无影无踪；从阅读中得来的，会成为一眼心灵的泉，将会不断喷涌出思想的灵感。就教师课堂讲授而言，有了学生细读教材的基础，不仅不会出现“课堂听讲投入，课后依旧不懂”的现象，而且教师可以在课堂上做深层次的探讨。

三、备课：发掘已知背后的未知

“基于教材而又超越教材”，这是我备课的基本原则，其实这是教学的常识和常规，而我对这条原则的真正认识，也是缘于当年失败的教训。

20世纪80年代初，刚留校任教不久，一是不满于当时教条式的“文学概论”教材，二是受到当时思想解放思潮的激发，三是读了一些刚引入的欧美文艺学美学著作，便一心想着建构自己的“理论体系”。于是，第一次获得独立开课的资格，就大胆地向学生宣称：“不用颁发的教材，听我讲新的理论。”以我当时的学养，结果可想而知。学期未半，就有学生在校报上发表文章，不点名地批评“某些青年教师”抛开教材、自说自话的“狂妄”做法。现在回想起来，当时我的“理论体系”实质上并没有多少新思想。

“抛开教材，自说自话”，之所以失败，原因很简单：你不提供替代性教材，学生不知道你葫芦里卖的是什么药；教师一周讲课一次，学生没有教材做凭据，无法预习，难以复习，失去了主动学习的可能；没有教材，学生缺乏评判讲授效果的依据，课堂上的学生完全成了被动的听讲者。

成熟、严谨的大学教材是经典常识的结晶。一个学科的知识体系和学术传统，通过体现学术共识的大学教材，一代代传递下去。因此，教材内容是本科生必备的知识，也是学生由学习走向创造的基础。人文学科不同于自然学科，更强调教师的主体性和创造性，但也必须基于经典常识，尊重学术传统，谨守学术规范。总结这次教训，我便回归常识，确立了基于教材而又超越教材的教学原则。

在备课中，“基于教材而又超越教材”，包含相互关联的两个方面：“基于教材”，即备课坚持从教材出发；“超越教材”，即不断发掘已知背后的未知。

第一，“基于教材”。教材是严肃的学术著作，是经典常识的结晶。成熟的大学教材应为学生提供本学科权威的知识体系。因此，备课应当基于教材，坚持从教材出发。具体做法，大致有二。

一是按照教材的体例线索准备讲稿。在当下本科教学的课堂上，讲课切忌脱离教材，另搞一套。教师相互听课，是相互学习的良好机会。有时听青年教师上课，有的教师一上来就向学生宣布：一不要看教材，二不要记笔记，只要听自己讲授即可。这几乎重复了我当年同样的错误。结果是，课堂上学生无所适从，一学期下来，学生普遍反映无所收获。没有规矩，不成方圆。当今的大学生，刚从“应试教育”的课堂走出来，对大学课程缺乏知识准备，对大学的学习方式也有一个适应过程，大学教师必须“因材施教”，逐步提高。

二是教师在课堂上，应给学生讲清楚教材上的重点、难点和特点。学生细读教材，不可能取代教师讲授教材，教师应在学生细读的基础上，着重讲授教材上的重点、难点和特点等深层次的问题。“文学理论”是一门逻辑性很强的课程，章与章之间具有较为严密的内在联系。我在课堂上处理教材时，主要做三件事：一是梳理每一章的理论思路，二是讲授每一章的重点和难点，三是讲清章与章之间的内在联系和逻辑过渡。这样，通过部分与整体、整体与部分的“循环阐释”，有助于学生逐步深化对整个知识体系的把握。只有把理论作为一个整体来把握，它的每个部分才有意义。

第二，“超越教材”。大学课堂是学术探索的地方，是把结论变成问题的地方，教师讲课绝不能照本宣科，既要从教材出发，又必须超越教材。所谓“超越教材”，它同样包含两层意思：一是进行“从已知到未知”的深度探索，二是充实前沿成果，提出学术见解。

一是进行“从已知到未知”的深度探索，这与人文学科的特点密切相关。文科与理科的课堂教学有一个重要差别：理科是“从未知到已知”，教师不讲，学生不知道，因此教师比较容易征服课堂；文科是“从已知到未知”，教师不讲，学生也看得懂，因此教师不太容易征服课堂。教师只有发掘“已知背后的未知”，让学生有意想不到的收获，才能取得理想的教学效果。

“三千年哲学史，百年人生问题的反思史。”生命的一次性和重复性与人生境遇的普遍相似性，决定了人文学科问题的恒常性，亦即所谓“老生常谈”。然而，虽是“老生常谈”，又必须“常谈常新”，才能适应社会和时代发展的需要，适应学科发展的需要，满足一代代“新生”的需要。怎样做到“常谈常新”？发现和发掘“已知背后的未知”，是“超越教材”的基本方式之一，也是文科教师学术研究和课堂教学的基本职责之一。

如何发掘“已知背后的未知”？“从已知到未知”具有广阔的探索空间，至少有五条思路：一是从局部的已知到整体的未知，这是量的扩大；二是从经验的已知到学理的未知，这是质的深化；三是从理论的已知到运用的未知，这是能力培养；四是从现实的已知到历史的未知，这是深入传统；五是从本国的已知到他国的未知，这是文化比较。当然，只有教师认识到已知背后的种种未知，才能引导学生探索已知背后的无限未知。

“熟知并非真知”，这是黑格尔的名言。他写道：“一般说来，熟知的东西所以不是真正知道了的东西，正因为它是熟知的。有一种最习以为常的自欺欺人的事情，就是在认识的时候假定某种东西已经熟知了，因而就这样不去管它了。这样的知识，既不知道它是怎么来的，因而无论怎样说来说去，都不能离开原地而前进一步。”[①]阅读人文学科的著作和教材，学生文字上的“熟知”，并非意味深层内涵的“真知”。教师揭示“已知背后的未知”的过程，就是使学生“化熟知为真知”的过程。

二是充实前沿成果，提出学术见解。如果说做“从已知到未知”的深度探索，是基于教材而又超越教材；那么“充实前沿成果，提出学术见解”，则是对教材内容的深化、拓展和知识更新。

费希特把“成熟的学者”分为两类，一类是从事著作创作的学者，一类是从事言教的学者。在他看来，学者承担双重职责：学者犹如时代的文库，首先是知识的保管者；其次，学者还应该发展人类共同体的知识或者是修正错误的知识，因为这同样是扩充知识，或者是进一步从迄今已知的东西做出推论。总之，“每一个时代的知识都应当提高，为了提高知识，才有了学者阶层”[②]。大学教师作为“从事言教的学者”，“保管知识”和“发展知识”的双重职责兼而有之。

在教学中，我除努力发掘“已知背后的未知”，在教材基础上做深度探索外，又尽可能充实前沿成果，提出学术见解，力求使大学课堂成为既传递知识又发展知识的场所。具体做法大致有三：一是及时吸收学界的前沿成果充实教学；二是把自己发表的学术成果转化为教学内容；三是把教材上的结论变成学术问题，所谓“不疑处有疑”，以自己的学术思考激活课堂教学。上述三个方面，学生最感兴趣、最具挑战性的，是同教师一起进行学术思考，同教师一起解决学术问题。那些未有定论的问题，激活了学生的学术思维，引发了学生的学术兴趣，

① 黑格尔. 精神现象学(上卷)[M]. 贺麟，译. 北京：商务印书馆，1982：20.

② 费希特. 伦理学体系[M]. 梁志学，李理，译. 北京：商务印书馆，2010：362.

有的被学生写成文章发表，有的则成为学生毕业论文的选题。

四、教案：把知识纳入逻辑框架

备课包含两个方面：一是讲授内容的准备，二是讲授方式的准备。“基于教材而又超越教材”的原则，首先体现在讲授内容的准备中；而在讲授的方式上，我力求“把知识纳入逻辑框架”之中。

为什么要把知识纳入有序的逻辑框架？一言以蔽之，“讲课”不同于“讲演”。古罗马朗吉努斯留下一部《论崇高》，这是一部伟大的“讲演术”或“雄辩术”著作。他认为，“崇高风格”是“雄辩”或“讲演”的最高境界：“崇高的语言对听众的效果不是说服，而是狂喜。一切使人惊叹的东西无往而不使仅仅讲得有理、说得悦耳的东西黯然失色。”[①]如果说“讲演”追求“狂喜”的崇高境界，那么“讲课”则追求“说服”的学理境界。我对二者区别，做了如下概括。

讲演是一次性的，追求当下效应；

讲课是长时段的，追求知识系统。

讲演照顾不同的听众，不妨带表演性；

讲课面对求知的学生，必须有学理性。

讲演追求崇高性，可以即兴发挥；

讲课追求科学性，不能随心所欲。

西方具有悠久的演说传统，同时形成了悠久的演说理论。西塞罗是古罗马伟大的演说家，也是伟大的演说学家。他在《论公共演讲的理论》一书中写道：“演讲者应当拥有开题（invention）、布局（arrangement）、文体（style）、记忆（memory）、表达（delivery）的能力……所有这些能力我们都可以通过三种途径获得：理论、模仿、实践。所谓理论指的是一套规则，能够提供一种确定的方法和讲话的秩序。所谓模仿推动着我们按照某种研究过的方法去获得某些讲话模式的有效性。所谓实践就是勤奋地进行训练，从中获取经验。”[②]由此可见，“一次性”的演说，虽然追求令人“狂喜”的当下效应，但也有“开题”“布局”等种种规则，不可能完全随心所欲。而在“长时段”中，以“说服”为特点，追求学理境界的课堂教学，更应当遵循课堂规律，重视听课心理，不能漫无边际，随性发挥。只有把知识纳入有序的逻辑框架，教师才可能有条不紊，娓娓道来，从容完成教学任务；学生则可以循序渐进，步步深入，轻松听完教师讲授。

当然，教师有不同的个性，讲课有不同的风格。有的教师追求滴水不漏的严谨性，讲稿就是著作，著作就是讲稿；教师上课就是念讲稿，学生记下来便是好文章。这种“念讲稿”式的讲课，在以往“名教授”中不乏其人，他们的讲稿也

---

① 伍蠡甫. 西方文论选[M]. 上海：上海译文出版社，1979：122.

② 西塞罗. 西塞罗全集·修辞学[M]. 王晓朝，译. 北京：人民出版社，2007：3－4.

大多成了传世名著。但是，从学生听课的角度看，“念讲稿”式的讲课，毕竟单调乏味，难免令人昏昏欲睡。

如何“把知识纳入逻辑框架”？我的体会是，教师撰写讲稿，应当向电影导演学习：电影导演把“文学剧本”转化为“分镜头剧本”，教师则应当把“论著式讲稿”变成“讲授性讲稿”。我所理解的“讲授性讲稿”，就是教师可以从容不迫，娓娓道来，条理清晰，逐层深入，师生对话，张弛有度。具体说来，大致有如下几个特点。

1. 自成一体的逻辑框架：谁给知识创造了体系，谁就能让知识传播开去。

课堂讲授的每一部分内容，都应把它纳入自成一体的逻辑框架之中，使之成为知识整体的有机组成部分，而不是可有可无的东西。知识的逻辑框架，有助于引导学生迅速进入听课情境，并通过逻辑的力量保持学生听课的专注度。

2. 层次清楚的系统标题：标题是思想的眼睛。课堂讲授的每一部分内容，都应分出条理清晰的层次，每一个层次力求提炼出言简意赅的标题。这样，教师便于讲授，学生也便于理解，课程内容的逻辑进程，也可以通过系统标题，一步步地显示出来。

3. 简明扼要的理论阐释：人是借助警句进行思考的。对核心命题和重要观点的阐释，应简明扼要。简明扼要的理论阐述，以便学生当时做笔记，也便于课后的复习思考。滔滔不绝的长篇大论，教师讲得痛快，学生难免如坠五里雾中。一则警句就是一个命题，一个命题的展开就是一篇论文。言简意赅的名言警句，对学生更有启发性。

4. 典型范例的详细分析：只有详尽的例子才能提供明晰的观念。抽象说理一箩筐，不如详细分析一个恰当的例子更令人豁然开朗。爱默生说：“人只有靠‘做’来教，除此别无他法。”[①]在课堂教学中，范例的详尽分析，绝非可有可无，它是理论的具体运用，也是教师能力的实际展示，因而也就是教师“靠‘做’来教”的重要方式。

我所理解的“讲授性讲稿”，大体是由自成一体的逻辑框架、层次清楚的系统标题、简明扼要的理论阐释、典型范例的详细分析诸部分构成，从而做到整体与局部、知识与逻辑、学理与实例的有机结合。

五、讲课：让时间流动起来

一部逻辑严密、层次清楚、有理有据、张弛有度的“讲授性讲稿”，为成功的课堂讲授提供了良好的基础。但是，乐谱不等于音乐，文学剧本不等于舞台艺术，“讲授性讲稿”也不等于实际讲课效果。如何在“讲授性讲稿”的基础上，

① 爱默生. 爱默生演讲录[M]. 孙宜学，译. 北京：中国人民大学出版社，2004：308.

创造出授受相互默契，师生双方满意的课堂效果，真正让时间流动起来，让思想流动起来，教师还是要费一点心思的。

教学活动通常是在教室里进行的。“教室”是一个特殊场所，是一个静态的空间，是一个有纪律约束的静态空间。学生走进教室，就意味着动态的生命进入了静态的空间，此后的五十分钟将失去自由。如何让静态的空间活跃起来，让失去自由的学生行动起来，让五十分钟充满有韵律的动感，这是教师成功讲好一堂课的关键。黑格尔在《精神哲学》中谈“时间的两种感觉”的一段话，给了我极大的启示。在谈到“直观”的时间感觉时，黑格尔写道：

> 在我们直观许多东西时，时间在直观中对我们就变短，而当缺乏给予的材料迫使我们去沉思我们的无内容的主观性时，时间则相反地变长……当时间充满一种不断交替的内容时，我们就觉得它短，相反地，当时间的千篇一律性不为任何东西所打断时，我们就觉得它长。①

借言之，要让静态的空间动起来，化课堂的沉闷为心灵的活跃，就必须让学生“直观”许多东西，使课堂“充满一种不断交替的内容”，用“不断交替”的内容，取代“千篇一律”的空洞。首先是讲课的内容要流动起来，其次是师生的思想交流起来，最后是静态的空间也就流动起来了。换言之，所谓“让思想流动起来”“让时间流动起来”，实质上是“让讲课的内容流动起来”。只有讲课的内容按照课程自身的知识逻辑和学生听课的心理逻辑流动了起来，师生的思想自然流动起来了，静态空间的五十分钟时间也就会在不知不觉之间变得短了。这样的课堂，教师讲起来轻松，学生听起来也不会感到吃力。

那么，如何在“讲授性讲稿”的基础上，让讲课的内容流动起来，让课堂通过“不断交替”的内容产生一种起承转合的动感？不同风格的教师，会有不同的做法。我的做法大体如下。

1. 通过有层次的标题展示课程内容的逻辑进程。据我的经验教训，课堂教学有两大忌：一忌写一个大标题讲半天；二忌投放密密麻麻的电子讲稿。写一个标题讲半天，就变成黑格尔所批评的那样，“当缺乏给予的材料迫使我们去沉思我们的无内容的主观性时，时间则相反地变长”，课堂沉闷而乏味；投放密密麻麻的电子讲稿，实质是变相让学生抄书，而大学课堂是一个充满探索精神的地方，相对静止的“课件教学”只能起辅助作用，尤其是理论性的人文学科。

我的做法有二，即“未讲先写”与“边讲边写”。所谓“未讲先写”，即开始

① 黑格尔. 精神哲学——哲学全书·第三部分[M]. 杨祖陶，译. 北京：人民出版社，2006：268.

上课，先写标题，然后再讲，醒目的标题有助于以最快速度把学生引入听课情境；所谓“边讲边写”，即随着讲授内容的步步深入，通过有层次的标题展示课程内容的逻辑进程。为此，我迄今为止40年的课堂教学，一直是一块黑板，一支粉笔。尽管制作精致的PPT也可以做到“未讲先写、边讲边写”，但似乎总不如传统的黑板粉笔方便自如。而且，从教师的“讲”到学生的“听”、从教师的“授”到学生的“受”之间，有一个“理解”的过程，“边讲边写”的板书，可以为学生的理解留下了必要的间隙。

2. 通过精心设计的板书展示思维过程的起承转合。文学理论作为理论学科，在内容上是系统论述文学和文学活动的本质规律，在形式上则表现为由一整套具有内在联系的概念、范畴和命题构成的逻辑体系。同所有的科学理论体系一样，概念、范畴、命题是文学理论最基本的构成要素，也是文学理论教学的主要内容和基本任务。清晰而又充分地展示出抽象的概念、范畴、命题的丰富内涵，这是理论课教学的重点所在，也是难点所在。

我的做法是，尽可能化抽象为直观，通过精心设计的板书，展示抽象概念的丰富内涵，展示思维过程的起承转合。在课堂上用“粉笔”调动学生的思维，让学生同教师一起思考。教师一边讲，一边写，学生一边听，一边记；教师讲完，写完，学生听完，记完。教师与学生，始终一起活动。学生留言所谓“思想的起承转合胜于知识的碎片；课堂上，老师思想的起承转合，让我们陪他一起舞蹈”，大致便是对这种教学情境的描述。

西哲有云：“河流是前进着的路。”借言之，教师讲授的起承转合，使课堂成为流动着的河！

3. 通过认真准备的学术提问带领学生共同进行学术探索。要让时间流动起来，最好的方式莫过于师生共同进行学术探索，共同面对问题，思考问题，探讨问题，解决问题。师生共同参与的学术探索，是一个充满乐趣的精神探险过程。这里有问题的困惑，思考的紧张，问答的刺激，问题解决的豁然开朗。此刻，时间在流动，思想在流动，学生的思维在流动中深化，学生的知识在运用中升华。在课堂教学中，学生最感兴趣、最具挑战性的，就是同教师一起进行学术思考，同教师一起解决学术问题。

我的做法是，通过认真准备的学术提问带领学生共同进行学术探索。因为，在课堂探索中，教师是演员，更是导演；只有经过认真的准备，教师胸有成竹，才可能在有限的教学时间中完成“提出问题，思考问题，探讨问题，解决问题”的整个过程。课堂上师生共同参与的学术探索，实质是教师认真准备后的学术演习。

4. 通过重点范例的分析调节课堂气氛让学生适当休息。大学教师给学生讲课，大都每周一次，最多每周两次。学生听课则上午四节，下午四节，晚上有时还有二至三节；而且，日复一日，月复一月，年复一年。教师讲课不容易，学生听课更疲惫。澎湃的青春生命，囚禁在拘束的教室里，如果教师讲课枯燥乏味，那种“度日如年”的感觉，是可以感同身受的。教师都从学生过来，我们都能体会做学生的滋味。为了振奋学生的听课精神，也为了优化讲课效果，我们要尽可能在课堂上有张有弛，生动活泼。

写文章要求有理有据，讲课同样要求有理有据。范例分析是课堂教学不可或缺的内容。课堂举例有两种方式，即枚举法与剖析法。枚举法：一路点过去，虽信息丰富，但有面无点，似蜻蜓点水，难以深入，更难以生动。剖析法：抓住范例，深入分析，教师有叙述，有议论，有幽默；学生有笔记，有沉思，有笑声。剖析法既深化了问题，又活跃了气氛。丹纳所谓“只有详尽的例子才能提供明晰的观念”[①]，我深感这条原则在教学中的重要意义。

教师的范例分析，具有多重的示范意义，不只可以调节课堂气氛，更重要的是可以深化论题，引发思考，同时也可以为学生提供范例分析的方法。所以，在大多数情况下，我的范例分析也通过精心设计的板书，边讲边写，要求学生边听边记。

记得有位学生在课程论文的留言中，曾说过这样一句话：“陈老师手中的粉笔，像一根小小的魔棍，编织出知识的图画，引导我们进入思辨的胜境。”学生的诗意，言之过实。但有一点是真的，那就是在我讲课的40年，始终粉笔不离手，从未使用过多媒体。当然，最近几年我也使用过多媒体，但不是用于讲课，而是讲演。我对多媒体的看法是，它有长处，也有缺陷。它的长处是，能化抽象为直观，化枯燥为生动，给许多学科的教学提供了极大的方便；它的缺陷是，把动态的思想凝固在静态的画面之中，静止、沉闷，学生容易疲劳。因此我认为，多媒体并不适合所有课程的教学，尤其不适合理论性课程的教学。就我的经验而言，要让时间流动起来，让思想流动起来，粉笔更自由、更自如、更灵动。

六、听课：让师生互动起来

教师自认为讲得好，或许不一定真正有效。只有师与生之间在高度默契的状态下达到心灵的交流、互动，才可能产生双方真正满意的教学效果。

怎样让师生的心灵互动起来？情谊是人际交往的基础，也是师生互动的基础。教育以情谊为基础，冷漠的师生关系不可能具有心灵的互动，也不可能产生理想的教育效果。20世纪30年代，朱光潜谈到当时大学教育的弊端时指出：

> 教育是一种人性的接触，没有情谊做基础，无论制度如何完密，设

① 丹纳.艺术哲学[M].傅雷，译.北京：人民文学出版社，1981:87.

备如何周到，决难收完美的效果。现在学校制度最大的毛病就在缺乏情谊的基础与人格的熏陶，而这个毛病的原因则大半在授课方式的机械化。[①]

朱光潜所说的“授课方式的机械化”，并不是指今天使用多媒体的机械化，而是指师生之间没有情谊基础、机械授课的“机械化”：教师“闻铃上课，闻铃下课，在课室以外对于所授功课略加预备，有时甚至于把用过十年二十年的讲义匆匆地翻一遍，到课堂上把话匣子再开一遍，一点钟敷衍过去了，也就算是完事大吉”[②]。几十年过去了，这种“机械化的授课方式”似乎没有改观；相反，由于不适当使用多媒体，实际上越发加剧了。

师生要想建立真诚的情谊，主动权在教师。教师善意的微笑，会温暖学生的心。然而，当下中国大学，教师行使的权力是评判学生；面对教师的评判，学生的最后权利是保持沉默。于是，大学校园师生之间的关系便“渐行渐远”。在一些大学教师的眼中，校园里来来往往的学生只是一群“沉默的大多数”，学生也渐渐习惯于当一个“沉默的无名氏”。在我迄今40年的教学生涯中，据我与所相遇学生的交往，我常常由衷感慨：每一个沉默的学生都是一个诗意的精灵，每一个沉默的学生都是一座沸腾的火山，每一个沉默的学生又都是一个苛刻的裁判：教师学术的裁判和人格的裁判。

师生要想建立真诚的情谊，教师必须转变态度，以平等的眼光看待学生，以真诚的态度对待学生，以敬业的精神奉献学生。我这样要求自己：即使自己是阴天，也要给学生阳光。教师应以精神的阳光，照耀学生的学问之途，照耀学生的人生之途！

为了让师生平等互动，开学第一堂课，我一般都会向学生讲明我所谓的“课堂四听”：听知识、听思想、听方法、听境界。

一听知识：课程形成完整的知识体系。开学第一堂课，我便要求并指导学生记课堂笔记，“写在纸上，记在心里”；同时，通过课堂笔记可以检验讲课内容的逻辑性、完整性和系统性。

二听思想：课堂提出教师的见解和思考。文科不只是讲知识，更重要的是讲思考、讲智慧。在讲课中，我会有意识地把自己的学术思考和人生思考适时、适当地融入教学之中。在见解和思考的融入过程中，力求做到自然贴切、润物无声。

三听方法：适时交代讲课思路和学术方法。教师的讲课实质上包含两个方

① 朱光潜. 朱光潜全集(第八卷)[M]. 合肥:安徽教育出版社,1993:471.
② 朱光潜. 朱光潜全集(第八卷)[M]. 合肥:安徽教育出版社,1993:468.

面，即讲授的“内容”和内容的“讲授”，学生一般只注意前者而忽略后者。我在讲课中便有意识地结合实例对学生做学术方法上的引导，包括讲授方法、思维方法和研究方法。知识固重要，方法价更高；听到的知识是死的，学到的方法是活的。

四听境界：教师在课堂教学中所体现的学术境界和人生境界。教育离不开典范。一个名副其实的大学教授，是学术的典范，也是人格的典范，方堪称师表。在任何情况下，教师都应当努力提升学生，而不是俯首迎合学生。教师有高标准的期待，学生就会有高境界的追求。

提出“课堂四听”，是我对学生的一种承诺，也是为了引导学生如何主动听课，如何客观评价教师的讲课。学生明确了四听原则，就掌握了听课的主动权，可以在更高的层次上与教师实现精神默契与心灵互动，从而产生双方真正满意的教学效果。

记得一个学生曾在我的一门选修课的课程论文结尾，写过这样一句话：“陈老师曾说：一个被悲剧震撼过的灵魂，即使堕落也不可能那么心安理得了；我想稍微修改一下：一个被陈老师的课堂熏陶过的学生，即使逃课也不可能那么心安理得了。”学生对我的选修课有这样的评价，表明我的教学效果基本得到学生肯定了。

七、结　语

最后我必须强调：教学水平的提高是个过程，教学境界的追求永无止境；任何人不可能一蹴而就，任何人不可能一日成圣。

年龄是心灵的向导。子曰：“吾十有五而志于学，三十而立，四十而不惑，五十而知天命，六十而耳顺，七十而从心所欲不逾矩。”这是一个人文化生命的六个阶段，也是一个人生命境界的六个层次。教师的教学水平，同样伴随着教学年龄的增加，有一个逐步提高的过程：这是教师自身不断探索的过程；这是师生情谊不断加深的过程；这是内容和形式不断融合的过程；这也是教学语言不断锤炼的过程。

大学教师应当重视学术研究，这是毋庸置疑的；大学教师应当像重视学术研究一样重视课堂教学，这同样是毋庸置疑的。“教授”这个词，是个名词，更是一个动词，他承担着“传道、受业、解惑”的使命。精深的学术研究与精彩的课堂教学，应视为一个合格的大学教师必备的双重职业素养和职业才能。

俗话说，“艺无止境”。大学教师作为特殊的“演员”，要在大学讲台这个知识和智慧的舞台上“长袖善舞”，同样是要花一番心血的。然而，这是值得的！

教师的职业是神圣的，当教师的人是幸福的——

教师的名字有一批又一批年轻的生命来铭记，教师的精神有一批又一批年轻的生命在延续！

芮　瑞

教师简介

芮瑞，1973年生，安徽芜湖人。安徽师范大学文学院汉语言文学专业副教授。主讲“写作理论与训练”“大学语文”“申论”等课程。主持或参与课程建设和教研项目：安徽师范大学精品课程“写作学”，国家级精品课程、国家精品资源共享课程、安徽省高等学校省级质量工程MOOC示范项目“大学语文”“研究性写作教学的理论建设与方面研究”“《大学语文》对中学语文教学的衔接与拓展研究”等。获安徽师范大学优秀教学奖一等奖（2011），安徽省教学成果奖二等奖（2013）。获“安徽省高等学校省级教坛新秀”（2008），“安徽师范大学‘三育人’先进工作者”（2011），“安徽师范大学文学院最受学生欢迎的青年教师”（2009—2011）称号。

示范课报道

感性体悟与理性思辨的交融

2011年3月31日，本科教学公开课第一讲在花津校区教学楼2050203教室举行。本讲由省级高校教坛新秀、文学院芮瑞副教授主讲。校督导团成员，人事处张明处长，教务处朱家存处长、刘桂云副处长，文学院党委书记余大芹、行政副院长张树文、院督导组成员、文学院青年老师等观摩了此次公开课。

此次公开课的教学内容是“文艺评论”。芮瑞老师对教学内容了然于心，紧扣中心内容，系统阐发了文艺评论的涵义与特点，并结合具体文艺作品进行细致分析，使得理论知识在具体的作品评析中得以呈现，将感性体悟与理性思辨有机交融，有效地提升了学生的文艺审美能力和鉴赏能力。教学结构合理、完整，在教学过程中叙议结合，环环相扣，引用事例新颖、生动，详略得当，将复杂、晦涩的文艺理论知识用平实有趣的语言娓娓道来，课堂气氛良好。芮瑞老师语言表达流畅，富有激情；仪态大方，精神饱满。教学过程穿插使用启发、讲授等教学方法，调动学生参与讨论和回答问题的积极性。课件设计简明、扼要，突显重点内容，并注意与课本的密切衔接，使学生能够及时将知识点条理化和明晰化，充分展示了她娴熟的教学功底和优秀的课堂驾驭能力。

此次公开课还吸引了不少其他院系青年教师前来观摩，这也表明了优秀课堂教学的示范作用。至今，已有七位优秀教师登台展示了各自的风采。教务处和校督导团将继续与各学院合作开展此项活动，彰显优秀教师课堂教学的示范作用，增进教师间的相互学习与交流，推动我校本科教学质量的提高。

教学感言

一、课后反思

2015年11月27日，我给汉语言文学专业2015级卓越语文实验班的同学们讲授了“写作理论与训练I”课程，内容为“炼意”。

“炼意”为本课程第三章“写作的环节（上）”的第二节，内容包括炼意的意义、原则和要求。本节课的任务是探讨主旨（即“意”）在文章中的地位和作用，涉及两个方面：一方面，主旨是文章的灵魂，是衡量文章质量高下的主要尺度；另一方面，主旨是文章的统帅，是决定材料取舍、结构安排、语言遣用的首要标准。

“写作理论与训练”是知识传授与能力训练并重的一门课程，在本节课的教学设计中，我力图通过以下步骤实现理论性与实践性的结合：一是精准概括知识要点；二是名家言论提供佐证；三是文本分析加深理解；四是课堂练习传授方法。

在具体教学过程中，我注意以旧知识激活新知识，促使新旧融为一体，化零碎为整体；以知识结构图与关键词为线索，促使信息直观、简明，化灌输为理解；以传世经典与鲜活案例为依据，促使学生积极思考，化枯燥为生动；以提问、举例、齐读、点评等多种方法，调动学生互动，变被动为主动。

二、教学感悟

课堂是教学的第一阵地。教师应该重视课堂教学，科学设计教学内容，灵活运用教学方法，准确把握教学节奏，精准使用教学语言，使课堂高效运转。

能力培养是教学的根本宗旨。“写作理论与训练”这门课程的任务是要使学生“能写”“会教”，使学生在中学作文教学的基础上获得写作能力的进一步提升，并具备扎实的写作理论功底，教师应在充分了解学生的基础上因材施教，以启发式教学引导学生思考和实践，促使学生能力的全面、均衡发展。

俞晓红

教师简介

俞晓红，1962年生，安徽歙县人。安徽师范大学文学院教授，文学博士，硕士生导师，中国红学会常务理事。主要研究中国古代文学。主讲“中国古代文学”“红楼梦研究”“大学语文”“中国小说研究”“中外戏剧比较”等课程。主持国家级精品资源共享课程“大学语文”。获安徽省教学成果一等奖，安徽师范大学“皖泰杯”教学优秀奖特等奖，安徽师范大学优秀教学奖一等奖等。获“全国三八红旗手”“全国优秀知识女性”“安徽师范大学‘三育人’先进工作者”等称号。

示范课报道

情景交融　挥洒自如

2011年4月28日，校本科教学公开课第六讲在花津校区教学楼2050304教室举行。本讲由中国红学会常务理事、校优秀教学奖一等奖获得者、文学院教授俞晓红主讲。安徽师范大学纪委书记程度，安徽师范大学督导团成员，文学院党委书记余大芹、行政副院长张树文、院督导组成员、文学院青年教师等观摩了此次公开课。

此次公开课的教学内容是“王熙凤形象的基本特征与情节功能”。俞晓红老师以学者的专业视角，结合自己多年的研究心得，透过《红楼梦》的表象，用生动、幽默的语言，多角度、全方位地解析了王熙凤这一经典人物。用“美”“俗”“辣”“才”“悲”等简洁、清晰的标题概括了王熙凤的性格特征和悲剧命运，并抽丝剥茧、层层深入，使得这一人物形象更加具有立体感和艺术感染力。俞晓红老师对《红楼梦》中的故事情节如数家珍，对书中的诗歌、言语更是信手拈来。她通过丰富例证，对《红楼梦》中若干与王熙凤有关的细节进行了细致评析，展现了原书精巧的艺术构思，也让学生们精确把握名著精髓，深刻感受名著魅力。

俞晓红老师对教学内容锐意创新，积极改变传统的教学方式，借助多媒体技术，通过形象化的语言再现了个性鲜明的王熙凤。她对名著情节的梳理和发掘举重若轻；课堂教学的环节和节奏如行云流水般流畅；风趣、幽默的谈吐更是让人回味无穷。本次公开课充分展示了她不凡的教学水平和超众的课堂驾驭能力。

举办公开课是为了充分发挥优秀教师的示范作用，不但要展示优秀教师的教学理念和教学技巧，而且要以此促进教师之间的互相交流，提升教师们的教学技能，激发教师们的教学热情。此次公开课受到师生们的一致好评，不但是一次完美的艺术享受，更使得年轻教师从中反思自己的教学活动，从而更好地提升教学技能，提高教学质量。

教学感言

一是倾心备课，提升教学内涵。无论是选修课，还是基础课，我每次接受教学任务，均重新备课。我在细读文本的基础上，吸纳最新学术研究成果，写成教案，而后制作PPT。PPT的制作过程相当于二度备课，突出纲要，强化重点，巧用图像和音频、视频资料。人们常说教师有如红烛，点亮了别人、燃烧了自己。而我觉得，作为一名高校教师，不仅是燃烧自己，也需要常常为这种燃烧添油加料，不断充实自己，更新自己的知识结构。所以，需要时常将学术界的前沿成果和自己的科研结晶融入课堂教学内容，以提升教学内涵层次。另一方面，教师这支红烛也不止于点亮学生的学识与智慧之光，学生课下的质疑，促使我们进一步钻研业务；他们课外的问题，促使我们去思考、去分析，令我们更多地关注我们的教学机制及其发展趋势；他们在路上给出的甜美笑脸和亲切呼唤，让我们体会到为师的快乐。我们也在这种教学相长、师生相得的氛围中获得更多人生的感悟，我们的生命也因此而充实、而灿烂。

二是倾情授课，堂上灌注爱心。注重完善课堂教学结构，善用多种教学手段，不断锤炼课堂教学艺术，特别注重营造生动活泼、教学相长的课堂教学氛围，将传授知识、培养人文情操、激发学术兴趣融为一体。我们的学生还很年轻，需要我们的引导、关心和爱。课堂施教的过程，也是施爱的过程。以生为本，心中有学生，对学生充满爱，则无论备课、授课，都会情不自禁将师爱灌注其中，而学生会敏锐地感受到师爱的播撒。当你清音宛转、节奏张弛有度时，学生们会意识到你在用爱叩击他的心扉；当你表情生动、激情飞扬时，学生们会认为你投入了全副身心在爱他们；当你在整个授课过程中目光四射、眼波流转时，每一个学生都会觉得你关注到了他。冰心说："爱在左，同情在右，走在生命的两旁，随时撒种，随时开花，将这一径长途，点缀得香花弥漫，使穿枝拂叶的行人，踏着荆棘，不觉得痛苦，有泪可落，却不是悲凉。"老师的一份爱会促发、提高学生的情商，让学生迅速成长；一个有爱的老师会令学生长久地记住他，为他感动。

三是倾身育人，恪守教学理念。我主张传给学生健全的人格、丰富的知识和从教的技能。古有孔子杏坛传道、授业、解惑，门徒三千，贤者七十有二。韩愈专门撰写《师说》，阐发师道核心。桐城文章借助一代代师承而光大门派，流脉二百余年，终成中国古代最大文派。近代诸多学者大家，多为杏坛名师，章太炎、梁启超、蔡元培、胡适、鲁迅、刘文典……他们在传承文化中创造了新的文化，他们也把自己融进了中国文化传统的长河。在这条永不停歇的历史长河中，我们也许只是其中微小的一滴水珠，但我们的传道过程却存在着一种面向人类心灵和世界未来的深挚的关切，我们希望通过这样的过程，参与整个人类文明的共同体。在这样的意义上，我们也许并不渺小。而我，只希望怀着神圣的使命感，将所有的智慧、汗水和心血，将我的激情、灵感和爱，都倾泻在这三尺讲台上。

我知道，与诸位前辈、学者相比，我做得很不够，但我愿意在他们恢弘气度、谦逊品质、平和心态的启发和感染下，向他们靠近。我会继续努力。

教学座右铭

没有真诚的爱，就没有真正的教育。

项念东

教师简介

项念东，1976年生，安徽巢湖人。安徽师范大学文学院副教授，博士。主要研究中国文学思想、中国近现代学人与学术思想。主讲“中国文学批评史”“中国文化概论”“中国文化史”“中国文化经典选读”“大学语文”等课程。获安徽省首届本科院校青年教师教学基本功竞赛文科组一等奖（2013），安徽师范大学首届青年教师教学基本功大赛一等奖（2011），安徽省教学成果奖二等奖（2013），安徽省教学成果奖三等奖（2015）。

示范课报道

旁征博引论《世说新语》 挥洒自如寻美之历程

2016年5月23日，在赭山校区田楼8607录播教室，安徽省首届本科院校青年教师教学基本功竞赛文科组一等奖获得者、文学院副教授项念东主讲了一堂精彩的《大学语文》校级示范观摩课。校督导团、教务处和文学院领导、学院督导组、《大学语文》课程组以及部分青年教师共同参加了本次观摩活动。

本节课的主要内容是《大学语文》的第九章之一“《世说新语》六则”。项老师由该单元的主题“美的历程”入手，简要介绍了该单元七篇选文的主要内容，启发学生探寻人类创造美、欣赏美的历史，引出对“《世说新语》六则”的定位——“美的人生风度”。在介绍《世说新语》一书时，项老师不仅说明了本书的编撰者、注本、内容、时代背景等方面的知识，还展示书影，为学生介绍了古籍的印刷体例，提示了阅读古籍的方法。在对文本的解读中，项老师立足于文本，在梳理词句、疏通文义的基础上，旁征博引，联系了丰富的资料，阐发了对作品的独特见解，展现了对时代精神的宏观把握。

项老师授课挥洒自如，教学内容精当，讲解准确、清晰，重视学习方法的传授，与学生互动良好，展现了丰厚的专业修养，扎实的教学基本功以及朝气蓬勃的生命力量。

课后，文学院精心组织了评议活动，大家对项念东老师认真细致的课前准备、深厚笃实的学术功底、因材施教的教学方法以及娴熟、潇洒的课堂教学艺术给予了高度评价。大家一致认为，项念东老师的本节课是一堂优质的观摩课，具有很好的示范作用，值得广大青年教师学习和借鉴。

教学感言

这次公开课，安排的是公共基础课“大学语文”，讲《〈世说新语〉六则》一文。我给非中文专业的学生讲授“大学语文”，在知识性、趣味性之外，更关注的是提醒他们经典文本背后可能开启的一份文学素养与对人文学问题的思考习惯。即如所讲《世说新语》的六则士人故事，不仅可见汉语表达的隽永、简约，其中更凝塑古来士人对自然、自由的生命体验，对世道、人生的贴己关怀。为此，在交代基本的知识要素外，我的教学主要围绕“魏晋风度”亦即“人生风度之美”这个主旨来组织，提炼六则材料的精神内涵，展开其与老庄思想、魏晋玄学的内在联系，补充当日士人生活的典型，尤其像嵇康、阮籍之类颇具特征的魏晋名士案例，用鲜活的史实烘托一份思想的主调。

我们常说，讲课应注重有用与有趣相结合。太过讲有用，则课堂易偏枯燥无趣，严肃、沉闷而缺乏生气；然过于偏向有趣，则教学易娱乐化，口耳边的片刻欢娱掩饰的却是一份思想的空白。因此，游走于有用与有趣之间，寓教于乐、深入浅出，这是一种教学艺术。然而，可多说一句的是，大学教学的“有用”，不仅在于知识的实用，更应在于思想的受用。亦即古人所说的，大学乃一种成人之学。专业知识的背后，还应延伸一份对现实、人生的思索，对一己存在价值与意义的考量。我想，无论是公共基础课，还是专业课，都该如此。

我教书十几年来，如何保证既有的知识、思想容量不失坠，如何把课讲得更贴近学生的理解空间，于知识、兴趣之外养成其一份自由思考的习惯，一直是时时为之踌躇并加以努力的方向。虽未能至，心向往之。

正因为此，每节课于我都是一次挑战。好在我“喜欢”。因为喜欢，所以“动力”“意义”这些大词便有了着落；因为喜欢，挑战、甘苦皆成一种享受。

教学座右铭

教书的人，那讲台就是他一辈子的情人。

刘运好

教师简介

刘运好，1955年生，安徽六安人。安徽师范大学文学院教授，博士。主要研究中国古代文学。主讲“中国古代文学史”“中国古代文学作品选”“魏晋哲学与诗学”“中国古代文学鉴赏与批评”等课程。

示范课报道

玄学妙谈透风骨　诗歌沉吟显寸心

2013年6月5日，安徽师范大学本科教学示范观摩课第九讲在花津校区教学楼2070501教室举行。安徽省教学名师、文学院刘运好教授给大家带来了一场玄妙绝伦的视听盛宴。安徽师范大学纪委书记程度，本科教学督导团，文学院领导、院教学督导组和部分中青年教师共同观摩了本次示范课。

此次授课的内容为“玄风背景下两晋之际的文学创作”。刘老师引用钟嵘《诗品》中对两晋文学创作特点的评价，提炼出“士风”和“诗风”两方面特点，并据此追源溯流，对深藏其中的缘由进行探析。他熟练引用了政治故事和人文典故，从政治因素和心理因素两方面解释了当时文人“稍尚虚谈”的原因。刘老师注重对比，突出差异，不仅以文人居住之地的更换、聚会清谈内容的转变，诠释了“稍尚虚谈”的特点，还用卢谌、郭璞诗歌的不同特点，让学生领悟到别样的韵味境界。

刘运好老师视野开阔，坚持以史实为红线，以文本为载体，始终把两晋文学的介绍置于文学史发展的宏大背景之下，通过对“情境”“理境”“意境”的三类特点的透析，将中国古典诗歌发展的不同阶段呈现给学生。他的教学语言铿锵有力，让学生在沉吟陶醉中穿越古今，俯瞰文学的星河，点燃了对文学的热情。他对教学节奏的把握更是收放自如，既能详略得当地展现内容，又能根据学生的情绪进行调整变换，更能通过思想的碰撞将学生研究能力延展到课堂之外，体现了高超的教学水平。

课后，文学院精心组织了评议活动。校、院督导团专家以及观摩师生认为刘运好老师的本次示范课在知识获得、文化熏陶、思维启迪、能力培养等多方面极具特色。更重要的是，青年教师深刻地感受到他对待教学的严谨态度，纷纷感觉收获颇丰。

教学感言

教学公开课“玄风背景下两晋之际的文学创作”，是以描述文学变化为主线，以抽象基本特点为核心，以分析经典作品为依据，以揭示变化动因为逻辑，以课后问题讨论为研究的生长点。在对基本文学史料的分析中揭示玄言诗的独特美学意义，以弥补文学史论述之缺失，将学科前沿研究有机地贯穿到课堂教学之中，在潜移默化中培养学生独立思考和自主研究的能力。

我教学的基本思路是：第一，以研究的态度安排课堂教学内容，每一节课的教学，既有明确的观点、严密的逻辑、清晰的层次，又有理论的思辨、具体的论说、抽象的结论。唯此，才能在润物无声中培养学生的语言表达能力，提升学生的思维品质，孕育学生的研究意识。第二，以联系的态度突出知识前后关联，每一节课的教学，既是整个课程体系和教学体系的一个“点”，也是整个课程体系和教学体系的一个环节。通过“点”与“线”的贯通，“点”与“面”的贯通，使学生注意理线串点，避免知识的“碎片化”；在学生不断的自觉联想过程中，逐步形成优化的知识结构，从而完成课程体系和教学体系的设置目标。第三，以审美的态度彰显文学美育功能，每一节课的教学，既是一次知识的传播，又是一次人文美育的熏陶。因此，以诗化的语言、精粹的分析、知音的境界，在文学作品的鉴赏批评之中，完成精神境界的升华。

我的体会是：课堂教学是“术”，专业研究是“学”；唯有“学”有专攻，才能“术”有所用。

崔达送

教师简介

崔达送，1964年生，安徽岳西人。安徽师范大学文学院教授。主要研究汉语史、语言学及应用语言学。主讲“古代汉语”“对外汉语教学法”“第二语言习得概论”“对外汉语教学研究”等课程。获安徽师范大学“皖泰杯”青年教师教学优秀奖（1995），安徽师范大学教学成果奖优秀奖（2005），国家教委认定的对外汉语教师资格（1994）。获“全国语言文字先进工作者”（2007），“安徽师范大学教学名师”（2013）称号。

示范课报道

言语建构探文化　规律遵循究教学

秋意渐染暗香袭，晨钟长啸清风来。2014年9月29日，本学期校本科教学示范观摩课第一讲在花津校区教学楼2070501录播教室举行。安徽省汉语国际教育研究会副会长、安徽师范大学教学名师、文学院教授崔达送为大家讲授了“跨文化交际与对外汉语教学研究”。安徽师范大学纪委书记程度，校督导团、教务处有关人员，文学院领导、院督导组和部分中青年教师观摩了此次示范课。

崔达送老师以教材中的知识点为据，首先帮助学生梳理出课程内容的重点和难点，点明教材内容的不足之处，并指出如何才能理解好其中要点。他精选中外交流对话中产生的交际语用失误和外国学生作文中出现的偏误语料，介绍了跨文化交际在对外汉语教学中的重要性。为了更好地拓展学生视野，他从社会习惯与个人体验出发，巧妙引用、组合例证，有效地进行类比和对比，细致解释了“文化”“文化定势”“跨文化交际”等基本概念，逐一挖掘其文化语言学、社会语言学、言语交际学等丰富的学科内涵背景，强调了影响跨文化交际的重要因素，有效地揭示了对外汉语教学中蕴含的文化信息。

崔达送老师在教学中注重从多角度探究跨文化交际与对外汉语教学的关系，积极吸收第二语言教学的研究成果，有意识地培养学生的专业意识和职业意识，提醒学生在今后的对外汉语教学中要充分注意“国别化”和“生源地”所带来的性格差异与学习习惯的不同，避免“一视同仁”的无差别教学。他在例证中让学生积极观察与思考，从中提炼出语言规律和制约因素，有效地训练了学生们对语言事实的判断力以及增强了他们在对外汉语教学中的跨文化意识，并鼓励学生尝试在广泛阅读中撰写相关的学术论文。

据悉，文学院已先后推送陈文忠、詹绪左、徐德明等老师参加校级示范课展示，并均获得好评。文学院在本次示范课结束后也精心组织校院专家和观摩教师进行专题评议。校教学督导团和观摩教师从教学内容的设计、教学方法的运用、师生互动以及多媒体制作等多方面给予了崔达送老师高度评价，一致认为这是一堂非常成功的示范课，尤其是在理论知识讲解的生动性、跨学科知识的交融性、师生互动启发的有效性等方面值得青年教师借鉴。

教学感言

2014年9月，我上了两节观摩课，反响较好。教学对象为汉语国际教育专业本科生，教学内容为教材的第五章“跨文化交际与对外汉语教学研究”，题目大，时间短，任务重。本课要讲清“文化”“文化定势”“跨文化交际”这组概念；要讲清“文化因素”；要讲清与跨文化交际关联的基本理论“角色关系”“语言行为”；要明确跨文化交际基本理论与对外汉语教学研究的联系。教学内容理论色彩较浓，容易流于枯燥。于是，如何设定教学框架，运用教学方法，就颇费神思。

教学中，我采用留学生汉语文化方面的一组偏误语例进行导入，自然引出目的语学习者与母语者语言交际中的跨文化交际问题。简明列示相关概念，进行最简明的阐释。授课中将重点放在几种重要文化因素、言语行为在跨文化交际中的具体表现上，皆以语言用例的分析为主。最后对文化因素在言语行为中实际表现的研究案例进行分析，展示了跨文化交际理论与对外汉语教学研究之间的联系，顺利完成了教学任务。

本课的成功之处在于：抓住了重点，补充了大量语料，采用了语言课教学常用的归纳法。本课达到了引导学生思考、师生充分互动的教学基本要求。观摩的同行与相关专家未指出明显不足。

本人从教31年，教学由青涩而逐渐成熟。这得益于学校、学院良好的教学、科研氛围的熏陶，得益于我本、硕、博期间所有老师的教导，得益于我做助教时指导教师孟庆惠先生的耳提面命，得益于我亲爱的学生的积极配合。当然，也与我在教学中不断尝试、总结、反思紧密相关。教师必须有合理的知识结构，教学与科研要互补。以下说几点有关教学态度方面的感想，我称之为“四心”。

一、要小心教学

我还是一名青年教师时，干过荒唐事。进了教室，发现包里是其他课程的教材和教案，当堂的教材和教案根本就没带，于是就只好脱稿上了3节课；还有，备课不细，没有做好预案，在授课中临时出例，有时候就会左支右绌，捉襟见肘；课多的时候，会走错教室，耽误了上课的时间。当然，这些事情现在再也没有发生过了。我总觉得，越教胆子越小了，越来越小心谨慎了。即便是烂熟于心的内容，上课前也要研究上两三个小时，调整讲稿和课件，删减增补，以求更精。教学中如果有了失误，回来常常自责良久，下次课一定会坦白订正。

小心、静心、认真、负责，是永远伴随教师的关键词。

二、要虚心教学

教然后知困。大学本科的课堂是检验教师知识结构是否合理、教学方法是否得当的最好平台。由于一些特殊原因，我在03中文、04中文教自己并不擅长的“古代汉语”这门课程时，深感自己的不足，非常惶恐。期末同学反馈的好的评价不少，但我专注于差评：“认真和蔼，有亲和力，上课语速过慢，但能使用多媒体教学，并有适当的板书”“语速过慢，难以调动学生，没有多少激情”。“语速过慢”“没有多少激情”，这是我从教以来得到的最差的评价。看了评语，我非常委屈：要是让我教“现代汉语”，那可是意气风发，滔滔不绝啊，我怎么可能语速过慢？再加上，大多同学已拷走了我的课件，不需要记笔记了，有些同学要记录，教师得放慢速度等待。其实，语速慢的原因很简单：不熟练。此后，我精心备课，上讲台时能做到极为熟练。自此以后，这种评价再也没有了。但是新的问题又来了：由于对外汉语专业教师缺编，作为专业主任，我只有不断地上马新课程。我先后教授的新课程有“对外汉语教学法”“对外汉语教学研究”“第二语言习得概论”等。这下，我汲取了在教“古代汉语”课时的教训，对每一门新课程，都投入了大量的体力和精力，学生的反馈还不错。

虚心、知耻、反思、改进，才能使教学有进步。

三、以爱心教学

很多年前，我在生化楼教“现代汉语”时，一男同学的某组声母发音很奇怪，大异于标准发音，我耐心进行正音指导，他终于正确发出，全班鼓掌时，他竟号啕大哭起来，说他十几年来都没有得到这么好的指导，被人耻笑“大舌头”已数十年。我当时眼睛也湿润了，深感对学生存在的问题和不足，千万不要贬斥，要有耐心和爱心。还有一个学生，我没给他上过课，他听说我乐于指导学生就找来了。他向我咨询学术问题，拿着撰写的论文向我求教。毕业后，他在我的博客留下了这样一段话。

由衷地感谢我的指导老师崔达送先生，是他的鼓励、爱护使我不断前进。……我胡诌一首诗，大约可以表明我的心情：

满目风烟落长汀，一年一度秋气临。
乱红飞得楚天阔，浊浪滔滔欲上浔。
逢秋自古悲寂寥，我今逢秋未萧条。
读书偶觉作者弊，困惑暮暮复朝朝。
学府名师自姓崔，满座春风出绛帷。
初陈愚见得嘉许，指点头绪细入微。
程门未尝立雪待，孔门错受颜渊推。
空空两手持疑访，满抱先生赠书归。
椽笔妙手改拙文，碎絮烨烨光华生。
提携哪肯遗余力，自此逢人说项频。
小生长怀愧疚心，胸襟激荡动歌吟。
赭麓青青桃李灿，细草小荷尽甘霖。

我想，对学生发自内心的爱，学生是能感觉到的。

四、以童心教学

著名语言学家朱德熙先生曾说：“做学问要有一颗童心才行，就像小孩儿在地上玩泥巴似的，只有本身的乐趣，而没有任何功利的动机和其他的目的。”又说做语言研究：“一是习惯，好像一个木匠天天做家具，看见木头，手就痒痒；二是想求真，追求真理，不断探索。”我觉得，教学也是这样，要有一颗童心，要成为习惯，要求真。一个教师只要做到纯净，将教学视为自己生命的一部分，就能感受到教学带来的兴味。这种兴味伴随终身，乃为人生乐事。

童心、纯真、兴趣，使学生受益，也能让自己的人生活出真味。

教学座右铭

教学之道，要在“四心”：小心、虚心、爱心、童心。

汪红艳

教师简介

汪红艳，1970年生，安徽绩溪人。安徽师范大学文学院副教授。主要研究语言学、应用语言学。主讲“现代汉语”“对外汉语教学概论”“语言文字运用”“普通话”“教师口语”“文学语言艺术”等课程。获安徽师范大学优秀教学奖一等奖（2008），安徽师范大学命题优秀奖（2010），安徽师范大学优秀教学奖（2014）。

示范课报道

字斟句酌析句式　详讲精练重成效

2015年4月22日，本学期校本科教学示范观摩课第五讲在花津校区2070501教室举行。本次示范课由文学院汪红艳副教授主讲。汪老师利用娴熟的专业知识、扎实的教学功底和丰富的汉语材料为现场师生讲授了《现代汉语》中“‘把’字句”部分的精彩内容。安徽师范大学纪委书记程度，教务处副处长黄亮，校督导团，文学院党委书记余大芹、院督导组及部分中青年教师参加了此次观摩活动。

汪红艳老师从复习入手，首先让学生回答如何划分句式，从而引入本节课的主题——“把”字句。在讲授“把”字句时，她重点对“把”字句的定义和特点进行了讲解。在授课过程中，汪老师先从丰富的例子引入，再对例子反映出来的语言现象做出归纳，条分缕析、逐层深入。在讲完内容之后，汪老师提供了几个有针对性的问题请学生回答，并给予了准确的点评。

汪老师备课充分，在授课过程中，始终围绕教学目标，重、难点突出，思路清晰，教态自然，语调亲切，内容丰富，字斟句酌，讲解精辟，分析深入，课件科学，板书规范，注重启发、拓展，取得了良好的课堂效果。

大家一致认为，汪老师知识讲解准确，教学设计合理，善于发挥学生的自主性，使学生在和谐、融洽的课堂氛围中学习，体现了高超的教学技能和扎实的教学基本功，对青年教师的成长具有很好的引领和示范作用。

教学感言

2015年4月的教学观摩课，授课对象是汉语言文学非师范专业的学生，讲授的内容是“把”字句。“把”字句是汉语特有的一种句式，也是学生在运用中容易出错或是知道别人错了却说不出错误原因的一种句式。大学的“现代汉语”课，一方面要讲基本理论和运用，另一方面要帮助学生将感性认识提升到理性认识上来。这个过程不是靠教师的灌输，而是应该带领学生自己发现问题、解决问题，帮助学生学会学习的方法和研究的方法。

在这个理念的指导下，我将内容设定为三点：什么是“把”字句，“把”字句的构成条件，“把”字句与其他句式的关系。我采用的教学方法则是引导性的发现法，我给学生例句、思路，带领学生分析例句，学生在我的引导下发现问题、分析问题并解决问题，在师生互动和讲练结合中完成教学任务。如开头以连词成句的练习引入新课，让学生在练习中掌握“把”字句中“把”和“把”字短语的位置及功能；用分析“把”字句病句和改病句的练习帮助学生掌握“把”字句的构成条件；用变换句式的练习帮助学生了解“把”字句和其他句式的关系。我在板书和PPT的设计制作上，首先考虑二者不能重复，PPT是一个动态的呈现过程，用于分析问题，因此PPT上显示的是例句及分析过程，利用动画效果呈现更为直观；板书应为观点和结论，不能随写随擦，具有总结的功能，也便于学生记笔记和把握重点，因此板书内容为本节课三点内容的要点，在内容讲完之后对照板书复习本节课的内容。

一节课50分钟，准备的时间则是50分钟的好几倍。首先，要考虑课程的性质，“现代汉语”课带有某些自然科学的性质，虽然有教材，但学生自学不一定懂，教师一定要讲透，不能照本宣科，又不能脱离教材，要根据教学内容特点和学生学习的特点来设计教学方案；其次，要考虑要讲的具体内容，教学过程的安排，教学方法的运用，PPT和板书的设计，等；再次，要考虑教学对象，学生普遍不喜欢满堂灌、满堂抄的教学方式，授课班级的学生学风比较好，比较活跃。根据上述情况，我认真设计教学过程，前后换过好几个方案。经过充分准备，自我感觉教学效果良好，达到了预期目标。

决定一节课成败的因素有很多，我根据多年来上课的体会，归纳以下三句话：心中有内容、心中有学生、心中有方向。心中有内容，是指教师对课堂所讲的内容要理解透彻，要熟悉教材内容，熟悉学界相关研究成果，熟悉与所讲内容有关的知识，这些内容要能做到深入理解、融会贯通，在这个基础上选择和组织要讲授的内容，还要有必要的记忆，上课不能读讲稿。心中有学生，是指教师要熟知学生的学习心理，要了解班级学生的情况，讲课时要观察学生的反应，能及时调整教学，能采用多种方法，如演绎归纳、游戏比赛、提问试讲、鼓励探索等，真正让学生感兴趣、让学生“动”起来。心中有方向，是指上课时教师做的每一件事、教师指导学生做的每一件事都要指向本节课的教学目标，不能跑题，不能放出去就收不回，这就要求事先做好教学设计，减少教学的盲目性和随意性。

对教学内容的选择和组织有助于教师专业知识的丰富，对教学方法的掌握和运用有助于教师教学能力的提高，二者结合有助于提高教师的教学水平。教师的教学水平高，就能够提高学生的学习兴趣，满足他们的需要。学生有了兴趣，就会主动学习，掌握知识获得技能，教学效果也就达到了。

教学不仅是一门科学，也是一门艺术，对最好教学效果的追求应该永无止境。

教学座右铭

心中有内容，心中有学生，心中有方向，让学生在课堂上如沐春风。

詹绪左

教师简介

詹绪左，1958年生，安徽芜湖人。安徽师范大学文学院教授，博士，博士生导师。获安徽师范大学首届“皖泰杯”教师教学奖优秀奖（1995），曾宪梓教育基金会高等师范院校教师奖三等奖（1999）。获“安徽师范大学教学名师”（2011），“安徽省教学名师”（2013）称号。2015年，获批建立省级名师工作室。

示范课报道

说文释义道情理　察微辨细观虚实

2013年11月21日，安徽师范大学本科教学观摩课第十一讲在花津校区教学楼2070501教室举行。安徽师范大学教学名师、文学院教授詹绪左从词义类型、句式结构及人文精神等多方面入手，对《古代汉语》中充满奇特想象和浪漫色彩的《逍遥游》一文进行了精细解读。安徽师范大学督导团成员，教务处相关人员，文学院领导、院督导组成员与部分青年教师及学生等参加了此次观摩活动。

詹老师开篇揭示了《逍遥游》所体现出的“精神自由”的主旨，对庄子着力刻画出的“鹏”的意象特征及后世影响进行了审视和概括，以期让学生聚焦文眼，把握意境。他将语法知识寓于文选作品中，重点对文中“之”和“其”等纷繁复杂的用法逐一释义，明晰、界定其在句中功效，并举一反三，有效结合它们在其他经典名篇中的用法互为比较，在反复强调中对知识点进行整合、归纳。不独于此，他还对其他实词与虚词、急读与缓读、判断句与选择句等多个知识点进行了深度剖析。

詹老师对学术知识严谨求实，发现课本中注释不当之处及时辨伪匡误，启发学生从类似表达中寻找答案；对原文数句从多种版本进行校正补充，增添更符合原义的关键词语。这些都无形中告诫学生读书时要学会独立思考，学会躬行实践。他在授课时精神饱满，每每讲解到有会意处，在互动中让学生充分体会到品古意甘美，与古人神交的逍遥之乐。

文学院历来高度重视校院两级观摩课教学活动的组织和评议，并以此为重要抓手，推动学院教学质量的提高。本次观摩课课后也精心组织了评议活动。校督导团和观摩老师对本次观摩课从多角度给予了高度肯定，一致认为，此次观摩课体现了詹绪左教授对古文献各种内容的驾轻就熟，使得他能很好地将学生旧有知识与新知识融会贯通，在温故知新中让学生学有所悟。

教学感言

2013年11月的教学观摩课，授课对象是汉语言文学师范专业的学生。讲授的内容是《古代汉语》第2册中的《逍遥游》。这是一篇“玄”文，也是一篇美文。为了讲好、讲活这一课，我的教学思路是：注重人文性与工具性兼举、文化性与基础性并重。具体说，就是讲好文中每一个字、词、句的重点和难点，用温故知新的教学方法让学生知其然，又知其所以然，并从中体悟中国文化的博大精深。例如，“鹏”是文中的关键词，为了讲好它，我从各个角度启发学生：从人名（岳飞，字鹏举；姬鹏飞）、作品名（《大鹏赋》）到成语（鹏程万里）、相关词语（鹏天、鹏云、鹏风、鹏图、鹏抟、鹏息），多途并举，点面开花，进而让学生从“鹏”鸟意象中体会“逍遥游”的境界实际上是老庄哲学追求精神自由的境界，是古人谋求的一种诗意化的生存方式。事实证明。这种由点而面、由面而体的教学思路是学生喜闻乐见的，他们的感觉是，文本讲授有温度、有深度，宛如一次“逍遥游”。课后，有学生以“鹏”鸟为题，还写了一篇学年论文。

我的教学感悟是：注重课程与教材的特殊性，把“古代汉语”镶嵌在中国传统文化的大背景中，从而形成人文性与工具性兼举、文化性与基础性并重的教学思路，以及字、词、句、文（文化）此涵彼摄的新型教学板块，主张教学相长、学研共进，力求将大学讲堂打造成人文课堂，追求一种“由知识讲方法，由方法讲思想，由思想讲境界”“四位一体”的“境界式”教学，让学生在中国传统文化博大精深的气韵的濡染下，涵养心性，提高修养，扩充知识，达到培养学生综合素质、人文素质的目标。

教学座右铭

以“文”化“语”，以“文”统“语”，“学”以致“用”，以“用”导“学”。

高正礼

教师简介

高正礼，1967年生，安徽宣城人。安徽师范大学政治学院教授，博士生导师，教育部全国高校思想政治理论课教学指导委员会“纲要”分委员会委员。主要研究中共党史、马克思主义中国化。主持多项教学研究项目。主讲“中共党史”“中国近现代史纲要”“毛泽东思想和中国特色社会主义理论体系概论”等课程。获“安徽师范大学教学名师”（2011）称号。

示范课报道

教研相长显风范　史论合璧谱华章

2012年4月27日，校本科教学观摩课第六讲在花津校区教学楼2070501教室举行。教育部“全国高校优秀中青年思想政治理论课择优资助计划”入选者、安徽师范大学教学名师高正礼教授，为现场师生讲授了《中共党史》的“社会主义建设道路探索中的曲折——庐山会议纠‘左’的中断及深刻教训”一课。教务处人员，校督导团文科组，政法学院党政领导，院教学督导组、专业负责人、教研室主任、部分中青年教师和其他学院老师参加了此次示范课活动。

高老师围绕庐山会议召开的背景、性质、主题和进程，着重分析了会议由纠“左”转向批“右”的原因及其所引发的严重后果和深刻历史教训。高老师的课堂教学出入于史料与史论之间，史论结合，纵论党史风云；对历史事件的分析有理有据，把学术研究最新成果与各类史料相糅合，紧紧围绕庐山会议的“左”“右”之争，为老师和同学们展示了一幅生动的历史画卷。

高老师的教学将学术性与趣味性、科学性与通俗性融为一体，以其丰厚的学术积累，丰富了课堂教学元素，提升了课堂教学目的，从世界观的高度引导学生认识历史、理解历史，激发了广大同学对党史的学习热情，博得了大家的阵阵掌声。

观摩课结束后，政法学院组织教师对观摩课进行评议，大家一致认为本次观摩课组织得力，效果明显。高教授的课堂教学体现了知识的跨度、理论的深度和课堂的热度，展示了高水平教学的韵律和节奏，极好地阐释了大学教育之美。

教学感言

“社会主义建设道路探索中的曲折——庐山会议纠‘左’的中断及深刻教训”这一节教学观摩课后，老师和同学们对我的这节课做出了评价。我觉得这一评价过高。不过，为了筹备观摩教学，我的确收集了大量资料、厘清了教学重点、设计了教学环节、介绍了学术动态，尤其注重引导学生从丰富的史料中提炼出内在的历史规律、树立正确的历史观、善于从吸取历史教训中获得前进的动力等，给学生很多思考和启发，基本达到了教学目的。由于考虑到一节课教学内容的相对完整性，50分钟内要讲授的内容较多，因而我的语速较快，提问、交流等环节偏少，课堂教学还有很多待改进之处。

可能有人认为，一名高校教师一生就上一两门课，五年、十年下来，不需太多准备就能上台授课，甚至能上好课。可是，我的切身体会不是这样的。我刚走上大学讲坛时，年轻气盛，非常自信，感觉自己的教学从形式到内容、从方法到理念、从设计到效果等都不错。二十年后的今天，我反而感觉自己不能胜任教学，新发掘的史料、学界最新的研究成果、国内外教育教学的新理念、学生的学习需求和困惑等，我都不敢准确地说自己掌握到何种程度。但我相信，教师若把每节课都当作观摩教学课去准备和实施，我校本科生教育教学的水平和质量一定能够迈上一个新台阶。

戴兆国

教师简介

戴兆国，1971年生，安徽宣城人。安徽师范大学政治学院教授，博士，博士生导师，安徽师范大学国学研究所副所长，安徽省学术与技术带头人，中华全国外国哲学学会理事，安徽省哲学学会副会长，安徽省孟子思想研究会副会长，安徽省自然辩证法学会副理事长，安徽省马克思主义学会理事，安徽省朱子学会理事。主要研究马克思主义基本理论、道德哲学、中西哲学比较等。主讲“中国哲学史”“马克思主义基本原理”“中华国学经典导读”“哲学概论”等课程。出版著作5部，编著教材3部，主编教材1部，发表论文50余篇。获安徽省社会科学文学艺术出版奖（社科类）二等奖1项，安徽省高等学校省级教学成果奖三等奖2项，等。获“安徽省优秀教师”(2009)，“安徽省高校优秀思想政治理论课教师”称号。

示范课报道

言传身教引学子　钩玄哲思谱华章

2012年9月12日，校本学期本科教学观摩课（示范课）第一讲在花津校区教学楼2070501教室举行。安徽省优秀教师、我校优秀教学奖一等奖获得者戴兆国教授，为现场师生讲授了《中国哲学史》的“孔子哲学思想”一课。我校党委副书记刘新跃，纪委书记程度，学生处处长台启权，教务处副处长刘桂云，校团委常务副书记邵登辉，督导团文科组成员，政法学院党政领导、教学督导组、各专业负责人、教研室主任和四十多位中青年教师参加了此次观摩课活动。

戴老师从孔子其人、其事、其书的讲述开始，分析了孔子创立的儒家文化及其哲学思想是中华民族文化心理形成的主要基础，接着从三个方面阐述孔子仁学思想的丰富内涵及其现代价值。戴老师的课堂教学：收放自如，既紧扣孔子的哲学思想，又结合时代和大学生生活实际；引经据典，将义理阐释和史料考证相结合，化理论为方法；言传身教，将传授知识和锻造品质相结合，化理论为德性。戴老师儒雅的气质、流畅的语言、优美的板书，引领大家进入先哲的思维空间，再现传统文化的魅力和意境，为老师和同学们呈现了一场中华传统文化的精神盛宴。

多年来，戴老师一直坚持创新教学方法，努力将哲学经典教育融进哲学课堂教学中。本次观摩课教学中成功使用视频导入、经典诵读、经典感悟和格言交流等方法，将现代教学技术和传统教学手段相结合，既营造了传统文化的氛围，凸显了学科特点，又留有哲学思考的空间、启人反省。

观摩课结束后，政法学院组织教师对观摩课进行评议，大家一致认为本次观摩课组织得力，效果明显。戴老师的课堂教学完美体现了儒家知行合一的哲学理念。

教学感言

论长流水与常饮水

人人都说教师是阳光底下最光辉的职业。其实，自从人类有了知识创造、积累和传承的历史，教师就不再是普通的职业了。在某种程度上，可以说教师是人类精神发展的承载。成为一名教师，成长为一名优秀的教师，有着无上的光荣。因为教师是人类文明创造发动机上的传动轴。

当好一名教师，要懂得源头活水的道理。通常人们将学生和教师的关系比作一瓢水和一桶水的关系。这样的比喻在传统教育阶段可能是适用的。随着时代的发展，科学知识呈现几何级数的增长。任何一桶水都满足不了学生的需求。如果教师认为自己有一桶水，可以满足学生的需要，而不知道不断地更新桶中的水。那么，这桶水有可能随时被学生用完，也可能长期不更新，水会变味，也就不再适合学生的需求。教师和学生的关系应该是活水与饮水的关系。教师要成为学生的源头活水，要长流水。面对这样的源头活水，学生要常饮水，不断去饮教师提供的源头活水。

教师要保证自己能够长流水，就要不断读书思考，从事科学研究，开展实验探索，融入社会实践。读书是基础，教师的阅读是教师知识更新的前提。朱熹一生从教五十多年，专门写有《读书之要》，劝诫子弟熟读精思，求学上进。曾国藩更有“不可一日不读书”之论。读书之后还要开展研究。研究的目的就是增进学问。有学问的教师，一定要有研究的工夫。不断的研究为源头活水提供不竭的源泉。此外，教师从事实验探索和社会实践，也是丰富知识，增进学问。“生活即教育，社会即学校，教学做合一。”陶行知的这些主张就是要求教师要走向社会，走向实践，走向学生，做学生学习的源头活水。

教师除了要注重从自身积累的角度为教学储备足够的活水，还要在教学实践中让活水流动起来。其中的关键就是备好课，上好每节课。由于知识传播手段的日新月异，学生所能够获取知识的渠道已经非常多。教师在备课的过程中，一定要注意备课的诸多细节。教师要想备好一节课，至少要将备教材、备学生、备时势、备教案、备教学环节统一起来，其中的时势既包括社会时势，又包括科学发展的最新进展，等。教材短期内可能不会有太大的变化，但学生却总是变化的，时势也是不断变化的。基于此，教案的准备，教学环节的设计，必须保持苟日新日日新的状态。在这个意义上，我们说永远没有一堂备好的课，永远没有写好的讲稿。如果哪位教师说，讲稿是现成的，明天的课已经备好了，现在我可以去干别的事了。那么，我们要说，这种教学的态度要不得。一位优秀的老教师曾经对我说过，如果星期一有课，之前的双休日他一定不会出门，因为要备课。起初，我还觉得这位老师过于认真，现在想来，这位老教师做得非常对，这是教师职业的最基本要求，也是敬畏教师这份职业的最好体现。

“半亩方塘一鉴开，天光云影共徘徊。问渠那得清如许？为有源头活水来。”方塘虽不大，但容得下天光云影。水虽不多，但流动着源头活水。作为阳光底下最光辉的职业，教师能够为莘莘学子提供不竭的源头活水，实在是平生可慰！

房　玫

教师简介

房玫，1950年生，山东淄博人。安徽师范大学政治学院教授。主要研究马克思主义基本原理概论、马克思主义哲学原理、辩证唯物主义原理、唯物史观与全球化。主持和参与教育部、教育厅和学校的教研项目9项，在《中国高等教育》《高等教育研究》《思想理论教育导刊》《理论视野》《光明日报》发表论文多篇。获教育部首届思想政治理论课“精彩一课”，全国思想政治工作研究会创新征文一等奖，安徽省思想政治工作研究会研究成果特别奖，安徽省教学成果奖三等奖，安徽师范大学优秀教学奖特等奖，等。获“全国理论宣讲先进个人”“安徽省道德模范”“安徽省十大教育新闻人物”等称号。

示范课报道

以疑存思重引导　四真育人求真知

2012年10月22日，在我校花津校区2020403教室里，一位被学生誉为“妈妈”的“时髦老太”，一位当选党的十八大代表的优秀共产党员，一位执教30余年的思政理论课教师——房玫，用她多年的教学实践和人生阅历为2010级思想政治教育专业学生和部分青年教师上了一堂《马克思主义基本原理概论》公开示范课，不仅为学生开启了走向马克思主义理论殿堂的大门，而且以其独具艺术性的教学方法为青年教师呈现了一场瑰丽的教学盛宴。

课程以学生朗读马列经典为开篇，房老师精选了《青年在选择职业时的思考》片段，使学生领略到马克思是一个平凡、可亲的人，同时也是一个伟大、可敬的人，因为他思考问题的角度是深刻的，是时刻为着大多数人的。“在选择职业时，我们应该遵循的主要指针是人类的幸福和我们自身的完美。”房老师结合师范专业的特色，告诉大家作为一名教师一定要用心，即与学生交流要诚心，听学生倾诉要专心，解决学生思想困难要耐心，真正做学生的知心朋友。

在“走进马克思主义”的绪论教学中，房老师采用了“以疑引思，重点剖析”的课堂讲授法，选择最能体现马克思主义基本原理的真精神，理解难度大，而又为学生普遍关注并存在种种模糊认识的内容，立题重点讲授。在讲解到什么是马克思主义时，房老师首先创设了问题情境，如“马克思主义是死记硬背的知识片段吗?”“马克思主义是否有用，如果有用，为什么许多现实问题解决不了?”等等，当学生明显表示出对这些“疑问”的好奇心和探究欲时，房老师用大量的史料展现出西方掀起的持续升温的马克思主义热，教导学生要多读马克思主义的书，真正读懂马克思主义。房老师针对提出的问题，采用比较分析法使大家掌握狭义和广义的马克思主义，并从纵向和横向阐释了世界观三大形态的历史演变以及马克思主义世界观的基本层次结构，指出世界观、方法论和价值观都要通过人的情感表现出来，而人的情感包括认知能力、调控能力、沟通能力和影响能力，引导学生得出马克思主义并不是空洞的学说，而是科学的世界观和方法论的结论。

《马克思主义基本原理概论》承担着对大学生进行思想政治教育的主渠道功能。作为一名思政理论课教师，房老师将基本理论教育同现实性教育有机地统一起来，其充满激情的教学态度，幽默的教学风格，层层铺垫、层层递进、逻辑关联的教学方法真正实现了思政理论课教学由灌输向引导转变，由说教向渗透转变，由讲授向体验转变，由静态向动态转变，由抽象向生动转变，促进了思政课教材体系向教学体系、知识体系向信仰体系的转化。整场教学有血有肉，有声有色，让人回味无穷。

教学感言

高校思想政治理论课是帮助大学生树立正确世界观、人生观、价值观的重要途径。然而，在现实生活中，相当一部分大学生对思想政治理论课不感兴趣。在他们看来，思想政治理论是一种干巴巴的“高调”；思想政治理论课是在空洞洞的“唱高调”，既不可亲，又不可爱，还不可敬，更不可信。这就需要思想政治理论课教师用爱托起和提升责任，在教学中正本清源、消除误解，让大学生走进、喜爱、思考、践行思想政治理论。而要让大学生走进、喜爱、思考、践行思想政治理论，首要的是课前、课余进行各类形式的调研（专访、课堂问卷、随机询问、师生聊天等），了解大学生对思想政治理论课的“所讲”“所思”“所求”，准确把握大学生的期盼视野；随后，依照教学目标，贴近学生、贴近生活、贴近实际，以“以疑引思、重点剖析”的理论讲授为主轴，穿插“课前5分钟‘学思政·读经典’”“自讲互评”“专题研讨”“理论论坛”“主题演讲比赛”等教学活动，解决思想政治理论“入门”“入耳”“入脑”“入行”的问题。经过多年的教学实践，大学生对思想政治理论课的态度已经和正在发生着深刻的变化——由不感兴趣到较感兴趣，对思想政治理论的态度已经和正在发生着深刻的变化——由被动接受到较主动接受。

教学座右铭

让思想政治理论课可亲、可爱、可敬、可信。

张正光

教师简介

张正光，1971年生，安徽南陵人。安徽师范大学政治学院教授，博士生导师，安徽省学术和技术带头人后备人选，安徽省高校思政课教学指导委员会委员、“概论”课教学分委员会主任。主要研究中共党史、马克思主义中国化、思想政治教育。主讲“毛泽东思想概论”“中国近现代史纲要”“毛泽东思想和中国特色社会主义理论体系概论”等课程。入选全国高校优秀中青年思想政治理论课教师择优资助计划（2013），入选教育部全国高校思想政治理论课影响力提名人物（2015）。主持国家社科基金及省部级项目10多项，出版合著2部，在《中共党史研究》等刊物上发表学术论文50余篇。获安徽省社科文艺出版奖二等奖，首届长三角高校思政课教学比赛一等奖，安徽师范大学优秀教学奖特等奖，安徽师范大学政治学院课堂教学质量金奖，等。获“安徽省优秀教师”“安徽省高校优秀思政课教师”称号。

示范课报道

持之有故解法制　言之成理释建设

2013年5月20日，我校本科教学示范观摩课第七讲在花津校区2070501教室举行。教育部“全国高校优秀中青年思想政治理论课教师择优资助计划”入选者，我校优秀教学奖特等奖、政治学院课堂教学质量金奖获得者——张正光教授为师生讲授了《毛泽东思想和中国特色社会主义理论体系概论》中“依法治国，建设社会主义法治国家”一课。我校督导团、教务处有关人员，政治学院党政领导、院督导组、教研室主任和部分中青年教师参加了此次观摩活动。

张老师以“建设社会主义法治国家”为主题，通过分析中国法治进程，依法治国是党领导人民治国理政的基本方略，加强社会主义法制建设等内容，辅以实例，阐述了我国法制建设的历史进程和基本经验。张老师不仅将学术性与趣味性、科学性与通俗性融为一体，而且注重结合理论知识和学生生活，考虑各专业学生的学习诉求并分类教学。张老师以其丰厚的学术积累和专业素养、潇洒自如的课堂讲解，丰富了课堂教学元素，活跃了课堂气氛，取得良好的教学效果。

课后，政治学院精心组织了评议活动。大家一致认为本次示范课组织得力，效果明显，张老师的分类教学方法对青年教师更是启迪甚多。

教学感言

站在信息化时代的节点上，上好一堂课难，上好一堂思政课更难，上好一堂让学生满意的思政课特别难，上好一堂让思政课老师满意的思政课难上加难！当我接到学院推荐我参加学校观摩课教学的通知时，心里真的很紧张。

如何才能突破“常态”，达到教学观摩课的效果呢？我根据“依法治国”教学内容的基本要求，同时基于学生法治知识近乎空白的实际，决定借鉴“今日说法”栏目的片头语——“点滴记录中国法治进程”的说辞，在具体讲授“依法治国”的具体内容之前，先给学生做知识扩展，即以典型案例为“经”，梳理新中国成立以来中国法治化的进程。在这一教学理念的指导下，我查阅了大量的关于法治的历史资料，选取了12个重要的法治时间节点，以案说法，在具体、感性的案例中，引领学生对于法治进程的理性思考，为依法治国具体内容的阐发做铺垫。经过课堂教学实践检验，证明这种教学设计实现了预期的教学效果。

通过这堂教学观摩课，结合20年来的教学实践，我觉得搞好高校思政课教学，就教师本身而言，需要具备几种基本素养。第一，要勤于学习和善于学习。由于高校思政课的特性，思政课教材，特别是《毛泽东思想和中国特色社会主义理论体系概论》涉及经济、政治、文化、社会、生态、外交、国防和军队现代化和党的建设等我国社会主义建设各方面的内容，而且每年都在更新。思政课教师每学期都要备新课。思政课教师只有不断地学习才能胜任教学的基本要求。第二，要真懂、真信马克思主义和中国特色社会主义。在一定意义上，思政课的教学过程是信仰和信念的传递过程。要使这一信仰和信念有效地传递给学生，老师必须要真懂和真信所讲授的理论，否则以己之昏昏，又焉能使人之昭昭？第三，要深入了解国情和学生的思想实际。思政课教学只有增强针对性和实效性才会有效果，而思政课教师对国情的准确把握和学生思想实际的深入了解就成为实现教学目标的必要条件。第四，要有良好的语言表达和一点文采。教师需要良好的语言表达，思政课教师尤其需要，甚至还要有点文采，以展现理论的力量和逻辑的魅力，增强思政课的亲和力和感染力。

教学座右铭

不忘初心勤耕“三尺”讲台，砥砺前行争做“四有”老师。

路丙辉

教师简介

路丙辉，1968年生，安徽全椒人。安徽师范大学政治学院教授，硕士生导师，安徽省高等教育振兴计划弘扬核心价值观名师工作室之“丙辉工作室”首席专家，丙辉网络思政中心负责人。主要研究高校思想政治教育理论、教师职业伦理学。主讲“思想道德修养与法律基础”“教师职业道德修养”“形势与政策”“文学与人生”等课程。获“全国师德标兵”“中国敬业奉献好人”“高校思想政治理论课教师2013年度影响力提名人物”“安徽省优秀共产党员”“优秀德育工作者”“安徽省教育界十大新闻人物”等称号。

示范课报道

怡然理顺树理想　涣然冰释立修养

2013年11月26日，我校本科教学示范观摩课第八讲在花津校区2020204教室举行。政治学院路丙辉副教授讲授了“在理想的追求中升华”一课。我校督导团、教务处有关人员、政治学院领导、部分中青年教师和学生参加了此次观摩活动。学院共到场听课教师14人。

课上，路老师通过精美的课件、精彩的视频、精巧的互动，从理想对大学生成长的意义，理想的内涵、特征及分类和大学生对理想的常见误读等三个方面进行了认真的讲解，并在轻松的互动中与同学们做了深入的讨论。路老师语言表述流畅、生动，教态端正自然，尤其是课堂中穿插的微视频给师生以美的享受，表现出较高的教学研究能力与教学设计水平，把《思想道德修养》课真正上成“说理析理课、互动交流课、谈心交心课”。

观摩课结束后，政治学院精心组织了评议活动，大家对此次观摩课给予了高度肯定，一致认为路老师注重教学的趣味性和生动性，语言幽默，深入浅出，重难点把握到位，并能将教材、课件、板书有机地结合在一起。参加教学观摩活动的青年教师们纷纷表示，路老师的授课方式、课件制作等很值得自己在今后的教学中学习与借鉴。

教学感言

我主讲的公开课大学生理想教育部分“坚持个人理想与社会理想的统一”，从整体教学效果看还是比较理想的，这部分内容还被选拔参加教育部高校思想政治理论课教学指导委员会“思想道德修养与法律基础”分教学指导委员会主办的全国高校“基础”课教学研讨观摩会，受到教指委领导、老师和同行们的一致好评。认真反思整个教学内容，可取之处在于，通过讲授理想的分类，厘清了人们长期以来对理想的认识误区，从而分清理想与每个人的实际生活密切相关。不足之处在于，在讲到个人理想与学生的实际相结合的部分，我只是从研究的视角出发，提出了若干问题，而事实上与学生的实际还多少存在些差距。这就会导致学生的实际接受度受影响，难免降低教学实效性。如果在备课前，对学生的理想状况做较为广泛的调查研究，就有可能更好地把握整个教学过程。

长期以来，我一直从事修养类的课程教学，一个突出的感受是，要想讲好修养课，必须自己先有良好的修养。作为教师，教学目标的实现，与个人的教学能力有关，更与个人作为教学主体的修养和基本素质有关。这种修养和素质都会作为教育者的教学工具参与教学过程中，其对学生的影响在某种程度上比教学内容本身对学生的影响价值更大。因此，提高教师个人的素质和修养应是每一个教师不断努力的方向。

教学座右铭

做一个温暖的老师。

胡安全

教师简介

胡安全，1962年生，安徽芜湖人。安徽师范大学政治学院教授，博士。主要研究当代中国马克思主义理论，社会主义时期中共党史，当代中国改革史。主讲“中国特色社会主义理论体系概论”“毛泽东思想和中国特色社会主义理论体系概论”“中国近现代史纲要”等课程。出版专著《中国改革开放的历史起源》等。获“安徽师范大学教书育人先进工作者”（2015）称号。

示范课报道

教研相长论复兴　擘画时势正能量

2014年4月24日，我校本科教学示范观摩课第六讲在花津校区2070501教室举行。政治学院胡安全教授为在座师生讲授了“中国特色社会主义的发展战略”这一内容。我校督导团、教务处有关人员，政治学院领导、院督导组和部分中青年教师观摩了此次示范课。

胡老师在讲课伊始便开宗明义，指出本课的主题是新中国建立后，特别是改革开放以来，中国共产党如何设计和实施实现社会主义现代化和中华民族伟大复兴的战略问题。这一主题分两个方面，一是现代化战略的形成和完善，二是中华民族伟大复兴的中国梦的实践。所有这些围绕三个问题展开，即中国的现代化战略是什么？中国实现现代化实际上要走哪几步？“三步走”发展战略、全面建成小康社会与实现“中国梦”这三者到底是什么关系？

胡老师在教学过程中结合自己的科研成果，以及学界研究的最新动态，用抽茧剥笋的方法，为同学们分析和解读了中国现代化战略从酝酿、发展、形成到调整的整个历史过程。最后，胡老师概括了三个结论：第一，在发展中国特色社会主义过程中，逐步深化认识形成和实施现代化战略的“三步走”战略标志这个战略的形成；第二，步骤是三步，但并不完全是“三步走”战略的三步，其内容是有变化的；第三，先后确定或宣示了这“三步走”的战略目标。

观摩课结束后，政治学院精心组织了评议活动。大家对此次观摩课给予积极评价，一致认为胡老师解读概念清晰，资料引证丰富，课程内容紧凑，信息量大，考证翔实，线索分明，首尾呼应。此外，胡老师的课还传递出一种正能量，即让听众更加坚定了对社会主义道路的信念等。这些都值得青年教师们认真学习和借鉴。

教学感言

我的观摩课的讲题是“中国特色社会主义的发展战略”，即新中国建立以后、特别是改革开放以来，中国共产党如何设计和实施在一个不太长的时期内实现国家的社会主义现代化和中华民族的伟大复兴的战略问题。本课的重点是中国现代化发展战略的形成和完善。围绕这个重点，我提出三个需要解答的、在教学和研究过程中尚未完全弄清楚的具体问题：中国的现代化战略是什么？实现现代化实际上要走哪几步？“三步走”战略、全面建成小康社会与实现“中国梦”这三者到底是什么关系？我结合自己的科研成果和学界研究动态，用抽茧剥笋的方法分析和解读了中国现代化战略酝酿、形成、调整、宣示的整个历史过程。最后概括出三点结论。第一，中国共产党在开创和发展中国特色社会主义的过程中，逐步深化了对当代中国发展问题的认识，形成和实施了一个现代化战略。“三步走”战略标志着这个战略的形成，但不是该战略的全部。第二，实现现代化的步骤确实是三步，但不完全是“三步走”战略中的三步，而是：第一步是到20世纪末实现小康，第二步是到建党一百年全面建成小康社会，第三步是到建国一百年实现社会主义现代化。大体上二三十年一大步。第三，“三步走”战略、全面建成小康社会、实现“中国梦”先后确定或宣示了这三步战略目标，是中国现代化战略形成和完善过程中的若干重要标志。我注重概念解读的准确性、资料引证的丰富性、问题解答的过程性，注重本科教学的研究性。

教学座右铭

真心教书，诚心育人。

吴先伍

教师简介

吴先伍，1971年生，安徽枞阳人。安徽师范大学政治学院教授，哲学博士，博士生导师，伦理学硕士点负责人，安徽省古籍编辑委员会委员，中国伦理学学会、中国环境伦理学会、安徽省哲学学会、安徽省伦理学会理事。主要研究中外伦理思想史、生态伦理和道德教育。出版专著《现代性的追求与批评——柏格森与中国近代哲学》《现代性境域中的生态危机——人与自然冲突的观念论根源》《先秦时期“他人”思想研究》等，在《道德与文明》《伦理学研究》《中国哲学史》《哲学动态》《自然辩证法研究》等发表论文60余篇。主持国家社会科学基金项目“先秦时期‘他人’思想研究”“他者伦理研究”，教育部人文社科基金项目“他者伦理视野中的道德教育研究”以及省厅级项目多项。入选“安徽省学术和技术带头人后备人选”。

示范课报道

条分缕析透正义　鉴古烁今化人生

2014年11月20日，我校本科教学示范观摩课第七讲在花津校区2070501教室举行。政治学院博士生导师吴先伍教授带领大家走进了“社会主义公正原则”一课。我校纪委书记程度，校督导团、教务处有关人员，政治学院领导、院督导组，部分青年教师参加了此次观摩活动。

上课伊始，吴老师对上节课的内容做了简单回顾，随后便精彩地导入了本讲主题——社会主义公正原则。吴老师通过简洁明了的课件，结合古今中外的相关知识，从公正的含义、公正原则的含义、社会主义公正原则的内容三个方面对社会主义公正原则的要义及特征进行了认真讲解、深刻剖析。吴老师注重在加深同学们对社会主义公正原则理性认知的同时，强化学生们对于中华传统文化和社会主义道德的感性认同，从而使教书与育人达到了有机地统一。

吴老师在教学过程中综合运用多种教学方式，运用PPT课件呈现知识点，采用板书形式演绎重要的内容、难懂的古文。吴老师娴熟流畅的讲述，让学生在轻松理解教学内容的同时，更加清楚所学知识的重难点。此外，吴老师还穿插讲解了很多课外知识，拓宽了学生的知识面，有助于学生养成广泛阅读的良好习惯。

观摩课结束后，政治学院精心组织了评议。大家一致认为吴老师课前准备充分，表述流畅、生动，教态端正、自然，表现出深厚的专业功底、精湛的教学技艺。大家一致认为这是一场非常成功的观摩课。

教学感言

教学不仅是知识的传递，而且是学术乃至生命的延传。因此，对于教师而言，要认真地对待每一节课，真诚地对待每个学生，要全身心地投入教学活动中。只有我们感动了自己，才能感染学生；只有自己热爱自己的工作，热爱这门学术，学生才会爱上这门课程。

汪盛玉

教师简介

汪盛玉，1970年生，江西彭泽人。安徽师范大学政治学院教授，博士，博士生导师。主要研究马克思主义哲学、思想政治教育、马克思主义人学理论。主讲“马克思主义哲学”“马克思主义哲学发展史”“马克思主义基本原理概论”“形势与政策”等课程。在《思想理论教育导刊》《教学与研究》《当代世界与社会主义》《社会主义研究》等发表论文近40篇。主持国家社科基金、教育部规划基金、安徽省高校重点社会科学研究项目、安徽省高等学校振兴计划项目等10余项。获安徽师范大学本科课程考核改革优秀奖（2015）、安徽师范大学教学优秀奖（2014）。获“全国高校思想政治理论课教学能手”“全国高校优秀中青年思想政治理论课教师择优资助计划入选者”“安徽省高校思想政治理论课2015年度影响力人物”“2011年安徽师范大学优秀共产党员”“2013—2015年安徽师范大学暑期社会实践优秀指导教师”等称号。

示范课报道

历史深处觅动力 生活之中析原理

2015年5月4日，我校本科教学示范观摩课第七讲在花津校区2070501教室举行。本次示范课由全国高校思想政治理论课教学能手、安徽师范大学优秀教学奖获得者、政治学院汪盛玉教授主讲。我校纪委书记程度，校督导团、教务处有关人员，政治学院院长高正礼、副院长姚宏志以及部分中青年教师参加了此次观摩活动。

授课伊始，汪老师借助习近平总书记寄语全国青年学子的谆谆教导——勤学、修德、明辨、笃实，并运用一个“以远大理想圆梦”的案例导入本讲主题——社会历史发展的动力。随后，汪老师运用娴熟的教学基本功、丰富的人类思想史知识阐释了哲人们聚焦的三个问题：社会历史发展有无动力？如果有，动力来自何方？如何理解社会历史发展的动力？并由此导出马克思主义历史观的基本思想——社会历史发展的动力是各种要素汇聚起来的合力。汪老师在比较、分析之中，重点讲解了生产方式、生产力以及社会基本矛盾的动力作用；逐层深入其中。汪老师注意运用分类教学模式，分别引导地理信息科学专业和城乡规划专业的学生剖析“地理环境决定论”和“人口决定论”。

汪老师授课循循善诱，处处把深奥、抽象的原理转换为大学生的良好品质，比如，在“远大理想”之中寻找学习动力；把“劳动实践”转化为勤学好问；从“人口因素”看尊老爱幼；就“社会基本矛盾”谈全面发展；等。在简要小结之后，汪老师以最近网上热议的“重庆大学最美男寝”案例引导学生思考“工科学子如何助力社会发展”结束授课。

课后，大家一致认为，汪老师的授课过程安排合理，授课内容充实；教书育人理念体现生动，思想含量饱满丰富；PPT课件制作图文并茂，板书简明扼要；课堂举例注重联系生活，贴近学生，贴近实际；教学语言精炼，富有激情，注意调动学生的积极性。这是一场非常成功的观摩课。汪老师的授课起到了很好的示范作用，值得青年教师认真学习。

教学感言

我所进行的公开课内容为马克思主义哲学原理中的第三章“人类社会及其发展规律”第二节内容“社会历史发展的动力”。本课成功之处在于，准备充分、内容充实、思路严谨、教态自然；教书育人理念得到深入浅出的体现；课堂举例注重“三贴近”（贴近生活、贴近学生、贴近实际）。不足之处在于，授课涉及的哲学知识较多且较难，不容易使学生在有限的时间内对这些知识很好地把握和消化。

我反思这次公开课教学，体悟最为深刻的是：认真备课是上课的前提和基础。上课重在备课，备课需要重视这样三个方面：研究性教学、艺术性教学、启发性教学。如果没有历史的穿透性，没有学科前沿的支撑和引领，授课是达不到预期效果的。正是方式、方法恰当、授课效果不错，因而新闻稿以“历史深处觅动力，生活之中析原理”为标题总结了我那场公开课教学。首先，研究性教学不可忽视。“天时、地利、人和”是任何工作都必须估计的重要因素，授课也一样，需要认真研究教学内容、教学背景和教学对象。教师要研究授课内容的重难点以及学科地位、研究授课时间段所发生的时政大事并适当融入课堂以增添课堂的时代感、研究授课对象的专业背景和学习需求。其次，艺术性教学非常必要。苏霍姆林斯基曾言，一个好的教师，是一个懂得心理学和教育学的人。也就是说，教无定法、教学有规，这个规律、规则就是教学活动是促进学生身心和谐、全面发展的实践活动。教学遵循规律，灵活地做到前后知识点融会贯通、理论讲授与生活实践紧密对接、知识教育与人生启发相互渗透以及知识的传播与人性的美德兼顾才会使教育富有活力和魅力，教育本身就是促进人实现全面发展的过程。最后，启发性教学最为根本。“较高级复杂的劳动，是这样一种劳动力的表现，这种劳动力比较普通的劳动力需要较高的教育费用，它的生产需要花费较多的劳动时间。因此，具有较高的价值。”马克思深刻批判资本主义社会学校教育与生产劳动相悖的观点适用于我们对高等教育社会价值的分析。高等教育的社会价值在于塑造合格乃至优秀的建设人才。授人以鱼不如授人以渔，教学需要注重学生综合能力的培养，启发学生学会独立思考、学会自我管理、学会关注社会、学会辨别是非、学会分析问题和解决问题。诚如著名哲学家雅斯贝尔斯所指出，教育的本质意味着：一棵树摇动一棵树，一朵云推动一朵云，一个灵魂唤醒一个灵魂。总之，教学是立足当代发展、放眼未来、功在千秋的实践。备好课、上好课就是教师最大的良知。

结合自己的公开课教学以及日常教学活动，我觉得做一名高校教师是非常幸福的事情。期待着学生们的期待、快乐着学生们的快乐！

教学座右铭

教师，不求回报，但求成长；教学，不求金玉其外，但求发人深省；教育，不求短期效应，但求长远影响。

王习胜

教师简介

王习胜，1965年生，安徽舒城人，安徽师范大学政治学院教授，博士生导师，安徽省宣传文化领域（社科理论类）拔尖人才，安徽省学术与技术带头人后备人选，安徽师范大学马克思主义研究中心常务副主任。主要研究悖论、辩证法、意识形态和思想咨商。出版《泛悖论与科学理论创新机制研究》等著作10部，在《马克思主义研究》等刊物发表论文100余篇。主持国家社科基金重点项目3项，教育部人文社科规划项目和中国博士后科学基金项目3项，主持省厅级项目7项。

示范课报道

抽象概念变具体　逻辑理性显智慧

2015年10月20日，我校本科教学示范观摩课第二讲在花津校区2070501教室举行。政治学院博士生导师王习胜教授围绕《逻辑学》的相关内容展开了一场别开生面的授课。我校督导团、教务处有关人员，政治学院副院长姚宏志、院督导组及部分中青年教师参加了本次观摩活动。

上课伊始，王习胜教授提纲挈领地回顾了上一堂课学习的主要内容，进而自然引出本堂课所要讲授的主题——概念的概述和种类。王老师从概念的本质谈起，同时分析了“概念”“语词”和“词项”的联系与区别，用内涵与外延的反变关系来阐明“概念”的逻辑特征，最后解析了不同标准划分出的“概念的种类”。

王老师在教学中语言幽默风趣，选取案例不仅恰到好处，还力求贴近学生的生活与社会实践经验，充分调动学生参与课堂互动的积极性与主动性。整个教学体现了内容翔实，条理清晰的特点，使学生在轻松理解教学内容的同时，更容易把握住本课教学的重点和难点。

课后的座谈会上，与会教师一致认为王习胜老师的授课完美展现了“深入浅出”的特点，把逻辑学这一专业性极强的课程，由抽象变得具体，由理性变得感性，回归生活，贴近学生，做到了备教材和备学生的良好示范。王老师的教学方法丰富，有视频、有事例，且所举事例多为学生生活实际或考研、国考真题，既能活跃课堂气氛，又增强了知识的实用性。整堂课层次清晰，首尾呼应，板书简洁、朴素，知识点明确。不仅有书本上的知识，还把他个人的研究成果穿插其中，体现了教学与科研相结合的特点。青年教师们纷纷表示，从此次观摩示范课中受益良多。

教学感言

好的教师肯定是尽了责的教师，尽责的教师首先是尽了教学之责的教师，而尽责的教学仍有两个不同的层次——知识传授和思想启迪。在信息化时代，大学教学中的知识传授工作将会逐渐退出主场，而思想启迪则愈发凸显其存在的重要性。因为思想的生产需要个体独特的贡献，而不可能像“知识工厂”那样批量制作。思想启迪首先要有思想，要有能够给大学生带来生存、生活和生命之本质认识的思想，这样的思想当然需要教师有灵光的头脑，更需要教师孜孜以求，唯有如此，教师才有可能叩问到问题背后的问题，才能把捏到问题背后之问题的真谛。因此，没有学术累积的教学，仅靠光鲜的外表和华丽的形式，至多只能制造感觉的盛宴，博得即时的情绪狂欢，终将不能获得持久的赞叹，让大学生获得毕生的感悟，值得其终身的追忆。因此，以学术精神支撑的教学，才是大学教学的本义，才是大学教师是否尽了教学之责的基本评准，同时也是大学教师能否尽其教学之责的必要意涵。

教学座右铭

知识·思想·学术·教学

吴兴华

教师简介

吴兴华，1970年生，安徽舒城人。安徽师范大学马克思主义学院教授，哲学博士，硕士生导师，安徽省哲学学会理事，安徽师范大学马克思主义研究中心研究员。主要研究科学技术哲学、马克思主义哲学、国外马克思主义。主讲“马克思主义哲学原理”“马克思主义基本原理概论”等课程。出版专著1部，在《自然辩证法研究》《自然辩证法通讯》等发表论文30多篇。主持和参与省部级项目和国家社会科学基金项目多个。

示范课报道

为史见大道　实践出真知

2016年5月12日，在赭山校区田楼8607教室，政治学院吴兴华教授为2015级生物科学专业学生精彩演绎了《马克思主义基本原理概论》的一节示范课。我校督导团、教务处和学院领导、学院督导组以及部分青年教师参加了本次观摩活动。

本次示范观摩课的授课内容是“认识的本质”，是《马克思主义基本原理概论》中的教学难点。吴老师对非常抽象的内容做了深入浅出的诠解。她从哲学史的角度回顾了古代和近代哲学家们对于认识本质的理解，指出无论是唯心主义认识论，还是旧唯物主义认识论都没有正确理解认识的本质；马克思主义哲学站在唯物主义立场，将实践观点引入认识论，认为实践是认识的基础，从而正确解决了认识的本质问题。吴老师深厚的哲学功底以及对授课内容的透彻了解，以通俗、朴实的语言将高深的哲学理论诠释得淋漓尽致。吴老师在讲解过程中，采用了大量同学们能理解的身边事例，以设问方式不断引导和启发同学们思考“认识的本质是什么？”这既形成了良好的师生互动氛围，又使学生感受到哲学的亲切性和魅力所在，深刻体会到哲学思维就在不断行走的日常生活实践之中。吴老师的整节授课内容层层展开、循序渐进，不仅彰显出哲学的逻辑性，而且充分展现了其授课思路的逻辑性和清晰性。

观摩课结束后，校督导团成员、学院领导、学院督导组、部分青年教师对观摩课进行了热烈的评议。大家给予此次观摩课高度评价，充分肯定了吴老师的教学效果。他们普遍反映，在教学设计、课堂组织和教学方法等方面受益匪浅。这是一节精彩的观摩课，有极好的示范作用。

教学感言

通过观摩课的教学，使我深深感受到了，好的教学不只是停留于对教学手段和技巧的追求，更重要的是思想的激活。人们常说：教师是人类灵魂的工程师。而人之为人的根本正是因为人拥有思想和灵魂，所以说教育的重要目的就在于“成人”，即把人培养成真正有思想、有灵魂的人。正是有了对于教育“成人”目标的理解，我们才懂得了真正的教学活动，它并非是一个简单的“知识传授和接受”的活动过程，更是一个“把人培养成为人”的活动过程。因而，作为一名教师，只有真正领会了教育和教学的“成人”真谛，才能肩负起“成人”这一神圣而伟大的事业，才能真正不愧于“人类灵魂工程师”这一称号。

教师永远是教学活动的主体，要能够把教学活动变成真正的“成人”活动，教师的教学就不仅仅是留给学生那些“余音绕梁”般的无尽回味，更是一种深层次的对于人生的思考和感悟。在巧妙的教学设计和精湛的授课艺术背后，真正能打动那一颗颗期盼的心灵的，应是那触动人灵魂深处的独创性思想。在教学活动中，一个个知识点串联起来的应是一条思想之河，只有在这条河流中，人们的灵魂才能得到洗涤和净化。因而，教师的职责就是要在教学中使学生徜徉在思想的河流之中，引领学生追求无限广阔的精神生活，追求人类永恒的终极价值……

教学座右铭

好的教学给予人的是一种思想和灵魂的触动，因为唯有思想最能感动人。

陆在春

教师简介

陆在春，1980年生，安徽淮南人。安徽师范大学法学院副教授，博士，硕士生导师，安徽师范大学法学院宪法与行政法学课程群主任，上海金茂凯德（芜湖）律师事务所兼职律师。主要研究行政法与行政诉讼法学。获安徽师范大学教学优秀奖、教学质量金奖。获“安徽省高等学校省级教坛新秀”（2010），“安徽师范大学优秀指导教师”“安徽师范大学法学院最受毕业生欢迎老师”等称号。

示范课报道

研法为基　弘儒育人

2010年11月22日，政法学院讲师陆在春老师在花津校区2020303教室举行了“行政法学”公开课教学活动。校督导团全体成员，教务处副处长刘桂云，政法学院教学副院长彭凤莲、院督导组、部分系主任和青年教师代表观摩了此次公开课。

此次公开课的教学内容是“行政处罚的原则与程序”。陆在春老师紧紧围绕讲授内容，运用案例教学法、讨论教学法、启发教学法等方法，系统地分析了行政处罚的基本原则与法定程序，教学内容严谨，教学结构完整，教学内容和素材体现了专业教学特点，引用事例新颖，颇具说服力。

陆老师在授课过程中注重使用多媒体教具，采用视频展示现实生活中典型案例，有意识地强化学生自主分析和解决问题的能力。陆老师在教学中深入浅出、环环紧扣，体现了启发式教学与现代化教育有机结合的特点。新鲜、直观的案例资料使得枯燥的法律条文变得妙趣横生，从而营造出一个良好的学习氛围，有效地激发了学生的兴趣和钻研精神。

在教学活动中，陆在春充分把握学生的心理特点，注意情绪、情感在教学中的感染作用。他自然导入新课情境，简洁生动，适时提问学生，注重师生互动，教学效果良好。

此次公开课为我校青年教师相互学习和借鉴搭建了平台，促进了教师间的双向互动，为青年教师提高课堂教学质量提供了途径。对教学工作和教学质量的提高起到了积极的指导作用。

教学感言

我从教15年来，始终以行政法与行政诉讼法学为主讲与科研方向，深感讲好一门法学课程需要重视三个方面。首先，尊重学生。只有让学生感到“亲其师信其道”的归附感，学生才能听得进你的娓娓道来。学生的高出勤率是靠对教师的信任和教师自身的亲和力凝聚起来的。这种亲和力不是指教师无原则地迎合学生，而是指教师以自己严谨而又生动的气场感染学生。其次，讲究教法。在课堂上，应力求表达精准、教态自然，在符合教学规律的基础上设置情境与学生互动，激发学生的学习热情。再次，注重实训。法学等应用专业应当拥有“双师”型人才。一方面，青年教师在努力提高自己的专业素养和科研能力同时，兼顾司法实务能够更好地了解司法程序与法治动态，对于学科知识更新与讲授素材的丰富有着积极的促进作用；另一方面，司法实务的引入对于学生专业实习、实训有着重要的指导功能。

总之，只有营造平等、生动与高效的课堂教学氛围，教学相长的目标才能实现。

彭凤莲

教师简介

彭凤莲，1967年生，安徽潜山人。安徽师范大学法学院教授。主讲“刑法学”等课程。主持省级质量工程项目“安徽省卓越法律人才教育培养基地”等4项。主持国家社科基金重点项目1项、国家社科基金后期资助项目1项。主编安徽省规划教材《刑法学》。获安徽省皖南片“两课”青年教师大奖赛一等奖，安徽省“思想政治课”青年教师大奖赛一等奖，安徽师范大学优秀教学奖特等奖。

示范课报道

以法为据明事理　以生为本促教学

2011年5月27日下午，安徽师范大学优秀教学奖特等奖获得者、安徽师范大学法学院彭凤莲教授在花津校区2020303教室举行了本科教学公开课活动。校督导团成员，教务处副处长刘桂云、教务处有关人员，政法学院督导组成员、院青年教师及外校青年教师观摩了此次公开课。

此次公开课的教学内容是“妨害社会管理秩序罪”。彭老师将妨害社会管理秩序罪的概念、特征、种类逐一进行了介绍和分析，在抽象的法律条文和理论的基础上，借助丰富、翔实的真实案例进行深入浅出的分析，从而充分调动了学生们的学习兴趣，也使得他们能在较短时间内很好地理解和掌握相关知识。彭老师还用图表的方式将历次刑法修正案对于教材内容的修订进行了对比，理清了修正脉络，分析了修正原因，条理分明，纲举目张。

彭老师对于教学内容非常熟悉，善于把旧知识与新知识很好地衔接到一起，对纷繁的法律条文更是能驾轻就熟。整堂课节奏快、容量大、气氛活。彭老师富有激情的授课方式感染着学生，吸引着学生。此次公开课受到观摩师生的好评，大家一致认为彭老师的教学方法很好地突破了教学难点，提高了课堂效率。

此次本科教学公开课全程录像，真实记录课堂，展示教学效果，传递教学信息，为教学交流提供互动平台。我校通过系列公开课的开展，或展现名师魅力，或体现新人风采，不但促进了年轻教师业务水平的稳步提高，而且在全校营造了良好的教书育人氛围，提升了我校本科教学的质量。

教学感言

我从教20余年来，主讲“刑法学”课程。我初讲本门课程时，把备课的着力点放在课程的理论体系、框架结构上，力保内容的准确、到位，运用教学案例讲解刑法学理论。我熟悉本门课程之后，不管讲了多少遍，不管多么熟悉课程，每次上课之前都会认真备课。我反复备课的着力点有五：一是吸收刑法学研究前沿知识；二是关注法律、司法解释最新变化；三是运用最新有重大影响力的案例或者最高人民法院公布的指导性案例；四是更新用于课堂检测的司法考试题目；五是会通课程内外的内容。因此，课程是常新常备，常讲常新。我的课堂教学形式丰富，在理论讲授之外，我会精心选择有重大影响的案例进行课堂分组讨论，或合理确定重大刑法理论热点问题进行课堂辩论赛，或带领学生走进法庭进行庭审观摩，或组织学生举行法庭模拟。我在授课过程中，关注学生听课的反应，从而调整讲课的节奏、难易度、语言表达。课间休息、课后，我耐心解答学生的疑问。

我在注重智识传授的同时，不放松对学生人格的锻炼、品性的陶冶，结合组织课堂教学、案例分析、法律热点事件进行学生成长教育，启其明智，养其胸襟，使其担责。

教学座右铭

三尺讲台，职业所在，心中所爱，愿毕生倾献。

汪维才

教师简介

汪维才，1969年生，安徽宿松人。安徽师范大学法学院教授。主要研究刑法学、环境与资源保护法学。主持国家社科基金项目1项，主编安徽省规划教材《刑法学》。获安徽师范大学法学院“最受2015届本科毕业生欢迎老师”，“安徽师范大学第九次‘三育人’先进工作者”称号。

示范课报道

修法建制护环境　入刑究责治污染

2013年11月28日，校本科教学示范观摩课第九讲在花津校区2010406教室举行。法学院汪维才教授为观摩师生讲解了《环境与资源保护法学》中的“危害环境资源犯罪制裁法”内容。校督导团、教务处有关人员，法学院领导、部分中青年教师和学生参加了此次观摩活动。

汪教授以《十八届三中全会公报》中“加快生态文明制度建设”作为切入点，从“环境资源犯罪概述”“环境资源犯罪的主要罪名”“环境资源犯罪的刑事责任”等三个方面展开深入的分析和探讨。汪老师通过讲解环境资源犯罪的概念、特点和种类，为学生构建了环境资源犯罪的总体框架。随后，汪老师从立法变迁、理论阐述、司法解释、典型案例和立法完善等五个方面重点展示了污染环境罪的“前世、今生和来世”，实现了法条、理论和案例的三位一体。此外，汪老师从刑法谦抑、低调、内敛的精神出发，结合自己的学术观点，分析了本罪是否应设置危险犯，是否应适用严格责任和是否应提高法定刑等在污染环境罪的研究中处于前沿领域的若干争议性问题，为在场师生奉献了一道逻辑严密、观点鲜明、内容翔实的教学大餐。

观摩课结束后，校督导团和法学院精心组织了评议活动。大家一致认为，汪老师授课思路清晰、详略设计得当、讲解鞭辟入里、论证逻辑严密，不但展示了其渊博的知识功底和精湛的授课技巧，而且让学生在专业知识学习之外开阔了视野。这是一堂非常成功的教学观摩课。

教学感言

搞好教学、科研是高校教师的立身之本，其中教学工作对我而言虽然不是最难的工作，但却是最重要、最基础性的工作。究竟怎样把课上好，真正让学生学有所得，我一直在摸索……

在我看来，以下几个方面比较重要。第一，真正摸清学生的需求，知道学生想要什么，从而有的放矢地备课，针对不同学习阶段、不同层次的法科学生进行不同的教育。第二，为了防止学生在课堂上接受的知识的碎片化，在教学当中要善于由核心思想向外辐射，打破部门法教学的藩篱，使学生做到融会贯通、触类旁通，在巩固旧知的同时获取新知。第三，在教学当中，要善于教导学生“既在法律之内，又在法律之外”。因为一个案子的解决，有时候不单单是一个法律问题，更多的时候是一个社会问题乃至政治问题。这就要求学生善于从法律之中跳出来，用更广阔的视野来思考问题，了解社情民意，把握历史，前瞻未来。第四，大道至简。给本科生上课要善于将复杂的问题简单化，不能云遮雾罩。比如刑法理论上有些问题相当复杂，对此没必要过于纠结，告诉学生只要遵循自然法的精神，按照“常识、常理、常情”来判断和处理大体是妥适的。第五，真正以能力培养为本位。法条更新很快，法学知识也在不断更新，如何培养学生自主学习的能力显得尤为重要。上课应该提供给学生一种发现问题、思考问题、解决问题、深化问题的能力，提高学生解决现实社会生活中的真实问题的能力。

每次走进课堂都心存敬畏。一是敬畏课堂，二是敬畏法律，三是敬畏那些设计出浩浩荡荡、博大精深法律制度的法学先贤们。

邓劲松

教师简介

邓劲松，1970年生，安徽安庆人。安徽师范大学法学院副教授。主讲“经济法学”“模拟法庭实训”“法庭辩论演练与竞赛”“大学生就业创业法律风险防范与指导”等课程。参与指导我校学生代表队分别获得第二届苏皖高校模拟法庭大赛三等奖，第三届安徽省高校未来律师辩论赛季军（三等奖），第四届安徽省高校未来律师辩论赛冠军（特等奖）等荣誉。

示范课报道

抽丝剥茧显功底　以案说法见真知

2015年5月26日，我校本科教学示范观摩课第十二讲在花津校区2070501教室举行。法学院邓劲松副教授为师生讲授了“消费者权益保护法概述”一课。教务处处长席贻龙，校督导团，法学院党委副书记屈光峰、副院长周俊强及部分中青年教师等22人参加了观摩活动。

邓老师首先从马克思主义消费观入手，强调消费者保护的重要性，自然导入新课。本节课主要围绕“消费者权益保护法是如何产生的”“如何理解和判断消费者权益保护法中的生活消费”等两个问题展开。邓老师认为，传统民商法恪守个人本位，遵循自愿、平等原则。随着现代市场经济的发展，产品复杂化、信息不对称以及垄断的出现，使得传统民商法不能维持社会的平衡。因此，国家必须干预经济活动，加强保护弱势消费者。在此种背景下，以社会公共利益为本位的消费者权益保护法应运而生。

消费者权益保护法保护的是“生活消费”，那么，如何理解和判断“生活消费”？学界有两种观点：一种是主客观统一说，即主观为了生活消费需要，客观上购买、使用了商品、服务，才是生活消费；另一种是客观行为说，认为只要购买的是生活消费品，即为生活消费。对于是否应当以购买者的动机、目的为标准，是否应当以购买的物品是生活消费品为标准，邓老师联系具体案例和最高院的有关司法解释，带领大家进行了深入探讨。

观摩课结束后，大家纷纷表示，本次观摩课非常成功。内容上，以说理引领思考，层层深入，以案例贯穿始终，浅显易懂，多学科、多角度的解读，分析透彻，启人深思；形式上，教师教态优雅，情绪饱满，课件简洁明快，重难点突出。无论是在法律理论、思维方法，还是在教学艺术等方面，都让人获益匪浅。

教学感言

作为一名有20多年教龄同时又有近20年兼职律师的法学教师，深切感悟到无论从事何种法律职业，最终都要回归到“脚踏实地”。作为法学教育的产品——法科学生，无论是要“铁肩担道义”，还是仅仅只求安身立命，都要从提升、锻造自己最基本的法律职业能力做起，才能成为合格的法律人才。

在课堂上，法学教师应积极引导学生参与讨论，各抒己见，进行情景操练，以提升学生法律思维、逻辑推理、语言表达、灵活应变等法律职业能力，让学生学了能用、学了会用，学以致用，努力实现课堂和职场、法学教育和法律职业能力的无缝对接。

课堂不仅是知识的酝酿地，而且是法律职业能力的训练场，“耳闻之不如目见之，目见之不如足践之”，“让他思、听他说、看他做”，这亦是我多年教学的心得，而“用心备好每一门课、精心上好每一节课、真心善待每一个学生”，这是我作为一名高校教师一直恪守的基本原则。

周端明

教师简介

周端明，1973年生，安徽太湖人。安徽师范大学经济管理学院教授，博士，博士生导师。主要研究“三农”问题、经济发展和收入分配问题。主讲“政治经济学”“西方经济学”“中级宏观经济学”“发展经济学”“当代中国经济”等课程。在《数量经济技术经济研究》《经济学家》等发表论文50余篇，出版学术专著3部，译著3部。

示范课报道

求同存异论模型　学贯中西述经济

2013年4月11日，本学期校本科教学示范观摩课第三讲在花津校区教学楼2070501教室举行。校级教学奖一等奖获得者、经济管理学院周端明教授深度解读了“新古典增长理论及其实证检验”中的“转移动态：趋同性假设”。教务处领导，校督导团成员，经济管理学院领导、院督导组和部分中青年教师等观摩了此次公开课。

新古典增长理论是指以美国经济学家索洛为代表的建立在柯布-道格拉斯生产函数基础上的经济增长理论。周老师从“趋同性”的含义出发，对“趋同”“趋异”理论的历史发展进行了回顾与剖析，运用函数推导和几何推导的方法对新古典增长模型的趋同性进行了证明。他还通过比较世界多位经济学家的实证检验结果，分析了新古典增长理论的结论与世界经济事实数据的吻合情况，并引出“俱乐部趋同”观点。

本次示范课学术气息浓厚，整堂课一气呵成，行云流水，周端明教授引经据典、博古通今，中西结合，板书和课件结合得较好，体现了其深厚的理论知识积淀和科研实力。此外，他还注重培养学生的经济学思维能力，引导学生运用课堂所学知识分析中国真实经济数据，努力使经济学专业高年级学生能够像经济学家一样地思考问题。

课后，经济管理学院精心组织了评议活动。学院党委书记陈秀庆认为，本学期开展的教学示范观摩课是一项非常好的活动，听课是青年教师向前辈的学习过程，课后评议是青年教师相互的学习过程。评议会上大家一致肯定了周老师较高的教学水平和脉络推理清晰的教学方法，校教学督导团认为周老师的知识储备量、理论和实践结合的能力值得青年教师们去学习、借鉴。

教学感言

近20年的教学经验告诉我，要想使自己成为一名为学生称道的好教师，必须对以下几个问题有清晰的认识。

科研是教学之基。总听到关于教学与科研矛盾的说法，但是，在我看来，科研是教学之基，这是大学精神对大学教师的本质要求。有人会举反例：有很多没有科研的人课教得很好。但是，这可能是因为我们误解了科研，把论文和著作看作科研的唯一形式。而实际上，论文和著作仅仅是大学教师科研工作的显性形式。没有论文和著作这种显性形式，课教得好的老师并不代表他（她）不关注学科前沿进展，不思考学科进展中的问题，不思考如何利用本学科理论和思想解决现实问题。我校政治学院杨善解老师就是这样一位好老师，只要听过他“西方哲学”的学生无不印象深刻。但是，我们如果看看杨老师的论文和著作数量，相对是少的，但是我们不能说杨老师不做科研。退休后的杨老师还是书不离手，只是由于这样或者那样的原因不把自己的研究心得写出来而已，可能更多的是课堂上学生得益了。有人可能还会说，有的老师科研做得好，但是课上得一般。的确有这种情况，这可能有几种原因：一是这样的老师没有重视教学，这种态度是最要不得的；二是科研做得好，仅仅是通过论文和著作的数量来表征，而实际水平在同行专家看来并不怎样；三是老师的表达能力的确有问题；四是可能老师水平太高，从而出现曲高和寡的情况。但是，这种情况并不违背我理解的科研是教学之基，也就是说，要想成为一个优秀的大学教师，我们必须时刻关注学科前沿问题、学科基础理论问题以及学科重大现实问题。我理解，科学精神应该成为大学老师的一种生活方式，也就是追求真理。当然，在此我们也要警惕有的“好课”，只不过是用低级趣味来糊弄学生。

大学课堂应该是教书与育人的统一。韩愈先生说，师者，传道、授业、解惑。师者应该同时完成上述三项功能，而传道就相当于育人的功能了。今天的课堂，育人的功能正在不断地弱化，至少我们的学校存在这种情况。因此，我们的大学培养一批又一批的精致的利己主义者。而我理解相对于未来的互联网教育，大学最大的竞争优势就在于育人，而如果我们丢掉育人这一块，实体的大学就会有消亡的那一天。今天，国外高校评价专业是否合格的第一标准即是是否给予学生充分的指导，这个指导既包括学业指导，更包括成长指导，也就是大学的育人功能。因此，一个优秀的大学教师有责任把育人的功能融入专业教学过程之中，在润物细无声中陪伴学生成长，身正为范，学高为师。

大学课堂是神圣的。作为教师，走上三尺讲台，我们应该有一种神圣感。只有这种神圣感存在，我们才会追求精益求精；只有这种神圣感存在，我们才会不顾一切保护我们的课堂，这既是教师的义务，也是教师的权力；只有这种神圣感存在，我们才能在学生心中留下一片宁静，一份对学术的仰视。

马陵合

教师简介

马陵合，1968年生，安徽南陵人。安徽师范大学经济管理学院教授，博士生导师，《安徽师范大学学报》编辑部主任。主要研究中国经济史和经济思想史。出版教材2部，主持省级重大教学改革项目1项。获得省级教学优秀奖二等奖、三等奖各1次，获得校级教学奖一等奖1次。入选“教育部新世纪优秀人才资助计划”，获“安徽省科学与技术带头人”称号。

示范课报道

高标卓识说产权　解弦更张谈制度

2013年11月8日，校本科教学示范观摩课第六讲在花津校区2020202教室举行。我校经济管理学院马陵合教授从历史和辩证的角度剖析了历史视角对于经济学理论研究的重要作用。校纪委书记程度，校督导团、教务处有关人员，经济管理学院领导、部分中青年教师和学生参加了此次观摩活动。

课上，马老师以“产权、制度和历史惯性”为主题，从“经济史与经济理论”“经济史研究方法与产权制度”“基于历史演进的产权制度实证分析”和“产权制度与历史传统”等四个方面展开深入地分析和探讨。通过分析对产权约束的认识与对经济行为的认识的关联性，解析了西方经济史中的三个发展阶段，揭示了制度变迁对于经济绩效评价与经济增长的影响。马老师结合自己的科研，分析了从产权、国家和意识形态的角度如何解释中国落后的传统经济制度，近当代中国经济增长的内在动力问题以及“国家——产权悖论”对此的解释力度等在经济史的研究中处于前沿领域的若干问题。

马老师通过多媒体课件呈现了大量有价值的史料和经典文献，内容引导自然顺畅、逻辑严密、观点鲜明。历史与辩证、理论与实践结合紧密，兼具整体性、层次性、时代性。马老师语言表达清楚流畅、节奏感强，教态自然大方，展现出较高的教学艺术和科研水平。

观摩课结束后，经济管理学院精心组织了评议活动。大家一致认为，马老师的课程设计详略得当、线索明晰、逻辑性强，显示了他深厚的科研功底和挥洒自如的课堂驾驭能力，凸显了教学与科研的良性互动，这是一堂非常成功的教学观摩课。

教学感言

在高等教育这块田地中，我已耕耘25年了。带着对教师这一职业的挚爱，我曾洒下汗水，也曾留下阳光；令人欣慰的是，我在不断地收获一片片新绿。我以为，作为一名有使命感和责任感的高校教师，在教学的情感上最高境界有两种：一种是滋润，一种是燃烧。教师把自己的专业知识、学术感知化作涓涓溪流，滋润学生心田；用自己的教学热情不断更新授课内容，这种付出化作星星烛光，让学生燃起更为浓烈的专业之路、人生之路的燎原之火。

教育需要爱心，友善的态度是教育最基本的前提条件，而且也是教育的真正动力。对教师而言，善良是一种品格，善良是一种修养。作为教育工作者，我们应该用“友善的态度”去善待每一位学生。只有对学生有了大爱，才会自觉地把课堂视作神圣殿堂，不容有丝毫懈怠；也只有不断提升自己的专业研究水平，不断钻研如何更新教学内容和教学方法，才能使学生真正受益，以自己的爱心与真知赢得学生的敬重。

任教以来，我一直致力于经济史的研究。经济史本身具有跨学科的性质，兼具历史学与经济学的专业属性，所以，这些年来，我针对不同的教学对象，就如何讲授能真正具有跨学科性质的课程，做出了不断的努力与思考。我的目标是，以学生为本，在实践中不断完善课程建设。

对于经济学专业的本科生而言，经济史的学习不仅仅在于掌握了多少经济史的知识，还在于培养其看待经济问题的另一种思路和史学的思维的培养，因而在教学中应注意引导学生运用历史的视角分析经济问题，并更加注重对学生的史学研究方法的培养和学生素质的提高。

近年来，我在经济学和历史学专业的经济史教学实践中，以史论结合为原则，追求生动经济变迁历程与理论解释分析的有机融合，并注重以下四个教学原则。

1. 用宏大视野去把握经济发展在时间和空间演进的脉络。
2. 以史为鉴，为经济学教学更为丰富的案例。
3. 引入大历史观，拓展对经济学问题的理解。
4. 为学生提供历史主义的分析方法。

回顾多年来的教学经历，我认为，课堂教学的核心问题是教学定位的逐步清晰。基于自己的史学功底，早期大概将生动地还原历史真相视为精彩，后期则常常以推敲各种经济史理论为深奥，但大都与学生希望得到的知识体系存有距离。我常常从学生开始渴望的眼神慢慢转而有些茫然，感受课堂的中心不是教师不加选择地倾吐自己的所知所想，而是要真正找到双方的契合点。这种契合点并非意味着教学内容的简单、浅显，也不是迎人所好的所谓风趣生动，而是如何使学生真正感悟一门课程本身的严谨、规范和探究思考的空间。掌握课程基础性知识、理解学科的重点难点、激发延伸的阅读与思考应是三位一体。我以为，这应是教学内容和方法上的最高境界。或许，这对于我而言，是一种难以企及的理想状态，但是，我会“为伊消得人憔悴，衣带渐宽终不悔”。

张廷龙

教师简介

张廷龙，1978年生，安徽凤台人。安徽师范大学经济管理学院教授，博士，硕士生导师，企业发展研究中心主任，安徽省学术与技术带头人后备人选，安徽省物流协会咨询委员会理事。主要研究供应链管理和物流管理。主讲“管理学原理”“供应链管理”“企业战略管理”等课程。发表论文20余篇。

示范课报道

触类旁通用案例　循循善诱谈沟通

2014年5月20日，我校本科教学示范观摩课第九讲在花津校区2070501录播教室举行。我校经济管理学院张廷龙教授凭借深厚的专业知识、精湛的教学技能、饱满的教学热情为现场师生讲授了“管理学原理”中“沟通”这一内容。校纪委书记程度，校督导团、教务处有关人员，经管学院领导、院督导组、部分中青年教师和学生参加了此次观摩活动。

授课伊始，张老师带领大家简要地回顾了“管理学原理”课程的理论脉络，在一段生动、有趣的视频后，以若干案例联系实际生活和学生已学知识，通过丰富、恰当的案例分析，循序渐进地引导学生进入新课内容“沟通”。张老师首先从人际沟通、组织沟通的角度分别阐述了沟通的重要性，特别结合案例突出了沟通不仅重要，而且是个难题，由此启发学生思考什么是沟通。随后，张老师详细地剖析了沟通的形式、沟通的定义和沟通的要素，深入浅出、层层递进地解析沟通这一基本概念。张老师在讲授新课时逻辑严谨、思路清晰，他在对沟通的内涵进行深入解析的同时，讲解精炼，突出重难点，结合当今社会的经济、时事热点问题启发学生思考，不仅拓展了学生的思维空间，还激发了学生的学习兴趣。

整节课的教学重点突出，前后内容结构清晰、严谨，衔接自然流畅，多媒体课件制作精良，逻辑严谨清晰，语言风趣、生动。师生互动频繁，教学手段多样化，特别是案例教学法贯穿始终，让案例服务并融合于教学基本内容和基本原理，体现了张老师扎实的专业素养、娴熟的教学技能和深厚的教学基本功。

观摩课结束后，经济管理学院精心组织了评议活动，督导团和观摩教师从多角度对张老师给予了高度肯定。大家一致认为，张老师的课程精彩、生动，他从容、活泼的教学方式，对教学内容的熟练把握，值得广大青年教师学习、借鉴。青年教师们也纷纷表示本次示范课对自身启发良多、受益匪浅。

教学感言

提高人才培养质量关键在于切实提高“学”与“教”的投入度。

学生投入度不高的关键在于学习目标不清晰、学习兴趣不强烈。学生学习有两种模式：一种是推动模式，一种是拉动模式。推动模式是目前我们面临的主要局面，老师盯着学生，苦口婆心，但收效甚微。拉动模式主要包括为兴趣而学和为目标而学两种情况。这两种情况下学生的学习自主性和投入度都非常高。因为一旦有了兴趣或目标，学生就会主动对自己的学习做计划、反馈和评价，进而持续改进学习。只要我们观察一下“考研”的学生的状态就不难发现，一旦学生锁定了考研目标，平时不怎么上课的学生也会翘课去为“考研”做准备，这种学习的主动性和投入度来自目标清晰定位。当前影响学生学习目标和投入度的因素：一是每门课程学生还不是很清楚学什么、为什么学、要学到什么程度；二是整个学业学习兴趣点和目标性不够清晰和强烈；三是大众化教育背景下，过去那种上大学的家庭、家族使命弱化了；四是互联网时代，学生的注意力成为稀缺的资源。

教师“教”的投入度不足，主要表现在对形式投入多，对内容投入少，“心”的投入比“力”的投入要少很多。具体体现在三个方面：一是我们更加重视“教”，而不重视“学”。也就是更多时候教师是在自我愉悦，自我感觉讲得很精彩，而对学生学到了什么、受到了什么影响，关注不够；二是教什么、为什么教、怎么测量教学效果，没有很好的思考和设计；三是教学的基本规律是什么，这门课的教学方法是什么，如何根据学生学习情况调整和开发更有针对性的授课方式，教师在这些方面主动研究和探索得不够。教师投入不足的原因是什么呢？当然很多人会说是激励不够，是制度设计的问题。那制度设计为什么不能到位呢？一个很重要的原因是缺乏有针对性的教学评价方法，也就是什么是一堂好课、什么是成功的课程教学，没有直接的、针对性、具体的评价指标和评价方法。仅仅只能从教学材料、教学规范、教学基本功和技能以及受学生欢迎的程度等间接指标来测量。这还导致另外一个问题，就是教师想用心用力可能也无法找到发力点。所以，我们会看到，很多时候只能从PPT做得漂亮一点、上课生动一些等形式上去改进，较少见到从“讲什么、训练什么、测试什么、如何改善”等系统化、精细化的层面去设计。

如何提高“学”与“教”的投入度呢？一是要切实加强大学生的专业教育、行业教育和职业教育，帮助学生尽快树立人生理想、建立专业兴趣和职业目标。二是教师要通过每门课程、每堂课来影响学生。作为教师要思考在网络时代下，获取信息和知识学习更加便捷，课堂教学的使命是什么？未来推动技术和社会进步的最稀缺的能力既不是搬运知识，也不是创造知识，而是提出问题。从这个意义上来说，课堂教学传授知识已经远远不够，甚至不是最重要的，课堂教学最重要的可能是培养学生的学习兴趣、树立学习目标、帮助学生养成自动、自发的学习习惯，培养学生提出问题的能力。

教师作为一个职业，应该有自己的一套职业规范和职业技能。在社会环境、技术环境和学习方式持续深刻变革的背景下，我们应该不忘历史、不恋过去、面向未来、面对现实，不断探索先进的教育教学技能，不辜负教师“立德树人”的伟大使命。

汪　洋

教师简介

汪洋，1974年生，安徽芜湖人。安徽师范大学经济管理学院副教授，博士，硕士生导师。主讲“投资经济学”“证券投资学”“财务管理”等课程。获安徽师范大学优秀教学奖三等奖（2010）。

示范课报道

连类比物评融资　思维导图悟经纬

2015年4月23日，我校本科教学示范观摩课第六讲在花津校区2070501教室举行。本次示范课由经管学院汪洋副教授主讲。教务处副处长黄亮，校督导团，经济管理学院副院长周端明、部分专业负责人及中青年教师等参加了此次观摩活动。

课上，汪老师着重讲解了“投资学”中的融资模式。首先，对教科书中融资模式的分类进行了点评，指导学生从分类中分析编者的思维逻辑，从融资模式的角度选择目标及评判分类的合理性。其次，对融资模式的使用条件进行对比与分析，指导学生注重融资模式的灵活运用。最后，通过丰富的案例对融资具体模式进行了评述。

汪老师的整个讲解过程思路清晰、情绪饱满，在教学过程中注重应用先进教学手段，借助思维导图对教学内容进行了梳理，让学生在听讲之余能清晰地看懂各种知识点之间的逻辑关系和承接顺序，便于学生回溯知识脉络的发展。

课后，经济管理学院精心组织了观摩评议活动。校督导团对这节课给予了高度评价，认为汪老师特别强调与学生的互动以及课堂的翻转效果，让学生参与课程内容建设和教学活动中来，组织学生在课余阅读、收集和整理与课程内容相关的案例，通过案例讨论加深学生对整体知识架构的理解，值得广大青年教师学习和借鉴。

教学感言

充分的课前准备是教师上好课的前提条件。那么，如何做好课前准备呢？本人以为以下几点不可或缺。第一，要确立课程教学的特点。根据自己的教学理念，课上所要呈现和传达的就是“知识点的逻辑性”。教材中知识点的编写是有逻辑的。但是限于篇幅，作者表达上的习惯，学生的知识背景，导致学生在自主阅读时，往往并不能看清其中的逻辑线索，妨碍了学生对知识的理解和记忆。这时，老师有必要通过课堂教学清晰描绘知识与知识之间的逻辑关系，解析知识点出现的前因后果，从而使学生始终能借助“逻辑”这条线索，吸收、理解和记忆知识。第二，要善于选取辅助工具，即寻求有效表达知识点逻辑关系的工具。当前新媒体等飞速发展，为展现知识点的逻辑线索、链接、层次以及包含与被包含关系，提供了非常直观的途径。第三，合理设计表达形式。一是构思大体上我要说些什么，尤其是引言和过渡语句以及例子。这些非中心语句的有效使用，能大大降低课堂教学的单调性，激发学生的学习热情。二是以怎样的方式说，打个比方好比是“单口”还是“群口”，比例各占多少。

教学感悟：“理想化”是阻碍我们成为一名“有益于学生的老师”的最大敌人。我在教学中的最大感悟就是要学会“放弃”。

放弃老师中心化，学生才有主动追逐知识的热情；放弃教授完整知识体系的做法，学生才有发现知识的空间；放弃十全十美的教学理念，我们才能对得起那些真正渴望知识的眼睛。

我的理念：（教育）创新始于结果管理，止于过程管理。

朱立冬

教师简介

朱立冬，1977年生，安徽六安人。安徽师范大学经济管理学院副教授，硕士生导师，实验中心主任，安徽创新研究院研究员。主要研究网络营销、创新管理。主讲“市场营销学”“消费者行为学”“广告学”等课程。主持安徽省质量工程项目“大众消费行为”精品视频课程建设，安徽师范大学“市场营销学”课程考核改革项目。获安徽师范大学优秀教学二等奖，安徽师范大学首届青年教师基本功教学大赛三等奖。指导学生获第四届全国大学生电子商务“创新、创意及创业”挑战赛全国二等奖。

示范课报道

生活视角观经济　创新理念练能力

2015年11月2日，我校青年教师基本功大赛三等奖获得者，经济管理学院朱立冬副教授在花津校区2020102教室举行了公开课教学活动。校督导团文科组成员，经济管理学院党委书记刘勇、教学副院长刘冰、院督导组成员及部分青年教师等观摩了此次公开课。

此次公开课的教学内容是“产品策略”。朱老师使用具体产品案例，对产品的概念、延伸及分类进行了深入浅出的讲解，使得学生能将经济知识寓于社会生活中，对产品的内涵有了更深入的了解；也教会了学生们以经营者和消费者不同身份去观察什么样的产品和服务才能满足不同人的需求。朱老师能把握该学科前沿知识，适当拓展教材内容，将产品策略置于市场营销的大环境中，突出其在经济领域中的地位和作用。

朱老师授课认真，对教学内容熟悉并进行了合理设计，整个教学环节由易到难，层层递进；案例鲜活生动，注重在互动教学过程中让学生运用相关理论知识解决市场营销中的实际问题，从而提高学生发现问题、分析问题与解决问题的能力。朱老师表述流畅，富有激情，能吸引学生的注意力，提高学生的学习兴趣。

教学感言

一转眼，在大学的课堂上教书已逾17载。相对于知识传授，我更看重对学生思维能力的培养。尤其对于商科学生来说，商业知识的变革与迭代日益加快，思维能力的训练远比知识的传授更有价值。发展与培养大学生的思维能力，本身就是大学教育的重要目标。

大学生思维能力的培养，应当贯穿于教学的全过程。其主要途径是师生、生生的思维碰撞和实施启发式、参与式教学。秉持这一教学理念，我在课堂设计上做了一些改革，宗旨是加大学生在教学过程中的参与度，让学生在课内外积极参与中锻炼思维能力。

提高学生在课堂上学习的积极性和主动性，营造良好的课堂气氛是关键。课堂要强调学生本体地位，教师要善于倾听学生的心声，注重师生平等，以欣赏的眼光看待学生。当学生真正被激活，创造力、想象力是无穷的。课堂教学的呆板，是因为老师没有真正走进学生的心中，总是一副高高在上的表情，再加上讲台的“助推”，师生就这样被隔开了。

教师肩负着传承、创新、发展人类文化知识和启迪学生的重任，因此，高校教师要控制住课堂，不仅要具有扎实、丰厚的专业知识，还必须具有边缘科学和交叉学科等多层次的知识结构，能把握本学科的最新学术动态。对自己所执教课程及相关学科领域要有所研究，以学生为教学的出发点和归宿，认真备课，认真做好每一节课的设计，熟悉学生话语体系，懂得教育教学规律。

因此，教师应谨记托尔斯泰所说：知识，只有当它靠积极的思维得来而不是凭记忆得来的时候，才是真正的知识。

马 骥

教师简介

马骥，1975年生，安徽肥东人。安徽师范大学经济管理学院教授，博士生导师。主要研究空间经济学、产业经济学。主讲“区域经济学”“组织行为学”“管理学原理”等课程。获安徽师范大学优秀教学奖二等奖，教育部首届全国大学生简历大赛“优秀指导教师”，安徽省大学生科普创意创新大赛“优秀指导教师”，安徽师范大学“就业先进个人”“MBA优秀教师”等称号。

示范课报道

妙语如珠管企业　论辩风生理组织

2015年11月18日，我校本科教学示范观摩课第五讲在花津校区2070501录播教室举行。经济管理学院马骥教授围绕“组织行为学”的相关内容展开了一场内容丰富、富有激情的授课。校督导团、教务处有关人员，院督导组、院工商管理系所有老师及其他专业部分中青年教师参加了本次观摩活动。

上课伊始，马老简明扼要地回顾了上一堂课学习的主要内容，并自然过渡到本堂课所讲授的主题：日美两国的企业文化对比。围绕这一主题，马老师首先从家族主义、忠诚主义、和谐主义等方面对日本企业文化特征进行了介绍，并以“讲故事”的形式对每个特点进行剖析，追溯日本文化形成的根源以及在时代潮流中的发展变迁，指出“和”是日本企业管理范畴中的哲学概念和行动指南，是日本高效能团队精神的基础。在介绍日本企业文化的过程中，马老师通过列举大量日本知名企业家的名言警句来进一步阐述日本文化特点，将抽象的文化讲解得既具体又透彻。随后，马老师从个人主义、竞争主义、创新主义、自由主义等方面对美国企业文化特征进行了介绍，对每个特点的内涵和形成背景也进行了分析论证。马老师将两个国家企业文化特点进行了对比，并结合日本企业和美国企业员工的行为特点来阐述文化对于组织行为的影响，指出文化虽然是无形的，但对于组织行为决策的影响却不容忽视。课间，马老师还与同学们一起探索了文化对组织行为特征的影响作用。

马老师的教学语言严谨、质朴，教学态度谦逊、温和，教学方式灵活多样。马老师一边用抑扬顿挫的语言讲授课程，一边还辅以苍劲有力的手势进行演示，整堂课气氛浓厚。不仅让在场所有学习者清晰地了解日本企业和美国企业的文化特点，对于其形成的背景和发展过程也有了更进一步的理解、认识。

课后的座谈会上，与会教师一致认为马老师的授课完美展现了管理学方面课程的教学魅力，充满了教学艺术。整节课不仅实现了知识的传授，而且能对每个知识点都做到联系现实，旁征博引，增强了知识的活跃性，在扩大学生知识面的同时，更让学生的注意力完全留在课堂上。青年教师纷纷表示，从此次观摩示范课中受益良多，学习了很多授课经验和方法，对于自身教学水平的提升具有重要作用。

教学感言

大学教师要想上好一堂课必须做到以下几点。第一，讲课有热情，精神饱满；第二，讲课有感染力，能吸引学生的注意力，课堂气氛活跃；第三，教学内容能够反映或联系学科新思想、新概念、新成果，信息量大；第四，对问题的表述简练、准确、重点突出，思路清晰；第五，对授课内容娴熟，运用自如；第六，对问题的阐述深入浅出，赋予启发性。

“毫无例外，杰出的教师非常了解他们所教的科目，他们是活跃的成就卓著的学者、艺术家或科学家。”道理要让别人懂，必先自己懂；真理要让别人信，必先自己信。按我的理解，优秀教师是通过对自己学科的深入研究，通过对其他领域的广泛涉猎，真正领会了学科的精髓并掌握其精神实质的人。他们对自己的研究领域孜孜不倦、执著追求，深信其结果为真理，且亲身努力实践，乐于也善于将学科的科学真理贯彻于行动、应用于社会。

“并非每一位优秀的学者都是卓越的老师。”但是，教师光有专业或学科上的造诣还不足以成为优秀教师。好教师还要能够推己及人，把自己理解的也使别人理解，把自己的感情传递给学生。这里不仅有方法和技巧，首要的是教师能关心学生、理解学生、信任学生，和学生建立起平等的态度和诚挚的感情，做到“真知、真信、真行和真情”。这样，教师才能以自己深厚的学问、思想和德行持久地影响和感染学生，使学生成为名师的“高徒”。

姚国荣

教师简介

姚国荣，1971年生，安徽南陵人。安徽师范大学经济管理学院教授，博士。主要研究工商管理、旅游管理。主讲“管理学原理”“管理研究方法”等课程。

示范课报道

开门见山抛问题 与时俱进话权力

2016年5月11日，在花津校区2070501教室，校教学成果奖获得者、经济管理学院姚国荣教授为学院师生讲授了一堂“管理学原理”校级示范观摩课。校督导团、教务处有关人员，学院领导、督导组及部分青年教师共同参加了本次观摩活动。

观摩课上，姚老师为大家讲授了“管理学原理”课程中“部门化”一节中第三部分的知识——关于权力的基本问题。姚老师首先开门见山提出“教师和学生是否拥有‘权力’？拥有什么样的‘权力’？”的问题，引导学生展开积极充分的课堂讨论，再通过著名企业家任正非等多个名人案例帮助同学们认识“权力”的内涵和组成部分。教学过程中，姚老师语言质朴，教态亲和，课堂气氛活跃。在二十余年的教学生涯中，姚老师总结出开放式、探讨式的教学方法，启发学生进行独立思考，让学生充分理解理论知识，探索实践，做到真正掌握课本知识，从而内化于心，外化于行。

参加观摩活动师生对本次观摩课给予了高度评价，一致认为姚老师在前期课程设计、课堂讨论的策划、教学方法的运用等方面都给人以深刻的启发，体现了很强的课堂掌控能力和精湛的教学功底，值得广大青年教师学习和借鉴，这是一堂优质的观摩课，具有很好的示范作用。

教学感言

“读”“行”“悟”是教学过程中一个极为重要的基本话题。古人说“读万卷书，行万里路”。读书能让万里之外美景浮现于眼前，读书能与古今中外名人“对话”。读书有益，多读博知，这是万古不变的真理。若将书本知识和社会实践相结合，服务社会，产生效益，这是一种更高的境界。正如古人云“学以致用”。只有行动、实践，才能建立自己的信心，才能真正掌握技能和方法。

实际上，读万卷书、行万里路是外在的，是外因。更为重要的是要把这些外在的知识变成我们内在的“智慧”。这就需要“思”或者“悟”，这是内因，起着主导作用。在教学过程中，深刻的理论多如繁星，如何有选择吸收，需要“悟”；现实问题的解决路径千千万，如何抉择，需要“思”；理论与实践如何有效结合，更需要“思”。社会进步都是思考的结果。一个成功的人一定是个善于思考的人，一位优秀的教师也一定是个擅长思考的教师。

教学座右铭

优秀教师=读万卷书+行万里路+悟一切理。

王彦章

教师简介

王彦章，1973年生，吉林榆树人。安徽师范大学历史与社会学院副教授，博士，硕士生导师。主要研究中国近代史、中国民俗文化。主讲“中国近代史”“民俗传统与现代生活”等课程。主持省、校级教学研究项目各1项。获全省多媒体课件大赛二等奖，省级教学成果奖二、三等奖各1项，安徽师范大学优秀教学奖一等奖。获“安徽师范大学‘三育人’先进工作者”称号。

示范课报道

回顾历史　演绎激情

2010年10月26日，在教务处、校督导团和历史与社会学院的精心组织下，全国多媒体课件大赛优秀奖获得者、省级精品课程“中国近代史”主讲教师王彦章副教授在花津校区2010105教室成功举行了“中国近代史”公开课教学活动。校纪委程度书记，教务处刘桂云副处长，校督导团全体成员，历史与社会学院领导、教研室主任和部分青年教师观摩了本次公开课。

这次讲课的内容是甲午中日战争。王老师神采飞扬、激情澎湃的讲授，引经据典的精彩论述，图文并茂的信息传达，活泼灵动的课堂氛围拂去那段历史上的尘埃，久远的历史画面再次被生动呈现出来。教学过程中，王老师十分注意与学生间的良好互动，适时提问并给予积极鼓励，课堂气氛活跃。王老师的这种启发式教学方法培养了同学们独立思考的能力。

本次示范课充分展示了王老师较强的驾驭课堂能力，他的教学不仅让学生对中国近代史知识有了更深的理解，同时也在青年教师中起到了示范、带动作用，增进了教师间的互相交流和学习。此次公开课还吸引了不少其他院系师生前来观摩，这也表明了优秀课堂教学的示范作用。这次公开课展示活动既是我校青年教师教学能力的真实呈现，是我校强化教学质量的硕果展示，也是学校教学监督机制成功运行的良好开端，必将更加有力地推动本科教学质量和水平的提高！

教学感言

我上的那节公开课之所以取得圆满成功，一来课前准备非常充分，二来教学手段多样化，三是注意把握进度。我在课前查找相关资料，了解学术前沿动态，细心打磨授课思路，精心补充所需资料。以问题为抓手，进行深度备课。不仅注重课堂生动有趣，而且突出本课主题，并且进行必要升华，做到不仅有趣，更力争做到有魂。

对基础知识的讲解要透彻，分析要有理可据、细腻。对学生能力的训练意识要加强，努力提高学生分析问题和解决问题的能力；对重点、难点要把握准确，重点知识就要重点地讲，在此基础上突破难点知识，提高教师的教学效果和学生的学习效率；深入学生实际，掌握学生的知识结构和心理动态，随时获取学生反馈的信息，调整教学方式和方法，准确流畅地将知识传授给学生。

学生是学习的主体，要让学生发表自己的看法，即便错误我们也要倾听，还要随时观察学生的课堂反应，以便及时调整自己的教学方法。要让学生有充分的动手、动口、动脑时间，发挥其主体作用。在教学过程中，必须加强师生之间的互动，让学生积极参与教学活动。恰当运用现代化教学手段，突破传统教学手段在时间、空间上的限制，将传统教学手段不能表现的许多过程和现象进行形象而生动的模拟表现，它是传统教学手段的补充和延伸，能取到更好的教学效果。

一节课是否有好的效果，要看老师对教材的理解程度和备课情况。到了上课的时候，老师良好的教学素质，对课堂的掌握，教学中练习的设计是否合理、科学，有没有考虑到面向全体学生，是否做到每一次练习都有明确的目标和要求，从而达到巩固知识、培养技能、发展智能的目的等等各方面无不关系到教学的效果。所以，备好课是上好课的前提。教学是一个动态生成的过程，但生成并不意味着不需要预设，不需要备课。相反，有效的教学对预设的要求不是降低了，而是提高了。预设要能真正关注学生的发展，关注学生的个体差异和为每个学生提供主动、积极活动的保证；能为师生在教学过程中发挥创造性提供条件；能促使课堂多向、多种类型信息交流的产生并及时反馈。这就需要教师深入钻研教材，改变传统的备课模式，让“预设”真正服务于生成性的课堂教学。

教学座右铭

为人师者，必以知识传递知识，以心灵浇灌心灵，以情感唤醒情感，以德行感染德行。

庄华峰

教师简介

庄华峰，1957年生，安徽歙县人。安徽师范大学历史与社会学院教授，博士，博士生导师，享受国务院政府特殊津贴专家，中国魏晋南北朝史学会理事，中国书法家协会会员。主要研究历史学。主讲“魏晋南北朝史”“中国社会史”“中国社会生活史”“人类行为与社会环境”“环境社会学”“中国人的社会生活”“中国饮食文化”“大学书法”等课程。主讲国家级精品视频公开课“安徽文化与古代中国”，独著《中国社会生活史》一书2006年被评为安徽省哲学社会科学优秀成果著作一等奖。获“安徽省教学名师”“安徽省学术与技术带头人”“安徽省优秀专家”“全国教育硕士优秀教师”等称号。

示范课报道

妙趣横生话节日　旁征博引论古今

2012年4月11日，花津校区2070501教室座无虚席，高等学校省级教学名师奖获得者、历史与社会学院庄华峰教授登台为现场观摩师生讲授了“中国社会生活史”课程的部分内容。庄教授引经据典、妙趣横生地为观摩师生献上了一道丰盛的文化大餐。校督导团文科组成员，教务处领导，历史与社会学院督导组成员及部分中青年教师等观摩了此次示范课。

此次示范课的教学内容是“中国传统节日的变迁及其现代传承”。庄老师以“中华文明的一枝独秀”为切入点，细致梳理了中国节日由古至今的发展脉络，分析了每一阶段的主要特点。对形式多样、内容丰富的中国节日的魅力展示，庄老师重点选取了蕴含“和”文化的春节与元宵节，彰显爱国精神的端午节和富有情义的中秋节等逐一进行诠释。他从这些贴近生活的历史史实中进行理论概括，引发学生对传统文化的进一步思考，从历史的高度对传统文化进行新的认识。

庄老师授课时气定神闲，语速适中，对授课内容熟稔于心。值得一提的是，本次授课使用的教材正是出自庄老师之手，实为科研与教学相互促进的典范。他在课上提出很多新颖观点，引导学生进行思考。书法功底不凡的板书和制作精良的多媒体课件，尤其是借助于大量历史图画，图文并茂地展示了传统节日的魅力，给观摩者以全新感受与视觉冲击。

课后观摩师生一致认为这是一堂高质量的成功的示范课。历史与社会学院领导对此也非常重视，在课前认真筹备，组织得力；课后校、院两级督导专家也对本次示范课进行了评议。

教学感言

三尺讲台　一生情怀

弹指间，与三尺讲台结缘已有30多个春秋。几十年来，我深切体会到，做一个老师不易，做一个受学生爱戴的老师更不易。而要做一个好老师，我最深的感受是要有大爱情怀！

一、课比天大

记得一位艺人曾这样说："只要想到舞台，只要面对观众，那什么事情都可以放下，戏比天大。"当听到"戏比天大"这四个字的时候，对我触动很大，由此也坚定了我的执教信条：只要面对学生，只要踏上讲台，那就是"课比天大"。因为在课堂上教师的职责是传道、授业、解惑，这关乎学生的成人与成才，是百年大计。正因为课堂的神圣性，所以我对这三尺讲台始终怀着一颗敬畏之心，从不敢敷衍、马虎与怠慢。几十年来，无论刮风下雨，也无论教什么课，我上课时从未迟到或早退。当然要做一个好教师，仅仅做到这一点是不够的。为了站稳讲台，尽快提高自己的教学水平，我不断地给自己充电。我记得在我刚留校任教的那些年，我经常去听校内讲课受学生欢迎的老师的课，学习他们的教学理念、教学方法和教学艺术。实践证明，这是提高教学水平行之有效的方法。在加强学习的同时，我努力在备课上下工夫，做到不备好课决不上讲台。我在担任管理工作的那些年，白天诸事缠身，没有完整的时间备课，很多的课是在晚上甚至深夜才备好的。似乎唯有如此，第二天踏上三尺讲台才觉得有底气，面对那一双双求知若渴的眼睛时才会心安理得。教学生涯使我感受到，要做一位好教师，必须要有这份责任心。30多年来，我始终坚守在教学第一线，对于每门课程的教学都付诸了很多心血，在工作量极大的情况下，我数十年如一日坚持对自己严格要求，对每个学生负责。上通识课的人数较多，每次交上来的作业有两百余份，我从不敷衍应付，认真批阅每份作业，并写出评语和修改意见。特别是对于"大学书法"课的教学，我付出的心血似乎更多。

早在20世纪80年代初，我指导师范生实习时，发现不少学生的课堂板书功底较差，板书设计也不规范，更有不少学生常常写错别字，之所以出现这种情况，主要是学生平时缺乏汉字的书写训练。鉴于此，我利用自己擅长书法的特长率先在历史系开设了大学书法课程，在全校动员、组织了书法教学团队，并将自己的讲义编印成册，供授课教师参考。也就是从设立书法课开始，我和教学团队的同仁克服了书法教研室长期以来没有办公经费、没有活动场所、教学队伍不稳定等重重困难，无怨无悔，一直坚守在教学一线。书法课学分少，课时不足，为了让学生多动笔、勤练习，我每节课都会要求学生当堂练习并交一份作业，我也会及时给予批改和点评。课后，我还会通过电子邮箱、QQ、微信等即时通讯方式与学生交流，帮助学生提高书写水平。我作为一位专业课教师，自身的专业教学和科研任务重，又要指导博士、硕士研究生，但我对书法课教学和教研室管理工作数十年如一日，任劳任怨，从未有过懈怠。曾有记者问我，为何对书法教育工作如此热衷，我告诉他我的精神动力就源于一份对学生的爱，对学生的责任。

二、工夫在课外

“工夫在诗外”，原是宋朝大诗人陆游给他的儿子传授写诗的经验时写的一首诗中的一句话。这句诗的意思是学习做诗，不能就诗学诗，而应把工夫下在掌握渊博的知识，参加社会实践上。同样的道理，作为一位教师要想把课上好，仅仅懂得本专业的知识是远远不够的，而应该广泛阅读，不断积累，提高自身的综合素养。教学实践使我体会到，要让学生喜欢你的课，教学就必须有魅力。教学要有魅力，就必需激发学生的学习兴趣，提升学生的思想境界。而要做到这点，切不可搞“本本主义”，照本宣科。我们都是从学生时代走过来的，自己做学生时就深恶痛绝的东西为什么还要复制给他人呢？在课堂上，我们要用学生喜闻乐见的形式把晦涩、枯燥的课程内容形象地表达出来，或通过实践环节来深化教学内容。要达到这一目的，除了要具备扎实的专业知识和丰富的理论素养外，还应该在“课外”多下工夫。而作为一个教师，需要在课外下工夫的地方很多，这里仅就自己的教学实践谈几点认识。

一是要强化自身的文学修养，提升个人的人文情怀。以前我曾背过成语词典、歇后语辞典、唐诗三百首等，也曾读过一些文学名著，当时权当兴趣，课余时间背背古诗词，打发一下空闲时间。未曾想到，这种积累却在日后大大丰富了自己的教学语言，自然也就增强了课程的生动性。如我在给学生讲解古徽州的水系河道环境变迁时，没有把冷冰冰的知识点直接传达给学生，而是结合自身来讲述：“我的家乡在歙县，穿城而过的新安江就像‘人行明镜中，鸟度屏风里'。随着我一串串奔涌而来的连珠妙语，同学们犹如看到了新安江的急滩缓流，沿岸的青瓦白墙，仿佛置身于山水画廊之间游历一番。

二是要重视实践教学环节。如我在讲授“中国社会史”课程时，带领学生去繁昌孙村就农民家庭变迁情况进行问卷调查；在讲授“环境社会学”课程时，带领学生去芜湖市朱家桥污水处理厂参观；在讲授“人类行为与社会环境”课程时，组织学生给自己的父母写家书；在讲授“大学书法”课程时，举办学生习作展，并鼓励、引导学生参加各种书法大赛；等等。这些活动对于深化教学内容，增强学生的社会责任感和感恩意识以及增强学生的动手能力等，都发挥了积极作用。

三是要在提升从教技能上下工夫。作为一个教师，需要具备的教学技能很多，尚好的粉笔字板书就是其中之一。古人说“字如其师”，即学生写的字往往像老师的笔迹。这是因为学生天天照着黑板抄笔记，就等于天天在临“帖”。学生的字写得好坏，与黑板上的“范本”关系至密。上课时，我力求把板书写得美观、大方。实践告诉我，一手漂亮的板书确实能够吸引学生的注意力，为课堂增色，从而收到相得益彰之效。

三、两条腿走路

这里说的“两条腿”指的是教学与科研。在我看来，在高校，教学与科研两者互为因果，相得益彰。所以，我们要坚持“两条腿”走路，将教学与科研有机地结合起来，以教学带动科研，以科研深化教学。那么，作为一个高校教师，我们该如何将教学与科研有机地结合起来呢？我觉得主要是要把教学内容和研究方向统一起来，不能出现“两张皮”现象。也就是说自己的科研方向是教学内容的延伸和拓展。我长期以来一直给本科生讲授“魏晋南北朝史”“中国社会史”“大学书法”等课程，科研方面也基本研究这些方面，先后出版了《魏晋南北朝史新编》《魏晋南北朝社会》《中国饮食文化辞典》《中国婚姻史》《中国社会生活史》《古代长江下游圩田志整理与研究》《中华文明简史》《大学书法》等十多部著作，并发表相关学术论文数十篇，这些成果较好地支撑了我的课堂教学。谈到学术研究，有一点需要强调，那就是我们的研究要为社会发展提供智力支持。服务社会是高校的职能之一。如果我们的学术研究背离了社会发展这个大的目标，那我们的研究也就没有了意义。作为一位高校教师，我们应该用我们的成果去服务社会、服务大众，这也是我们这些社会科学工作者应有的担当。近年来，我尝试着在这方面做了一些努力。如曾先后做客“光明网”、教育部“爱课程”网、安徽人文讲坛、安徽百姓讲坛以及武汉大学、中国科技大学、安徽大学、安徽医科大学等，谈家风、节日文化、感恩、阅读、安徽文化与古代中国文明等话题，产生了较大的社会反响。其中，由我主讲的教育部精品视频公开课“安徽文化与古代中国”，从构思、撰稿到拍摄、制作，都力求精益求精。教育部视频公开课审读专家组在一审、二审、三审之后，对课程质量给予了较高评价，课程上线后也博得众多网友的好评，目前点击率达4.2万人次，在400多门视频公开课中曾一度进入了人气榜的前5名，这也是安徽高校上线“爱课程”网课程中迄今唯一进入人气榜的课程。江苏一所学校的校长在观看了我的这门视频课后，在来芜湖出差时，约我见了一面，他说，他本身对安徽文化怀有浓厚的兴趣，儿子在合工大宣城校区读书以后，觉得自己更有了亲近安徽文化的机缘。我的这门课程，在他看来如同一道丰盛而又精美的安徽文化大餐呈现于眼前，引领着他在安徽文化的长河中做了一次赏心悦目的畅游，使他基本厘清了蔚为壮观的安徽文化大厦的几个重要支点，大致认识了安徽文化主要事项所具有的延续性、多样性、交融性、创新性等特质，让他对安徽文化羡慕不已。为此，他写了《徽风皖韵庄华峰》一文发表于报端，称：“听庄教授的课，收获的不只在学科知识方面，更在于为师者的人品、学品以及他的思维、理念、价值观，这个也许就是人们常说的‘道’。我们所有人都有充足的理由感谢庄教授，每一个有志于安徽文化研究的人一定会收获多多，连我一个只是安徽邻居的‘局外人’也都欣羡不已了。”作为一名教师，能得到陌生同行的如此肯定，我是感到十分欣慰的，想来能用自己所学为传播安徽文化贡献微薄之力，也算是学以致用，回馈养育我的这片安徽土地了。

四、以德立教

“善歌者使人继其声，善教者使人继其志。”我觉得，作为高校教师，不但要关注学生的专业发展，更要引领学生的精神成长。我从不苛求我的学生要发表多少文章，做多少课题。我总对学生说：“做个有血有肉的人，比做个干巴巴的学者重要。”

针对当代大学生传统文化意识缺失的状况，我努力在学生中弘扬传统文化。30多年来，我为全校各院系学生做了300多场讲座。一场场讲座既丰富了学生的传统文化知识，又传播了正能量，受到了学生们的喜爱和称赞。

“家风是一面镜子，父母在里面，孩子在外面”；“书本是精神之花的养分，多读好书，内心才不会决堤”；“孝是中华文化的独特创造，孝是对生命之源的感恩”……

我做讲座时力求联系实际，让学生真正得到传统文化的熏陶和教育。身教更重于言传。为纪念家父80寿辰，我特地将父亲的书画作品和诗歌、散文等集结成册出版，表达自己的感恩之心。2014年底，我家被安徽新闻出版广电局评为首届全省“书香之家”。结合授课内容，我还在课堂上与学生分享自己“注重学习、崇尚孝道、与人为善”的家风故事，引导学生懂得感恩，践行中华民族传统美德。

上课时，我特别注重师生间的互动，通过互动让学生参与课堂，将所学习的内容内化于心、外化于形是我的教学目标。在讲授“中国社会史”课程时，我给学生布置了一项特殊的作业——给父母写一封感恩信。在“感恩父母”的主题讨论课上，学生们争相述说写感恩信时想到的来自父母的关爱。2009届社会学专业的一位毕业生跟我说：“直到今天，我还记得你当年组织那次感恩课的情景。那堂课让我们的心灵受到一次洗礼，使我们真正懂得了感恩的真谛。”学生的成长让我体会到，一位教师要想教好一门课，最重要的一点就是对学生要有爱心。

师生关系不仅仅只是“教”与“学”之间的关系。学生在校时，我把他们当成自己的孩子，以一颗父母对儿女的心来关心和教育他们；学生毕业了，就和他们成为无话不谈的好朋友，和他们谈工作、谈理想、谈家庭、谈生活。

“新华网”（2015年7月30日）以“庄华峰：甘为春蚕吐丝尽，桃李满枝溢馨香”为题，“教育部官网”（2015年9月10日）以“教师的一天·庄华峰”为题，《中国青年报》（2015年9月11日）以“5名基层教师（本人为5名教师之一）的24小时”为题，《安徽日报》（2015年8月23日第2版）以“庄华峰：挖掘传统文化、滋养学生心灵”为题，《安徽青年报》（2015年8月23日第11版）以“庄华峰：倾尽半生　捧心育人”为题，对我在中国传统文化教育方面的事迹进行了专题报道。同年，我被推选为“全国教书育人楷模”人选，并作为全国高校教师的唯一代表受邀参加了教育部“教师的一天”网络展示活动。这些都是对我的鼓励和鞭策。

作为一名教师，我只是做了我应该做的事。学生对我的为什么认可才是我最大的成就。

解光云

教师简介

解光云，1964年生，安徽合肥人。安徽师范大学历史与社会学院教授，博士，博士生导师，中国世界古代中世纪史研究会世界古代史专业委员会副秘书长，安徽省历史学会常务理事。主要研究世界古代史、世界中世纪史、西方社会史、西方文化史、西方古典文明史。主讲“世界古代史”“世界中世纪史”“西方古典文明导论”等课程。获2011年希腊驻华使馆颁授的“传播希腊文化贡献奖”。连续多年教学业绩考评为优秀。2015年，赴英国伦敦国王学院（KCL）访问。

示范课报道

听声观形话史实　求真务实育桃李

2011年9月19日，我校优秀教学奖一等奖获得者、历史与社会学院解光云教授在花津校区2010308教室举行了本科教学公开课活动。校纪委书记程度，校督导团文科组成员，教务处有关人员，历史与社会学院党委书记王如意、教学副院长徐彬以及部分青年教师观摩了此次公开课。

此次公开课的教学内容是“世界古代史”。解老师对历史知识谙熟于心，通过精彩纷呈的讲述并结合制作精良的多媒体课件，活灵活现地再现了史实，探寻了历史意义。尤其是结合课程特点，对某些内容直接使用英文表述，更是精准、恰当，加强了学生对国外史实的认知能力和理解能力。

解老师不但精心准备了丰富的教学内容，还注重教学方法的合理运用。对具体史实的处理能够化繁为简、突出重点，从而提高了课堂效率；注重师生之间知识与信息的双向流动，以实现互动探求新知的目的。解老师授课自然流畅，条理分明，观摩师生一致认为这是一堂高质量的公开课。

教学感言

一、以生为本，立志教书育人

自20世纪80年代留校任教以来，一直在教学一线从事世界古代史和世界中世纪史的教学与研究工作。从教30余年来，始终以学生为教学主体和根本。每学年为本科生、研究生等主讲“世界古代史”“十六世纪以前的世界史”“西方古典文明导论”等多门专业基础课程，连续多年教学质量测评为优秀等级。

二、淡泊名利，助力学生发展

我曾受聘为安徽师范大学研究生讲师团指导教师、安徽师范大学十八大报告宣讲团专家，不遗余力地为学生和社会青年的成才筑基。2013年，我指导首届全国高等师范院校历史教育专业本科生教学技能竞赛安徽师范大学代表队，获得一等奖1名，二等奖2名。2014年，我指导第二届全国高等师范院校历史教育专业本科生教学技能竞赛安徽师范大学代表队，获得一等奖1名，二等奖2名，三等奖1名。我指导历史学本科生多人考取了华中师范大学、东北师范大学、中国人民大学、武汉大学等学校的硕士研究生。

三、勇于创新，优化课堂教学

从最初的世界文化史双语教学，到世界史MOOC课程实践；从世界史的文本讲授，到多媒体影视史学资源的运用……努力将学生望而生畏的世界古代史优化为受学生欢迎的课程。在授课同时，辅以相关的影视史学资源，帮助学生有效迁移课堂教学内容，巩固教学效果。“影视中的世界古代史”已经成为学生们的最爱。

四、努力科研，教学与研究并进

相比较而言，安徽省的世界史专业教学与研究基础比较薄弱。安徽师范大学是迄今为止安徽省唯一的世界史专业一级学科硕士学位点单位。但是，世界古代史和世界中世纪史的高级师资人才较为缺乏。我曾师从武汉大学吴于廑教授、南开大学王敦书教授、复旦大学黄洋教授等研习世界古代及中世纪历史的大家，先后获得武汉大学世界史专业硕士学位，南开大学世界史专业博士学位。2004—2006年于复旦大学历史学博士后流动站从事世界史专业博士后研究工作。一直深耕于世界古代及中世纪史领域，孜孜以求，矢志不渝地提升教学与科研能力。

迄今为止，我已出版学术专著2部，译著2部，主编省级以上规划教材3部，发表学术论文多篇。我主编的安徽省“十一五”规划教材《西方文化概论》已连续多年被武汉大学指定为汉语国际教育硕士研究生入学考试参考书。

教学座右铭

世界上没有比教书育人更神圣的职业。

刘道胜

教师简介

刘道胜，1972年生，安徽怀宁人。安徽师范大学历史与社会学院教授，博士，博士生导师，安徽师范大学历史与社会学院副院长，安徽省徽学学会常务理事兼副秘书长，安徽省史学会副秘书长，安徽师范大学中国区域文化研究院执行院长。主要研究历史文献学、明清区域社会史、法律社会史、徽学等。主讲“中国古代史”“历史文选”“中国传统文化概论”等课程。主持国家精品资源共享课程“中国古代史”，安徽省省级教学团队“中国史团队”，安徽省振兴计划项目“历史学专业核心课程MOOC建设”等教研项目。获安徽师范大学优秀教学奖二等奖。入选“第五批安徽省学术与技术带头人”。

示范课报道

浩若繁星亮东方　灿如云霞映西汉

2012年11月14日上午，我校本科教学观摩课第十讲在花津校区2070501教室举行。校优秀教学二等奖获得者、历史与社会学院副院长刘道胜教授在翔实的史料基础上，真实再现了“中国古代史”中“西汉前期的统治”那段波谲云诡的历史风云。教务处副处长许勇，校督导团成员，历史与社会学院领导、部分青年教师及学生等参加了此次观摩活动。

刘道胜老师熟悉古代文献史料，从《史记》《汉书》的记录中寻觅珍贵素材，围绕“西汉前期面临的社会问题”“黄老思想与无为而治”“汉初重建和稳定统治秩序的措施”等方面阐述西汉前期的统治特征。同时，将汉代社会问题与春秋战国、秦朝等其他时期的史实进行比较，在历史长河中把握中国历史事实，疏通中国历史脉络，还原西汉初年的基本概貌。

刘老师对西汉时期政治、经济、文化、民族关系等各项知识点娴熟透彻的把握，以及对古文献资料的精准、恰当分析，对本科生研究历史的能力提高起到潜移默化的影响，提高了学生分析历史问题的高度。他教态自然，分析透彻，在课堂上充分发挥学生的主体作用，积极调动他们的学习兴趣，在师生互动过程中将知识娓娓道来，既加深了学生对教学内容的理解，又锻炼了学生学习古文的能力。

历史与社会学院在评议活动中认为本次观摩课是该院推进教学方法改革，不断提高教育教学质量的一项重要举措。校督导团对本次观摩课给予了高度评价，一致认为此次观摩课不仅展示了刘老师渊博的知识功底和精湛的授课技巧，而且让学生在专业知识学习之外开阔了视野。

教学感言

第一，突出专业性。(1) 史学具有秉笔直书、经世致用、求真务实的“实学”传统，我作为历史学专业的主讲教师，在教学中当然要借助历史文献这一中介，训练学生体悟和理解历史客观的本领。历史问题意识来源于积累、同情、交流和反思，实证是历史专业的看家本领，也是解决历史问题的重要方法。在历史专业学习中，结论固然重要，问题意识更重要；记忆固然重要，思辨更重要；知识固然重要，理性、智慧更重要。(2) 从整体视野把握历史主体性，避免历史教学故事化、碎片化、庸俗化。在教学中，每一个具体问题都力求从长时段、历时感、空间性赋予其主体性的意义。(3) 课程教学中，对史料的遴选务求经典，对史料的解读力求精准，并恰当运用多媒体予以呈现。

第二，教研相长。大学教师的职业具有双重属性和要求：一方面，传授知识，即把认同的常识性知识系统传授给学生；另一方面，从事学术研究。而学术研究又是一种反常识、超常理的创造性体验和实践。作为人文学科的一名大学教师，要真正做到“传道、授业、解惑”，需要不断积累，不断把握专业领域的前沿动态。一个教师严谨、务实的科研历程、科研态度、科研品质以及术业专攻的创造性成果，会有形无形地融入课程教学之中，而提升人才培养的内涵。

真正的大学之“学”是反常识、超常理的学习，是追求深刻学识和学理的研究性学习。这就要求教师在课程教学中高屋建瓴，师道有法。

徐　彬

教师简介

徐彬，1971年生，安徽广德人。安徽师范大学历史与社会学院教授，博士，博士生导师。主要研究史学史与史学理论、明清史、徽学、徽州家谱、传统社会管理与地方社会治理。主讲“中国古代史”“中国史学史”等课程。

示范课报道

源远流长诉历史　言传身教引学子

2013年10月15日，我校本科教学观摩课第三讲在花津校区2070301教室举行。省级教学成果二等奖、安徽师范大学优秀教学特等奖获得者、历史与社会学院徐彬教授在翔实的史料基础上，详细介绍了唐代官修史书的成就。校纪委书记程度，校督导团成员，历史与社会学院领导、部分中青年教师及学生等参加了此次观摩活动。

课上，徐老师从唐代前代正史和“五代史志”的编修入手，继而介绍了唐修《晋书》的编纂经过、主要内容及其特点和李延寿所撰《南史》《北史》的基本情况。随后，徐老师从主要内容、史学批评理论、“史才三长”论等三个方面讲解了中国第一部系统的史学评论专著——《史通》。

徐老师在讲课的同时，还注重引入一手材料，通过启发式的教学方法让学生理解知识点。他在讲解基本知识点的同时，还在课件上给学生做拓展阅读的指导，将与知识点有关联的重要学术成果介绍给学生，增添学生的学习热情。徐老师声音洪亮，语言铿锵有力，富有激情，表述流畅、生动，教态端正、自然，教学严谨、认真，让学生在学习史学史的过程中，增加了对历史学的兴趣。他在对教学内容熟练掌握的基础上，详略得当地展现教学内容，同时根据学生的情绪和课堂的氛围灵活调整教学节奏，体现了高超的教学水平。

校督导团对本次观摩课给予了高度评价，一致认为此次观摩课用设问引发学生思考，用拓展阅读引导学生读书，不但展示了徐老师渊博的知识功底和精湛的授课技巧，而且让学生在专业知识学习之外开阔了视野，中青年教师纷纷表示在教学设计、教学方法上受益匪浅。

教学感言

一、提升能力，方能立足讲台

讲台是神圣的地方，只有不断提升教学能力的人，方能立足。

我重视教学理念培养和教学方法创新才能促进个人教学能力提升。我将“加强基础，注重实践，倡导创新，尊重个性，全面发展”的人才培养理念内化为自己的教学理念，以培养“厚基础，强能力，高素质”优秀人才为自己的教学目标。我在教学方法上不断创新，运用多媒体辅助教学。我所讲授的“公共政策概论”课程全部教案、教学大纲、教学进度表、教学参考书目及思考题都以电子版形式公开上网。我讲授的“中国古代史”隋唐部分视频内容全部收入国家精品资源共享课程。

二、教研相长，方能站稳讲台

教学与科研是高校教师的基本技能，也是教师站稳讲台的保障。

作为高校教师，科研能力无疑是支撑教学活动的基石。但课题如果仅停留在教师个人研究或团队研究，其对教学的促进是有限的，若组织学生参与课题研究，则会对学生成长产生重要影响。我在历史学专业中组织学生成立家谱研究兴趣小组，参与重大招标项目“千年徽州家谱与社会变迁研究”的资料收集与整理工作，培养了学生对徽学的兴趣，也锻炼了他们的科研能力。我在公共事业管理专业中，组织他们参与民政部各类社会治理的理论课题中，让他们从事问卷调查、数据整理与分析的工作，很好地培养了他们的动手能力。近5年来，50余名本科生参与了徽学的田野调查，公开发表论文3篇，取得了较好的效果。

总之，教学是高校教师的立身之本，也是教师永远的追求，为了学生的成长、成材，我将努力前行，不辱高校教师的神圣使命。

赵怀娟

教师简介

赵怀娟，1974年生，安徽寿县人。安徽师范大学历史与社会学院教授，硕士生导师，社会工作专业学位硕士点负责人。主要研究社会工作。主讲“社会工作概论”“社会工作行政”“医务社会工作”“农村社会工作”“高级社会工作实务”“社会政策”等课程。主持校重点扶持课程建设项目、专业核心课程建设项目各1项，主编专业教材3部，发表教研论文近10篇。获安徽省教学成果奖一等奖2项、三等奖1项，安徽师范大学优秀教学成果奖三等奖1项。获校“优秀共产党员”“暑期社会实践优秀指导教师”称号。2015年，被团中央、教育部、全国学联授予大学生“挑战杯”竞赛“优秀指导教师”称号。

示范课报道

亲和生动引入胜　学用兼重话项目

2014年11月17日，我校本科教学示范观摩课第六讲在花津校区2070501教室举行，历史与社会学院赵怀娟教授凭借扎实的专业知识和开阔的视野给大家带来了一堂生动、有趣的“社会工作行政”。校督导团、教务处有关人员，历史与社会学院领导、院督导组及部分中青年教师参加了此次观摩活动。

上课伊始，赵老师与同学们回顾了上节课的知识要点，并介绍本节课讲授内容要点，自然引入新课程——社会服务项目的创设。赵老师向大家详细讲解了项目管理对社会工作服务机构的重要性，吸引了同学们的注意力。随后，赵老师归纳出项目创设的两种不同情形，并结合国家民政部、安徽省民政厅项目招标等案例系统讲解，思路清晰，语言生动，展示了深厚的知识积累和极强的课堂把握能力。

赵老师授课语言清晰、生动，其间不时与学生互动，课堂气氛活泼。赵老师在讲解知识的同时，不忘传授知识的运用方法，学生不仅学到了知识，也学到在具体实践中如何运用，符合社会工作专业的应用型强的学科特点，学生对知识的应用能力得到有效提高。同时，赵老师将图表与课本知识讲授结合，图文并茂，有助于学生对教学内容的系统理解，帮助学生进一步深入理解课程知识。赵老师教态可亲，举止大方得体，整个授课过程既严谨、专业，又亲切、灵活。

示范观摩课结束后，校督导团给予此次示范观摩课高度评价。历史与社会学院就此次观摩课精心组织了评议活动，大家一致认为赵老师课程内容设置合理、教学形式灵活多样、课堂气氛良好，是一次非常成功的示范观摩课。学院青年教师纷纷表示观摩课使他们受益匪浅，学习到了很多实用的教学方法和教学技能。

教学感言

我自1997年留校工作至今已有20个年头了。其间，我从行政岗转至教学岗，成为社会工作专业教师也已有15年了。在过去的十几年里，我为本科生主讲了“社会工作概论”“社会工作行政”等专业基础课和“老年社会工作”“医务社会工作”等专业方向课程，为研究生主讲了“高级社会工作实务”“社会政策”等课程，也曾承担过学校通识课程“女性学”“婚姻、家庭与社会”的教学任务。在十余年的实践摸索中，我深刻地体会到教师这一职业的使命与价值。在教育教学工作中，我也有很多感受。

一、教师要有扎实的专业素质

首先，作为专业教师，我们自身应该有广博的知识，因为这样才能够提供给学生更多、更有用的信息。如果我们只关注自己讲授的几门课程，将自己的视野局限在特定的领域，就很难得到学生的认可。其次，作为社会工作专业教师，我们还应该注重这一学科的实践性、应用性，要具备一定的社会调查能力、社会服务能力，并在教学中将理论知识与社会实践结合起来。因为，社会工作专业人才培养要解决的核心问题是学生的服务技能问题，如果老师自己不去实践，就很难讲清楚社会工作的“应然”，更无法指导学生做实务、参加专业实习。最后，教师要积极践行社会工作专业伦理，通过自身的言传身教，传播社会工作的价值观，促进学生的专业认同。

二、要教书，更要育人

师者，传道、授业、解惑者也。教师不仅要传播知识，更要解答学生的困惑，为学生成长、成才提供指导。社会工作是为人服务的专业，尤其强调从业者要具备关爱他人的品质，追求社会公正的勇气，感同身受的情怀。所以，价值伦理的教育和指导在专业教学中就非常重要，这对教师的育人职能提出了更高的要求。同时，社会工作是密切联系社会现实的专业，教师要引导学生了解社会发展，洞察社会问题，解析社会背景，并在其中进行道德教育。因此，作为教师，我们不仅要爱岗敬业，完成教学任务，更要关注学生人文精神的培育和助人观念的养成。如果教师都不具备助人服务所要求的道德素养，就很难谈得上教书育人。

三、教师要尊重、关爱学生

社会工作是专业的助人工作，其要求从业者尊重、接纳服务对象，不批判服务对象，为服务对象的最大利益考虑。事实上，在教学中，学生对于这些专业价值的理解常常是和教师的行动表现联系在一起的。如果教师自身不能成为专业价值观的实践者，期望学生理解并坚持专业伦理就是空话。所以，教师尊重、关爱学生首先是对专业本身的尊重。其次，教师尊重、关爱学生有利于建构平等的师生关系，使教学活动能够在轻松、愉快，富有反思性的氛围中展开，进而可以促进教学质量的改进。教育学认为："教学活动既是以传授知识和吸收人类间接经验为主的实践活动，也是特定的情绪中的人际交往活动。"教师充分相信学生、尊重学生，是学生主动获取知识的情感基础。我在实践中也体会到，良好的师生关系可以转化成学生学习的动力，使学生体会到成功的喜悦，可激发学生产生自信、自强、奋进向上的决心。

四、教学形式要丰富多样

传统的教学活动往往以教师为主导，采取教师讲、学生听的教学方式。这种教学方式忽视了学生的主体地位，因而备受诟病。实际上，教学效果的改善在很大程度上依赖于教学方式、方法的多样性，因为灵活多样的教学形式能够激发学生的参与兴趣，使学生乐于学习，而且，社会工作的学科特性也特别强调对学生实践能力的培养，单一的课堂讲授是不能够满足这一要求的。因此，在社会工作专业教学的课堂上，要经常采用案例分析、角色扮演、小组讨论等教学形式，改善课堂氛围，激发学生的兴趣，进而提高教学的有效性。

五、既要课堂气氛，更要教学效果

课堂教学不能只图表面上的热闹，而要有一定的知识和技能作为支撑。在课堂教学中，教师要善于通过有效的活动帮助学生掌握所学的知识与技能，才能使学生对新知识和技能的感知鲜明、完整和深刻。但如果刻意追求互动，活动密度过大，也不利于学生掌握所学知识。一堂课并不是一堆或有趣或无趣的活动的无序集合，而应该是一个具有内在联系的活动序列，这些活动相互强化和巩固，从而使学习朝着预期的方向发展。无论教师采用何种教学形式，都要将教学内容融入教学活动中，使每个活动都要有明确的目的性，能为实现教学目标服务，这样才能有助于知识的学习、技能的掌握和运用能力的提高。"课堂活动是实际的、千变万化的；课堂又是质朴的、创新的、激昂的。"既要课堂气氛，更要教学效果，方能使课堂教学从"表里不一"走向"表里合一"。

教学座右铭

教育是一首诗，诗行里满是精彩的人生对话。

吴晓萍

教师简介

吴晓萍，1963年生，安徽太湖人。安徽师范大学历史与社会学院教授，博士。主要研究中国古代史、制度史。主讲“中国古代史”“中国古代政治制度史”“历史文献学与信息检索”“中国传统文化概论”“版本目录学”“中国历史文选”等课程。获安徽省教学成果奖二等奖、三等奖各1次。获“安徽师范大学教学名师”（2013）称号。

示范课报道

史实博通鉴政制　文江学海汇深思

2015年11月19日，我校本科教学示范观摩课第六讲在花津校区2070501录播教室举行。校教学名师、历史与社会学院吴晓萍教授围绕“地方行政制度研究”的相关内容展开了一场内容丰富、条理清晰的授课。校督导团、教务处有关人员，历史与社会学院党委书记王如意、院长徐彬、副院长刘道胜、院督导组及院部分中青年教师等20人参加了本次观摩活动。

授课伊始，吴老师简单回顾了夏、商、周三代的中央与地方关系，强调“封邦建国”和“分土而治”的重要性，进而自然引出本节课所要讲授的内容“秦汉郡县制与中央集权”。吴老师引用大量的原始史料和当前学术界的观点分析秦汉时期中央与地方关系的调整，秦代“失在于政，不在于制”，汉代“成在于政，而不在制”。通过秦汉时期的地方行政制度演变，可以看出中央政府采取相应措施不断调整中央集权、地方分权两者的关系。

吴老师在教学中语言生动，温故知新，让学生参与课堂讨论思考之中，不断加深对于知识的学习；深入浅出，剖析观点，课堂中萦绕着浓郁的学术氛围，真正把大学课堂变成了让学生更加热爱自身专业、不断提升和交流的平台；联系现实，博古通今，让历史与现实相结合，思考现状，发挥历史资鉴后世的功用。

课后的座谈会上，与会教师一致认为吴老师的授课完美展现了重视理论、理论联系实际的特点，把中国古代政治制度史的教学与现实相结合，增强了知识的活跃性，培养了学生良好的价值观。整堂课层次清晰，首尾呼应，讲解中渗透了学术界的前沿成果及吴老师本人的研究成果。青年教师纷纷表示，从此次观摩课中受益良多。

教学感言

“中国古代政治制度史”是给历史学专业大三的同学开设的一门专业提升课程。大三的学生有通史学习的基础，所以本课程更着重于研讨性的学习。此次示范课的教学内容是地方行政制度及其运作这一章节中，最为重要的一个问题——秦汉郡县制与中央集权。这是秦汉以来中国传统社会实现中央集权的关键性地方行政制度。本次教学目标设计有两个关键点：一是针对郡县制度，就学术界有争议的讨论抛出问题，引导学生课后查阅资料，了解更详细的研究现状，并试图让学生得出自己的看法。二是就制度与现实政治的关系而展开，让同学们了解从郡县制的产生到汉代郡县制实施过程中与社会现实政治之间的矛盾以及汉代统治者如何解决矛盾，维护中央集权。让学生体验要避免“死”的制度研究，而应该在“活”的政治现实中体会制度的发展与完善。应该说这两个目标基本达成，因为下一次的课堂讨论效果较好。要说遗憾和不足的话，那是作为老师的我的不足，一节课无法完成整体的教学目标。

之所以做这样的教学设计，是基于两点考虑。一在于改变学生被动、机械学习历史的惯性思维，培养他们主动学习、主动探究的意识，激发其研究历史问题的兴趣。二在于通过教学示范，使得学生在研讨制度史问题时，不能仅仅做平面的、静态的制度史研究，而是与鲜活的现实联系起来，才能真实地了解各种制度的作用与影响。通过这样的设计，也将教学内容与学科前沿有机地衔接起来。

多年的教学实践让我深深体会到，没有“不好的学生”，也没有“万能的老师”。我始终认为大学本科的课堂教学，不能只是简单的知识传授，而是首先要改变学生在中学学习阶段被动接受历史知识、对错分明的思维惯性，让他们感受到历史研究的魅力就在于没有绝对的“对”与“错”。“怀疑”是史学研究最好的起点，然后在此基础上，通过自己的学习和思考，去解决一切“可疑”的史学问题。教师的责任就是引导和培养学生的问题意识，帮助他们想办法自己去解决这些问题。

胡荣华

教师简介

胡荣华，1969年生，安徽青阳人。安徽师范大学教育科学学院副教授，硕士，硕士生导师，中国民主促进会会员，安徽省心理学会秘书长，国家二级心理咨询师，芜湖市镜湖区人大常委，芜湖市中级人民法院及鸠江区法院人民陪审员。主讲“心理学”“普通心理学”“儿童行为矫正”等课程。多次获得校级优秀教学奖。

示范课报道

诱思导学设游戏　设疑激趣启思维

2012年11月25日，安徽师范大学教育科学学院的胡荣华副教授在花津校区2010308教室举行了公开课教学活动。校督导团成员、教务处有关人员和教育科学学院部分教师等观摩了此次公开课。

此次公开课的教学内容是“心理学中的思维”。胡老师密切联系所授知识，积极创设问题情境，启发学生思考“思维的概念、分类及过程”等一系列知识，让学生在各有所谈和互相启发中领会知识本身的意义。胡老师还精心设计了“铅笔游戏”“河内塔问题”等动手操作的实践环节，将它们科学、合理地引入课堂，使之成为理论知识的有力支撑。学生在尝试错误中发现思维的奥妙，在实践中找到影响问题解决的关键心理因素，在解决实际问题过程中体会到思维的乐趣。

胡老师充分注意到授课对象是非心理学专业学生的特点，一方面把重点放在对基础知识的教学上，适当增加教学的趣味性和实用性，让学生学得愉快、学有所获；另一方面注意对学生教育专业素养的培养，选取并评介了一些与教育教学相关的案例，有效地增强并提升了新生的专业意识与专业素质。

本学期教务处统筹安排了十四次优秀教师本科公开课教学活动，这些活动的顺利开展增进了教师间的相互交流和学习，发挥了优秀课堂教学的示范作用，有效地推动了我校本科教学质量的提高。

教学感言

一、教学反思

我本次开设校级公开课的内容是“心理学”课程中的“思维”，这部分是该课程中比较抽象的内容，需要讲解思维的概念、种类、基本过程以及问题解决等。我经过认真思考，认为上好这节课需要解决两个问题：第一，如何将晦涩的概念和理论变为学生可以理解的知识点；第二，如何激起学生的学习兴趣，让学生能够牢牢掌握所学的基本理论。为此，我精心准备了一些案例，让学生从案例中悟出道理，考虑到听课学生的专业特点（历史教育），所选案例尽量与他们的专业相关，以提升他们的专业能力。此外，我还准备了让学生动手的游戏，以激发他们的思维，让他们在实践中获得启迪。从课堂教学的实际效果来看，基本实现了这节课教学目标，但在课堂节奏把握方面存有待改进的地方，如思维定势部分用时过长，可适当压缩。

二、教学感悟

执教二十余载，一路走来，送走一批又一批学生，除了收获满满的感动，更多的是思考：我能给他们带来什么？我不敢奢望学生在我的课堂上个个满载而归，但我希望每个学生都能有所收获。要做到这一点，自己首先要有一颗谦卑和敬畏之心。对学生谦卑，方能以平等的姿态面对学生，感化学生；对教材、课堂和教育事业敬畏，方能以高度的责任心面对教学。作为一个合格的教师，应该始终把学生的成长作为自己孜孜追求的目标，而学生的成长是具有无限可能的，因此课堂不是教师展示个人才能的地方，而是挖掘学生潜能的地方。要实现教学目标，至关重要的是使学生变被动学习为主动学习。所以，教师首先要想方设法使课堂变得生动、有趣，能够激发学生的学习兴趣，这需要将理论知识与学生的生活实际相结合。除此之外，教师在教学过程中应始终充满激情，用激情打动学生，用生动、准确的语言启迪学生思考，为学生展现无限想象的空间。

教学座右铭

再难教的学生，都有他喜欢的老师和课；再难上的课，总有老师能上好。

周兴国

教师简介

周兴国，1962年生，安徽南陵人。安徽师范大学教育科学学院教授，博士，博士生导师。主要研究教育哲学、基础教育改革。主讲“教育哲学”等课程。主持国家精品课程“公共教育学”，主持省规划教材《基础教育改革研究》编写工作，参与“马克思主义理论研究和建设工程”《教育学原理》教材编写。合作主编《教育学》《课程与教学论》《基础教育改革研究》等教材，参与《教育哲学》《小学教育哲学》等教材编写。获国家教学成果奖二等奖（排名第二）。获“安徽省教学名师”称号。

示范课报道

有理有据显有效　高度广度见深度

2013年5月21日，我校教学名师、教育科学学院周兴国教授在赭山校区教学楼1509教室举行了“教育哲学”的公开教学活动。校纪委书记程度，教务处领导，校教学督导团成员，教科院领导以及部分教师观摩了此次公开课。

此次公开课的教学内容是“教育与自由”。周老师开篇引用匈牙利诗人裴多菲的名诗“生命诚可贵，爱情价更高。若为自由故，二者皆可抛”。导出需要讲授的关于儿童教育自由的一系列问题。在对这些问题进行集中论述时，周老师一方面通过梳理诸多名人对此问题的哲学思考强化系统性，如“马克思关于人的自由而全面的发展”“康德问题”“洛克的选择”等；另一方面选择“儿童的教育自由及其意蕴”这一主题，重点讲授了“积极自由”“消极自由”“无支配自由”等三种自由的概念，让学生在情境中思考，在理论中升华。

周老师理性思辨力极强，广泛涉猎各派观点，理论视野开阔；同时在抽象的哲学表述上注意结合具体事实阐述，见解独到，体现了其深刻的教育思想和教育理论对实践的指导。

观摩课结束后，教育科学学院积极组织教师进行了评议。大家一致认为周老师的课堂教学体现了其理论的高度、思想的深度、视野的广度、讲授的精准度，充分发挥了交流学习的预期效果。

教学感言

大学所教，介于已知与未知之间。不同的学科，不同类型的课程，不同的教育对象，则各有所侧重。好的教学，在于能够根据教学目标、教学对象以及教学内容的独特性，在已知与未知之间做出恰当的取舍：或偏重于已知，或偏重于未知。这一切都要求教师必须要对大学教育，对所教内容有着深刻的理解和把握，对自己所生活的世界，对人、社会、自然有着理性认识。

我执教“教育哲学”这门课程，一直试图行走于已知与未知之间。很认同艾伦·布鲁姆所说：“问题不在于我们是否聪明，而在于我们是否擅长进行最广泛、最深刻的思考”，并在教学中执着于培养学生的独立思考和批判性思维能力。同时，我也努力做到，在课堂上竭尽所能，在和学生的谈话中循循善诱。但往往事与愿违，感到力不心，有一种莫名的无力感。无论是在和学生的交流中，还是在放松自己的大段课堂独白中，这种无力感都常常浮现。细细想来，这种无力感源自自身专业素养的不足：从哲学的角度认识教育问题的不深刻，对如何引导学生去理性思考不能艺术地把握。实现教育的最高或最好的目标，需要教育具有一定的实施条件，而最重要的条件在于教育者自身的素养。教学的不足让我意识到，唯有对自己钻研的学问全力以赴，才能够在课堂教学中做到游刃有余，才能够真正激发学生深刻的思考。

认真地教学是我的责任和义务。为此，常以列奥·斯特劳斯的话勉励自己：“总是假设在你班上有个沉默的学生，他无论是在理智还是性情都远胜过你。”

孙德玉

教师简介

孙德玉，1962年生，安徽巢湖人。安徽师范大学教育科学学院教授，博士，硕士生导师，中国教育学会教育史专业委员会理事，安徽省教育史研究会会长。主要研究中国教育史、教育基本理论、教师教育。主持国家级教师教育精品资源共享课程“教育发展史略”，安徽省质量工程“教育学教学团队”，教育部人文社科及省教育厅人文社科项目多项。在《高等教育研究》《中国教育学刊》等国家级学术刊物上发表学术论文50余篇，编写著作6部。获安徽师范大学优秀教学奖一等奖（2010），获“安徽师范大学教学名师”（2013）和教育部、全国妇联颁发的“全国家庭教育工作园丁”（2001）等称号。

示范课报道

引经据典论教育　披古通今话春秋

2013年9月26日，我校本科教学示范观摩课第一讲在赭山校区教学楼1509教室举行。教育科学学院孙德玉教授旁征博引、妙语连珠地为观摩师生献上了一道丰盛的文化大餐。校纪委书记程度，校督导团、教务处有关人员，部分中青年教师及学生参加了此次观摩活动。

课上，孙老师以春秋战国时期的教育为主题，对“官学的衰落与私学的兴起”进行深入细致的剖析，并结合目前学术界争议话题“谁首创了私学”展开分析并详细阐述了自己的观点。此外，孙老师还向同学们介绍了创办私学的第一批人，如郑国的邓析、鲁国的少正卯等。最后指出，尤以孔子兴办私学的规模最大、范围最广、影响最久。

孙老师在讲解史料的同时，还特别注重史学研究方法的传授，强调对待孤证史料，有一说一，不能妄下结论。使学生在学习教育史知识，走进教育历史殿堂的过程中，逐步掌握史学研究的工具和方法。孙老师对史料见解独到，讲授中做到逻辑性和趣味性的有机统一，教学语言精练、生动，深入浅出，循循善诱，课堂结构紧凑，妙趣横生。

课后，督导团组织了评议活动，高度肯定了孙老师引经据典的教学方式，青年教师们纷纷表示本次示范课有益于自身对教学实践活动的理解，从中学到了诸多教学方法和策略。

教学感言

30年前，我选择了教育事业，这是我人生中最正确的选择！如果不让我当教师，我不知道我能做什么。教育是培养人的活动，作为培养人的人——教师，是个再平凡不过的职业。但是把平凡的事情做好就不平凡了。为此，我几十年来长期坚持在教学一线，爱岗敬业，任劳任怨，锐意改革，不断进取，以三尺讲台为舞台，遨游在知识的海洋里，沉浸在教育的梦想中，以生为本，勇于创新。

第一，高度重视课堂教学，并把提高课堂教学质量上升到人才培养质量的高度来认识。教育目标的实现关键在于教学，教学改革的关键在于更新教学观念，改变教学行为，提高教学效率，在教学过程中，勇于开拓，讲重点、解难点，授方法、理思路。我坚信过程比结果更美，方法比知识本身更重要。

第二，坚持因材施教，实现人尽其才。根据受教育者不同的心性特点、能力水平、知识状况等施以不同的方法。同时，我依托自身所在的国家级特色专业（教育学专业）的资源优势，加强课程建设。不断修订并完善课程教学大纲，并严格要求自己规范施教。我在教学中力求做到既遵循大纲，又不拘泥于大纲；既围绕教材，又超越教材；既介绍已有研究成果，又呈现该学科最新的研究动态，以科研促教学，将自己掌握的最新研究动态和自己的研究成果及时与学生分享、交流。

第三，坚持启发诱导，提升教学境界。课程教学方式以教师讲授为主，辅之以课堂讨论与学生自主学习。根据课程特点探索科学、有效的教学形式和方法，课堂讲授实行启发式，深入浅出，循循善诱，理论联系实际，并合理使用现代化教学手段。课堂教学不是传授现成的知识结论，而是使无疑者有疑，使有疑者无疑。坚持教研相长。

第四，在课程成绩考核上，严格实施教考分离并建立中国教育史试卷库。教育史内容繁杂琐碎，为了便于学生学习掌握，我将碎片的知识系统化并融会贯通，让学生通过归类和比较，牢固掌握。

第五，饱含深情，充满激情，保证有效教学的实现。教育是理智的事业，但不能缺失情感。为爱而教是我的教育信条，无论是课堂教学，还是课外读书指导；无论是课堂讨论，还是实践教学，我都倾注感情，有求必应，认真负责，一丝不苟。

吴 玲

教师简介

吴玲，1967年生，安徽合肥人。安徽师范大学教育科学学院教授，硕士生导师，学前教育专业学科带头人。主讲“学前心理学”“幼儿游戏理论”“家庭教育学”等课程。主持安徽省高等学校质量工程项目“学前教育专业综合改革试点”，安徽省高等教育振兴计划项目“‘学前心理学’课程资源建设”，安徽省高等学校教学质量与教学改革工程项目“高师‘学前心理学’教学模式改革与创新研究”，等。出版专著数部，发表论文多篇。获安徽师范大学优秀教学奖一等奖。获“全国第四届教育硕士优秀教师”“安徽省高等学校优秀中青年骨干教师”“安徽师范大学教学名师”“安徽师范大学优秀实习指导教师”等称号。

示范课报道

嘉言善行述亲子　金针度人释沟通

2014年5月26日，我校本科教学示范观摩课第十讲在赭山校区田家炳教育书院8607录播教室举行，教育科学学院吴玲教授凭借丰富的专业知识和风趣的语言为现场师生讲授了“儿童发展心理学”中“学前儿童的亲子交往”的内容。课上，吴老师首先从认知、情绪情感、社会性道德三个方面指出了亲子交往的重要性，生动的案例支撑让学生非常准确地把握了课堂内容。随后，吴老师以一段亲子交往的视频引出了亲子交往的作用机制问题，剖析了教养方式对儿童发展的影响，通过对麦考比教养方式深入浅出的讲解，对红楼梦的人物关系分析，以及激发学生对自身教养经历的回忆和反思，使课程内容丰满、有趣。最后，吴老师分析了亲子交往的影响因素，指出父母在孩子成长过程中的重要作用，以热点话题“如何看待‘全职妈妈’”结束课程。几十分钟的课程内容环环相扣，通过问答激发学生围绕课程内容进行积极反思。

吴老师娴熟流畅、生动活泼的用语，大方得体的教态，详略得当的安排以及良好的课堂调控力为观摩师生呈现了一场视听盛宴，体现了其娴熟的教学技能和深厚的教学基本功。

观摩课结束后，教育科学学院组织校院专家和观摩教师进行专题评议，校教学督导团一致认为这是一堂非常成功的教学观摩课，青年教师们纷纷表示本次示范课有益于自身对教学实践活动的理解，从中学到了很多教学技能和方法。

教学感言

一、课后反思

考虑到亲子交往对每个学生来说都不陌生，因此我在备课时尽量选用学生们身边的事、熟悉的事，用讲故事、放视频的方式呈现教学内容，以激发学生对授课内容的兴趣。同时，选取学生们感兴趣的话题展开讨论，引发学生敏锐观察、发现现实生活中的敏感问题，训练其梳理能力及表达能力。总体上看，课堂气氛活跃，学生们能够紧跟教学步骤，积极动脑，参与教学的各个环节。

二、教学感悟

我自1989年工作至今已近30个年头。从教的过程历历在目，自己能清晰地感觉到在领导、同事的帮助之下我由稚嫩慢慢成熟的过程。随着时间的推移，我已不由自主地爱上了教师这一职业，喜欢从教的感觉。

课堂教学是学校教学工作的重中之重。知识的传授更多地依赖于课堂教学。学教育的我更能认识到课堂教学的重要性。因此，在教学工作中我要求自己做到以下几点。

1. 认真备课

为使上课内容能为学生理解，在上课之前，我认真熟悉教材，熟悉教学内容。对待新课，自己就如同重新学习一样，认真熟悉教学内容，以使上讲台的自己能精确而连贯地讲解教学内容；对已上过的课程，与新课一样，认真对待，并注意不断补充新知识、新内容，以使学生了解、掌握最新研究成果。同时，根据教学对象的不同，因班而易地及时调整教学内容，以便最大限度地达到教学目的。授课内容的熟悉是自己从容走上讲台的保证。

2. 努力改进教学方法

教学效果的提高需要教学方法的不断改进。在教学过程中，针对不同教学内容，我努力尝试用不同方法加以阐释。如“学前心理学”这门课是学前教育专业的重要专业基础理论课之一，学生们普遍比较喜欢这门课，但由于学生脑中没有“儿童”的形象，因而只能被动地接受教师的灌输。为改变此状况，我在教学方法上做了重大改革，变灌输式教学为启发式教学。组织学生讨论，要求他们对已学的知识进行归纳、概括，发表自己对儿童、儿童发展等理论的看法。与此同时，在讲授这门课时，我要求学生在附属幼儿园重点追踪研究一个儿童，在固定的时间每周下园一次，观察儿童，随着课程的展开，运用所学知识对其做出“个性鉴定”。这样做，既使课堂教学内容活了起来，也让学生在与儿童的直接接触中喜欢上儿童，喜欢上自己所学的专业。实践表明，这样做的效果是显著的。

3. 重视作业环节

在每门课程教学过程中，我都会给学生布置相应的作业。为提高学生做作业的积极性，我布置的作业形式各异。如“学前心理学”课上会布置一些实践性作业，要求学生在观察儿童过程中完成并做记录；“个性鉴定”活动结束后，要求学生为自己观察的儿童做出“个性鉴定”，并写出“个性鉴定报告”。“幼儿游戏理论”课程组织学生去幼儿园观察幼儿游戏，并做分析；要求学生自己创编幼儿游戏等。个性化的作业让学生兴趣大增，学生从这些作业中体验到了成功的快乐。与此同时，加强作业的展示与讲评，让学生能及时从自己及他人的作业中获益。

勤奋努力、锐意改革让我的课堂教学始终充满活力，教学效果获得了学生们的认可。

教学座右铭

用真心、用真情对待课堂教学。

郑筱妍

教师简介

郑筱妍，1964年生，安徽芜湖人。安徽师范大学教育科学学院副教授。主讲“青春期心理辅导”“团体心理辅导”“心理学”等课程。参与国家级精品课程“心理学”。获“安徽省师德先进个人”称号。

示范课报道

缜密设计谋教学　自信管理控情绪

2015年5月19日，我校本科教学示范观摩课第十讲在赭山校区田家炳教育书院8607录播教室举行。安徽省师德先进个人、教育科学学院郑筱妍副教授为师生讲授“情绪的自我管理”一课。校督导团、教务处有关人员，教育科学学院副院长桑青松、阮成武、陈挚，院督导组及部分中青年教师等参加了此次观摩活动。

郑老师简要复习上节课的内容后，自然导入新课。她以心理学经典的“九人过桥实验”为例，提出情绪自我管理的重要性和可能性，在充分引发了学生浓厚的学习兴趣后，准确地界定情绪的自我管理，并从觉察自我情绪和培养积极情绪两个方面重点阐述了如何管理自我情绪。课堂教学内容与学生课后作业相结合，以及如何将情绪的自我管理运用到生活中的具体指导等都极大地调动了学生的听课兴趣和学习热情。

整堂观摩课紧紧围绕三个问题演绎推进，逐层深入，展示了郑老师清晰的教学思路。教学内容充实，既有塞利格曼、艾利斯和卡乔波等人对情绪理论的阐述，又有对心理学经典案例的剖析，课件制作中将框架图和流程图等元素融入设计，让在座师生感受到教学课件图文并茂、赏心悦目。

观摩课结束后，教育科学学院精心组织了评议活动。大家一致认为，郑老师的音色悦耳、教态自然；课程内容安排合理、目标明确，教学设计缜密，内容依托教材又融入了学科前沿研究成果，PPT中运用流程图和框架图等手段让教学内容更加直观、重点更加突出，例子和实验的引用恰当，使学生易于掌握和运用新知识。评议期间，部分心理学老师还结合自己的教学经历谈及对公共课教学改革进行的深入思考。

教学感言

一、课后反思

本课程是面向全校师范专业本科生的“心理学”，属于公共课，本次课堂教学的内容是课程教学大纲内容的拓展，意在通过教学使得学生在已经掌握的情绪基本理论基础上，能够学以致用，有效地进行情绪的自我管控。通过教学反思，总结如下。

教学目标合理，适应学生实际。本节课的总体教学目标在于通过教学使得学生在已经掌握的情绪基本理论基础上，能够学以致用，有效地进行情绪的自我管控。具体化为三个方面：第一，认识情绪管理的意义，掌握情绪管理的基本概念及理论依据；第二，学习情绪自我管理的基本方法；第三，体验情绪自我管理。

精心设计教学，以期取得成效。我围绕以上三方面目标，课前进行了精心的教学设计，一是精心设计教学内容，尤其注重以通俗易懂的案例诠释抽象的理论知识，将理论知识的讲授建立在学生调动自身经验可理解的基础上；二是精心设计教学进程，围绕教学目标的达成，整个教学过程演绎推进，逐层深入，以展示清晰的教学思路；三是精心设计教学课件，课件制作中将框架图和流程图等元素融入设计，图文并茂，色彩和谐，达到赏心悦目的效果，避免学生课堂学习中的视觉疲劳。

激发学生兴趣，引导自主体验。通过经典心理学案例介绍，引发学生对课堂学习的兴趣，并联系学生实际，引导他们自主体验如何积极、有效地管理自我情绪。

掌控自身状态，优化教学效果。合理的教学目标和精心的教学设计都需要教师在具体的教学过程中实现，教师本人沉稳的讲授风格，得当的节奏，热情地投入教学，自然的教态表现也都是取得良好教学效果的不可或缺的要素。

教师讲授较多，学生表现不够。纵观整个课堂教学，教师讲授时间充分，学生课堂个性化的展现不够。

二、教学感悟

经历多年的公共心理学教学，我认为我们现行的教学内容过于理论化，疏于现实性。教学中强调了理论体系的完整，知识要点的全面，却忽略了对于非心理学专业的学生来说，更主要的是通过心理学的学习能有助于他们解决自身所面临的心理问题和工作问题。如何加强公共心理学教学与学生现实生活的联系，使学生通过本门课程学习不仅有助于知识的掌握，更有助于个人的成长和未来工作的成效，应该成为我们面临的一个重要问题。

教学座右铭

三尺讲台既需要理性的光芒，亦需要感性的力量。

阮成武

教师简介

阮成武，1964年生，安徽六安人。安徽师范大学教育科学学院二级教授，博士，博士生导师，安徽省学术和技术带头人，安徽省人民政府学位委员会委员，享受国务院和省政府特殊津贴。主讲“教育学”“教育概论”“教育发展与规划”“基础教育改革”等课程。主持国家级精品资源共享课程“教育学原理”，承担安徽省优秀教学成果推广项目、教学研究重点项目2项。主编教材3本，指导学生获得国家大学生创新创业训练项目4项。获安徽省教学成果奖特等奖，获“安徽省教学名师”称号。入选教育部公布的国家“万人计划”教学名师候选人。

示范课报道

高屋建瓴授真知　严谨治学育英才

2015年11月10日，我校本科教学示范观摩课第四讲在赭山校区8607教室举行。教育科学学院阮成武教授围绕“教育概论”的相关内容展开了一场饱含真情、富有哲理的授课。校纪委书记程度，校督导团、教务处有关人员，教育科学学院领导班子、院督导组、教育学系所有老师及其他专业部分中青年教师参加了本次观摩活动。

课上，阮老师首先简要回顾了上一堂课学习的主要内容，自然地引出本堂课所讲授的主题——新中国的教育发展。阮老师从教育与人、教育与社会的关系将新中国教育发展概括为6个阶段，其间结合自己受教育的经历向学生生动再现了新中国教育发展的脉络，使原本有些枯燥的史实介绍变得精彩有趣，让学生如临其境，仿佛亲历了新中国的教育发展进程。之后，阮老师结合自身研究成果引导学生探索中国特色社会主义教育的发展规律，对所学内容有了更深入的把握与思考。最后，阮老师翻转课堂，让学生成为课堂的发问者，师生共同探讨关于教育在促进人的发展与促进社会发展中的重要作用。

阮老师教学语言严谨质朴，教学态度谦逊温和，课堂讲授充满激情。教学过程中，他一边用抑扬顿挫的语言讲授课程，一边运用苍劲有力的手势演示指点，仿佛一个指挥家在带领所有听课者演奏着一场新中国教育发展的宏伟乐章。不仅让在场所有学习者清晰地了解新中国教育发展的脉络，更把握了教育发展背后的复杂因素及其变化规律，同时也深切感受到身为教育工作者的光荣使命。

课后的座谈会上，与会者一致认为阮老师的授课完美诠释了教书育人的真谛，不仅实现了知识的传授，更展现了一个教育学者对教育发展的思考与担当。这种精神的感染对于刚上大一的教育学本科生来说，更是一次稳固专业思想教育，对于增进学生专业学习信心，明确专业学习目标具有重要意义。教书重在育人，青年教师纷纷表示，从此次观摩示范课中受益良多。

教学感言

虽然讲授的内容是我负责建设的国家精品课程、国家级精品资源共享课程的一部分，我先后主讲了10多个班次，但每次给大一新生讲课，我都会如临如履，需要在课程内容与每一届学生的知识经验之间苦苦寻找新的接口。事实上，教育改革发展、教育科学理论日益更新，我们迎来的大一新生知识经验又何尝不是在不断刷新呢？凭一张老旧的“船票”怎能登上不断前行的教育变革和“90后”“00后”大一新生的“客船”？

以“新中国的教育发展”为题举行教学示范观摩课，我将自己的科研成果引入教学内容，以教育与人、教育与社会的关系为线索，将新中国教育发展划分为6个阶段，把我自己及新世纪大学生，不同历史时期的教育经历嵌入其中，故事般地展现新中国教育发展脉络，使史实演绎变得生动有趣，使学生身临其境。在此基础上带领大家探究蕴含其中的中国特色社会主义教育发展规律，将教学由历史事实引向理论思维。最后，采用翻转课堂的方法，让学生成为追问者、求证者，共同探究教育在促进人和社会发展中的重要作用。这个过程既有一定的预设性，更具有较强的建构性和生成性。

每一次面对新生、开设新课，就像进行一次新的探险、展开一幅新的画卷。在教中学、教中研、教中悟，在师生互动中不断激活新的教学灵感，绽放新的思想火花。教学，助推一代代学子的成长、成才，也在不断丰富和淬炼着教师的教育人生。

李宜江

教师简介

李宜江，1978年生，安徽芜湖人。安徽师范大学教育科学学院教授，博士。主要研究教育政策法规、教师教育、学校管理。主讲“教育政策法规”“教育学”等课程。出版学术专著2部，主编教材4部。主持安徽省重大教学改革研究项目1项，主持国家社科基金项目和教育部人文社科项目各1项。获安徽省教学成果奖一等奖。获“安徽省高等学校省级教坛新秀”称号。

示范课报道

精彩演绎见功底　娓娓道来论智慧

2016年4月21日，在赭山校区田楼8607录播教室，安徽省教坛新秀、省级教学成果奖一等奖获得者、教育科学学院李宜江教授为2013级教育学专业学生精彩演绎了“教育政策法规”的一节示范课。校督导团、教务处和学院领导、学院督导组、青年教师及部分专业教育硕士40多人共同参加了本次观摩活动。

李老师围绕“课堂教学中法律价值的冲突与协调”“教师法律素养的养成”等方面阐述学生教育与管理中的教师法律智慧，以对法律的三大价值——自由、正义和秩序的介绍引入课堂内容，讲述了课堂教学中的法律价值间的冲突及其协调原则，最终将内容落在“树立依法治教的信念，做一个有理性的教师”这一关键点上，对师范生教育法律素养的养成起到潜移默化的影响。同时，李老师充分利用教育法律法规的专业知识及中小学课堂生动的案例进行教学，在围绕案例分析的师生互动中，既加深了学生对教学内容的理解，又提高了学生对课堂实践中的教育法律法规知识的学习兴趣和运用教育法律法规知识分析教育实际问题的能力。李老师教态自然大方，语言风趣幽默，讲解案例丰富，分析翔实透彻，条理清晰明白，充分展示了其独特的教学魅力。

参加此次观摩课的师生一致认为，李老师充分展示了他扎实的知识功底和独特的授课技巧，为青年教师搭建了观摩、交流的平台，对推进课堂教学改革，不断提高教育教学质量起到积极的示范作用。

教学感言

我的这节观摩示范课主要围绕“课堂教学中法律价值的冲突与协调”“教师法律素养的养成”等方面阐述学生教育与管理中的教师法律智慧，以对法律的三大价值——自由、正义和秩序的介绍引入课堂内容，讲述了课堂教学中法律价值间的冲突及其协调原则，最终将内容落在“树立依法治教的信念，做一个有理性的教师”这一关键点上，对师范生教育法律素养的养成起到潜移默化的影响。同时，充分利用教育法律法规的专业知识及中小学课堂生动的案例进行教学，在围绕案例分析的师生互动中，既加深了学生对教学内容的理解，又提高了学生对课堂实践中的教育法律法规知识的学习兴趣和运用教育法律法规知识分析教育实际问题的能力。但在学生参与课堂互动等方面仍需加强。

大学课堂教学需要教给学生专业的知识、学习专业知识的方法，学科的理念与思维，更要教给学生饱满的学习状态和不竭的学习动力，前者是学会、会学，后者则是要学。以往，我觉得到此已经可以了，但是近年来的教学实践让我进一步认识到，大学还需要教给学生一些人生道理，大学老师要做学生的人生导师，唯有此，老师才不仅仅是某门课程的老师，而是一名真正的大学教育工作者。教人生，更是一种难得的教学境界。任何一门课程的老师，都可以从本门课程的人生价值、学生对人生的期待和教师自身的人生感悟出发，去鼓励学生追求一种简单、健康、幸福而有意义的生活。大学教师若想教给学生知识、方法、状态，就必须要不断丰富自己的知识，改进自己的教学方法，调整自己的教学状态，升华自己的人生，否则如何教人？

教学座右铭

大教教己，修己方能安人，教己方能教人。

梅晓娟

教师简介

梅晓娟，1974年生，安徽无为人。安徽师范大学外国语学院教授，博士，博士生导师，主讲“英语写作”等课程。主持国家社科基金1项，省教育厅人文社科基金2项，省级教学研究项目2项，校级教材建设基金资助项目1项。主编高等学校“十一五”省级规划教材《高级英语写作》。获安徽师范大学“皖泰杯”教学优秀奖二等奖（2001），校优秀教学成果奖二等奖（2005），省优秀博士论文奖。获“安徽省高等学校省级教坛新秀”（2008）。入选“安徽省学术和技术带头人后备人选”。

示范课报道

独具匠心　寓教于乐

2011年4月13日，校本科教学公开课第二讲在花津校区外院2080207教室举行。本讲由省级教坛新秀、外国语学院梅晓娟教授主讲。校纪委书记程度，校督导团成员，教务处副处长刘桂云，外国语学院青年教师观摩了此次公开课。

此次公开课教学内容是“影评与书评”。梅老师以《哈利波特》系列作品为线索，循序渐进地介绍了作品的背景信息与主要内容，并通过与相关外国儿童书籍的比较来分析其优点与不足，进而解析英文影评与书评的撰写要素。这种教学内容的设置不但为学生营造了愉快的学习氛围，激发了学生的学习兴趣，也使得学生在生动有趣的案例中自然掌握英文写作的相关知识。梅老师在教学中带领学生分析了课本中的书评实例，在实践中加深学生对课本知识的理解，形成了良好的师生互动。梅老师把握学生的心理特点，注意调动情绪，用简洁、生动的语言导出每一个讲解的重点内容。学生在张弛有度中把握了书评写作的相关知识。

梅老师英文口语表达流畅，富有感染力，能有效控制课堂节奏。梅老师在授课过程中亲切、耐心，关注学生学习习惯与语言表达能力的培养；善于利用多种教学方法对学生进行有效引导，如案例教学法、讨论教学法、启发教学法等。这种有针对性地进行教学和训练，使得学生们学有所得。梅老师改变了传统英文写作课简单讲解写作原则的套路，从典型案例入手，从多渠道拓展，使得写作趣味化和形象化，充分展示了她先进的教学理念和深厚的教学功底。

此次公开课吸引了不少青年教师前来观摩，增进了教师间的交流和学习。教务处和校督导团与各学院合作开展的此项活动将于本学期内加大力度，推选出更多优秀教师展现其不同风采，促使教师不断探索教学方法，取长补短、做到教学相长；促动教师内在活力，推动教师岗位成才；有效地促进教学质量提高。

教学感言

2011年4月13日，我举行了“英语写作”公开课教学，教学内容为书评写作。我以《纽约时报》上的一篇有关《哈利·波特与魔法石》的书评为案例，讲解书评的基本结构及写作方法。之所以选择这篇书评为分析对象，主要是考虑学生对《哈利·波特》系列作品较为熟悉，阅读书评时会有思考，同时书评作为《纽约时报》的固定栏目，其本身也有一定影响力。课堂教学中，我首先简要勾勒《哈利·波特》系列作品的全貌，并引出《哈利·波特与魔法石》的内容梗概，然后引导学生逐层分析书评实例，总结书评写作要素，包括如何介绍书籍出版信息及主要内容，如何发表对书籍的评价，等。对文中涉及的其他同类书籍信息和相关文化背景知识，我也做了必要的补充，以加深学生对书评的理解。

写作能力是很多英语专业学生感觉最难提高的一项基本技能。因为学生语言基本功不够扎实，影响了他们的表达，加上一些学生的逻辑思维能力较差，习作中普遍存在立意不深、内容空洞、缺乏深入分析、语言错误层出不穷等问题。所以，我在教学中一直坚持思维能力培养与语言技能训练并重，并做了以下尝试。首先，主编教材时注重选文的思想性，选择有一定深度的英语国家经典名作和主流媒体文章。其次，课堂教学中以提问和讨论等方式引导学生变被动为主动，帮助他们真正融入教学过程中。再次，课后作业引入学生互改机制，学生完成初稿后请同伴修改，并在此基础上完成二稿，再提交给教师评阅。批改作业时，我并不限于修改学生的语言错误，而是将更多的精力用来剖析习作的内容和结构问题，并在课堂上专门安排时间进行评讲和讨论。同时，我利用专业四级考试的契机，通过课后的限时作文训练和课堂有针对性的点评，培养学生在较短时间内用可读性较强的英语清楚表达个人观点的能力，取得了一定的效果。

教学座右铭

以人为本，是一切教育的出发点。

王家根

教师简介

王家根，1981年生，安徽当涂人。安徽师范大学外国语学院教师，主讲“大学英语”“研究生英语读写”“英语写作”等课程。获全国高等师范院校外语教学精品课一等奖（2007），安徽师范大学“外教社”杯大学英语教学二等奖（2009），首届“外教社”杯全国大学英语教学比赛（安徽师范大学赛区）一等奖（2010），“外研社”杯全国大学英语演讲比赛（安徽赛区）优秀指导教师三等奖两名及优胜奖一名（2011），安徽师范大学优秀教学奖二等奖（2011），安徽师范大学“青年教师教学基本功大赛”三等奖（2011），安徽师范大学优秀教学奖一等奖（2012），“外研社”杯写作比赛选手指导教师二等奖（2013），安徽师范大学“青年教师教学基本功大赛”三等奖（2015），外研社杯“教学之星”比赛（成都赛区）冠军（2016）、特等奖，外研社杯“教学之星”比赛全国总决赛一等奖（2016）。

示范课报道

营造活跃好氛围　塑造互动新模式

2011年5月18日，外国语学院青年教师王家根在花津校区教学楼2030102教室举行了公开课教学活动。校督导团成员，教务处有关人员，外国语学院路遐副院长，大外部全体教师以及相关外聘教师观摩了此次公开课。

此次公开课教学内容是“Virtual Life”（虚拟生活）。王家根老师凭借自身扎实的英语基本功，借助课件展现的丰富信息，通过与学生的多种互动方式，强化语言知识的综合应用，是化解当前大学生“哑巴英语”问题的一次有效尝试。

在内容呈现上，王老师不拘泥于教材，而是将电影Forever Young Vampire（《吸血鬼》）中的相关材料创造性地融入授课主题，激发了学生的学习兴趣，拓宽了学生的知识面，为交际提供了新鲜的素材。在词汇教学上，他也没有按照传统的词汇解释方法逐一分析词义用法，而是一方面补充大量流行的新词语，另一方面在讨论中及时总结构词法知识，使得学生们不但能扩大词汇量，而且掌握记忆单词的方法。在教学方法上，他授课时始终以学生为中心。不但在导入阶段使用学生的课堂报告自然过渡到主题介绍，而且在教学过程中让学生扮演“采访者”，围绕“虚拟生活的利与弊”进行讨论。整堂课形式多样，步步深入，气氛活跃，丰富生动，师生之间、学生之间实现了双重互动。在教学手段上，他能很好地将课件与板书融合到一起，甚至配合丰富的肢体语言去呈现内容，尤其是他能走近学生倾听解惑，进一步拉近了老师和学生之间的距离。同时，他英语流畅，语速适中，安排合理，气氛轻松。王老师在教学过程中充分展示了积极性和创造性。

此次本科教学公开课是本年度我校举办的第十次公开课活动。旨在推动和提高我校大学英语的教学质量，同时为年轻教师展现教学理念和教学风采提供了良好平台，也带动和影响其他年轻教师学习优秀教师的先进方法，从而更好地指导学生爱学英语，学好英语，会学英语。

教学感言

从学生到教师，从理念到实践，从语言到文化，从书房到教室，从讲台到课桌，教学数十载记录了我青春的懵懂和激情、思想的困顿和迸发、师途的嗟叹和感悟。或许，只言片语只能表达对教育事业的感悟；或许，一位普通师者的感悟需要永远的铺垫和沉淀。

1. 语言的“信使”——当为良师益友

语言是师者和学生之间的友谊桥梁。置身于课堂，汉语承载了师生之间心照不宣的默契；而英语则形成一道莫名的屏障，阻碍了思想的交流和情感的沟通。要想成为师生突破的共同目标，师者必然成为英语语言的“信使“，理应向学生传递语言的真值。

高等教育旨在培养各领域具有创新能力、组织能力及人文素养的高素质、全面发展的新世纪人才。因此，语言知识的传授具有系统性、规划性、针对性、科学性等时代特征。优秀的语言“信使”理应熟知自己的对象、目标、路线、手段，最重要的是，热爱自己的事业及其涉及的各个元素。

2. 语言教授者——科研反哺教学

(1) 培养学术意识

语言教学不仅需要通过各种手段和交流夯实语言基本功，更应充分意识到科研在高等教育中的重要地位及学术的内涵和研究者应具备的素养。正确的科研观不仅能够促进教师个体视界的拓展和理论水平的提高，而且能够培养学生群体的学术意识，帮助他们学会如何管理和经营学科知识，提升学习内涵。

（2）矗立学术前沿

聆听导师的教诲、专家的讲座、同行的交流和学术作品的观点，立足语言教学实践，用科研思维指导教学。充分利用学术资源，规划指导日常教学，提炼教学思想，培养学生学术观。

3. 语言研究者——语言发展的参与者和促进者

（1）博览群书，慎思笃行

品读经典，交流思想。教授学生多学科知识对语言和教学研究的重要意义。同时，体会中国传统文化和汉语语言知识如何发挥外国语言文化学习参照物的价值。

（2）融会贯通，格物致知

组织兴趣小组，研读经典著作和前沿文献，发挥多专业优势，融合统计学、语料库等研究方法，为课堂教学和话语分析提供事实和数据基础。

教学座右铭

为师者，需上得讲台，下得课桌；为师者，需知行统一，身体力行。

张 舒

教师简介

张舒，1965年生，江苏江宁人。安徽师范大学外国语学院讲师。主讲“基础日语”“日语精读”“日语泛读”“日语会话”“日语听力”“日语语法”“日语词汇学”等课程。获安徽师范大学“皖泰杯”教师教学优秀奖二等奖（1999），安徽师范大学优秀教学奖二等奖（2011）。获“安徽师范大学第六次‘三育人’先进工作者”（2009）称号。

示范课报道

讲练结合重归纳 推敲锤炼显规范

2011年9月8日上午，2011年安徽师范大学本科教学公开课第十四讲在花津校区外院南楼2080208教室举行。本讲由安徽师范大学优秀教学奖二等奖获得者、外国语学院张舒老师主讲。校督导团文科组成员，教务处有关人员，外国语学院蔡玉辉副院长，日语系全体教师观摩了此次公开课。

此次公开课的教学内容是“日语语法”。张老师非常重视夯实学生基础，教学内容的安排由浅入深，将语法知识的适度讲解与实践训练有机地结合起来；举例精当易懂，并对其及时归纳，使得学生的语法知识系统化和规律化；充分利用多媒体的优势，在情境中让学生练习语法，使学生能活学活用，提高语言运用能力。本次公开课摆脱了传统语法教学的刻板模式，课堂各环节联系紧凑，教学方法和教学手段使用得当，学生学习兴趣浓厚，课堂气氛非常活跃。张老师流利标准的日语表达，扎实的专业基本功，自然大方的教态，受到了听课教师和学生们的好评。

教学感言

用心站好三尺讲台

外语专业的课程设置和教学目标通常分两步走：一、二年级为基础阶段，一般以培养学生的听说能力为主，三、四年级为高级阶段，以培养学生的读、写、译能力为主。开设于二年级下和三年级上的“日语语法”课程可以说是由基础阶段向高级阶段过渡的桥梁和纽带，它将散落在基础阶段各门课程中的语言知识系统地展现在学生面前，使学生对日语语言的特点和运用规律有一个全面的把握，以求进一步提高听说能力，并为高级阶段的读、写、译以及语言研究夯实基础。

因此，本人在准备《日语语法（II）》第六章第八节“過去・完了を表す助動詞「た」”的公开课时，将50分钟的授课内容分成了两部分：第一部分是“た”的接续法，第二部分是“た”的意义及用法。对于黏着语的日语来说讲到黏着成分之一的助动词必须要掌握其正确的接续方式。“た”的接续法在基础阶段已陆续涉及，这里欲将其整合，总体把握其接续规律，本人设计了按不同词性的谓语句进行非过去时与过去时的转换练习，从练习中归纳其全部的接续方法。练习中重点突出了动词谓语句，特别是五段动词的接续法练习，因为五段动词连用形接“た”时要发生“音便”，而五段动词连用形的“音便”是整个基础阶段的学习难点，这第一部分的设计意在对这个学习难点的巩固。对于第二部分的“た”的意义及用法，我采用先归纳后演绎的方法来教学。我先给出各种不同用法的例句，让学生小组讨论自行归纳出意义用法，然后全班讨论，最后总结得出结论，使学生了解“た”的意义和用法不仅仅是初级阶段常见的“过去”和“完了”，还有纷繁多样的意义和用法。接着对新出现的用法给出实例，加以理解、巩固。第二部分的例句顺序按照“时”“体”“态”来展示，旨在最后将所列出的意义和用法分别归纳其中，过渡到下一节课的日语动词的“时”“体”“态”的研究型教学。这第二部分的设计意在对旧知识的巩固和新知识的拓展以及向研究型教学的过渡。实施过程总体比较顺利，但由于我在运用多媒体课件方面的技术欠缺，没有能够制作出生动的课件，比如第二部分的实例，如果能用一些电视剧中的视频，这样可以使原本比较枯燥的语法课生动起来。

通过30年的教学实践，通过30年与学生相处，我深刻体会到一名合格的教师必须要具备良好的职业操守；对待学生要一视同仁，不可以成绩优劣而亲此疏彼；评价学生要公平、公正，不可以自身好恶而随意改变标准。而良好的职业操守体现在具体的教学上就是“用心站好三尺讲台”。无论是专业课还是公共课，无论是必修课还是选修课，课堂教学设计和实施都要坚持用心，“世上无难事，只怕有心人”，心用到，没有上不好的课。

设计课堂教学时，要认真领会课程教学大纲中的教学目标，根据课程教学目标和教学内容，用心设置每一堂课的教学目标，使教学活动有的放矢。必须认真吃透教学内容，认真研究，合理规划出课堂教学和课后自主学习的内容，同时尽可能参考数本同等程度的同类教材，以拓宽教学内容。特别是高年级课程内容，应该与教学内容整合后，精心设计教学步骤，将教学内容展现给学生。设计时要注意本节课教学内容的自然衔接和连贯，同时还要考虑与相关内容的衔接。

不同的课程和不同的教学内容其展现的方法有所不同。就日语教学而言，传统的教学方法是语法翻译法，此法已颇遭诟病，其罪名是培养了一批哑巴外语人才，于是取而代之的是重视交际能力的教学法，只要开口说话，语法对错不管，其结果是写作能力下降。其实每一种教学法都有长处和短处，怎样扬长避短、合理地利用它们，这是需要我们潜心研究的。一种教学法并不是适合所有的课程、所有的教学内容，我们应该根据课程和教学内容进行选择，而且，课堂教学方法不是一成不变的，它需要我们在教学过程中不断改进，我们可以把课堂教学实施的具体情况、学生课堂反应等作为改进教学方法的一个依据。

再完美的设计都只是纸上谈兵，而真枪实弹便是站上讲台实施教学。一个教师站在讲台上就像一个演员站在舞台上，必须精神饱满，语速适中，控制住观众的注意力。同时教师又像是个导演，引领学生思考，指导学生参与教学活动。日语专业初级阶段是以培养学生听说能力、读说能力为主，这样，课堂教学的一半时间是留给学生的，学生活动期间是教师用心捕捉问题的绝佳时机，教师必须发挥临场应变能力，做到及时发现问题及时解决问题，使演出顺利完成。

课堂教学看似在下课铃响起时便结束了，其实教学活动并没有结束，课后的作业和自主学习以及答疑仍然是教学活动的延续。教师应该用心批改作业，设计自主学习的检查，认真应答学生的疑问，进一步发现教学中存在的问题，潜心研究改进方法，以便圆满地完成教学活动。

用心上好每一次课是教师对职业道德和工作态度的完美诠释，相信它会在学生今后的职业生涯中发挥潜移默化的作用。

教学座右铭

先谈做人，再论教书；精心设计，潜心研究；细心体味，用心享受。

管玲玲

教师简介

管玲玲，1980年生，安徽南陵人。安徽师范大学外国语学院教师。主讲“高级俄语”“基础俄语”“俄罗斯文学”等课程。获安徽师范大学优秀教学奖（2010），安徽师范大学教学基本功大赛二等奖（2011）。

示范课报道

词解句解遵本义　语法章法循规范

2011年11月21日，我校本科教学观摩课第十二讲在花津校区教学楼2070501教室举行。校教学成果三等奖及校教学基本功大赛二等奖获得者、外国语学院管玲玲老师对《高级俄语》中的阅读材料从词汇、语法及表达等方面进行了系统分析。校督导团成员、外国语学院领导、部分青年教师及学生等参加了此次观摩活动。

管老师结合范文背景知识，首先以“为什么你们需要接受高等教育”为题让学生各抒己见，展开讨论。管老师对此进行积极引导并在总结点评后自然过渡到课文主题“俄罗斯高校教育现状”。在课文讲解中，她由词及句，循句解文，将构词法融入词义理解中，便于学生在阅读理解中掌握推测词义的能力。同时，她有针对性地培养学生在俄语环境中的交际能力，让学生在不同话题的讨论中聚焦主题，发散思维，期望引起学生对俄罗斯高等教育发展中所面临的一系列问题的关注。

管老师注重唤起学生对已学知识的回忆，综合运用讨论、翻译、问答等多种方式激发学生学习的兴趣，将这些活动贯穿到俄语课程的各个环节中，充分调动了学生学习的积极性。在间接启发式的教学方法下，让学生通过自己的探索去发现结论或答案，营造出了轻松、活跃的课堂气氛。

外国语学院在课后组织了评议活动，观摩老师进行了热烈的讨论。校督导团一致认为，管老师对俄语语言知识以及俄国社会国情知识掌握娴熟，通过语言基本技能的训练，让学生逐步探索俄语的学习规律。如果课件制作的条理性更强，则效果更佳。

教学感言

大学应当是启发学生思考、锻炼学生能力的场所。外语学习的课堂，尤其是零起点的外语教学，与大学其他专业不同。学生需要大量的语言实践。貌似成熟的面孔却无法表达自己的想法，似乎有些不和谐。如何将理性思考与语言实践在课堂教学中融合，是零起点、表达尚“捉襟见肘”的课堂教学中教师无法回避的现实困境。

公开课的地点位于这所美丽的大学老校区的物理楼，教学专题正好是城市建设话题，无独有偶的是，莫斯科市也正为城市拆迁与建设展开热烈的讨论。因此，公开课由从老校区搬迁方便与否切入城市建设主题，延伸至正火热的莫斯科市建设话题。因为课前督促学生查阅了相关资料，准备了必须掌握的词汇、句型及表达，因此，总体而言，在围绕城市建设中，学生对我校搬迁、城市建设成本、交通堵塞、文化氛围等话题，大致能表达自己的思想。基本完成教学目标——语言实践、启发思考。

公开课不完全是真实课堂的再现，而更多像是教师的教学理念、基本功的呈现。真正的课堂是教师与学生共同营造的一个特殊的小“宇宙”，只有在这个空间，学生们的面貌、教师的知识结构、个性以及师生关系才会生动起来。也只有在这个“宇宙”里，教师才能借个人风格感染学生，才能在师生互动中感觉到教与学都是件快乐的事，才能以“润物细无声”的方式、尽自己最大可能潜移默化地启发学生学习思考、帮助学生形成健康的观念。

感谢事业，让我有了前行的质感；感谢学生，让我有亲切相伴；感谢课堂，让我有心灵对话的空间；感谢教学，让我有不断前行的动力！

周　艳

教师简介

周艳，1981年生，安徽蚌埠人。安徽师范大学外国语学院讲师。主讲“英语语音学”“综合英语”“英语写作”等课程。获“全国高等师范院校外语教学学术年会”精品课交流与展示一等奖，“英语演讲人才培养的探索与实践”校级教学成果奖，安徽师范大学优秀教学奖二等奖，安徽师范大学青年教师基本功大赛二等奖。获“‘外研社杯’全国英语演讲大赛（安徽赛区）优秀指导教师”“安徽省高等学校省级教坛新秀”“安徽师范大学第七次‘三育人’外国语学院先进工作者”等称号。

示范课报道

提纲挈领析文本　互动交流促教学

2012年5月8日，2012年本科教学观摩课第九讲在花津校区教学楼2070501教室举行。本讲由我校优秀教学二等奖获得者、外国语学院青年教师周艳讲师为英语专业学生讲授“综合英语”中部分内容。校督导团文科组成员，教务处有关人员，外国语学院领导、教学督导组及部分青年教师等参加了观摩活动。

此次教学内容为“The Virtue Called Devotion”。周老师首先以“展望自己的老年生活”为题，激发学生的思考和讨论，并不失时机地引用《论语·为政》中的“子游问孝”，将情感教育完美地融入教学中，真正实现了“教书育人”的理念。在处理文本时，她通过数个关键问题对全文脉络进行了梳理，分析时结合古今中外的名人轶事和名言警句，注重学生话题的连贯表达。一方面使得同学对问题的认识更加深入，另一方面也锻炼了他们的英语实际应用能力。与传统教学模式相比，这些做法给人以耳目一新之感。

周老师教态亲切，始终面带笑容，英语发音纯正。她在教学中始终注意与学生互动，显示出优秀的教学掌控能力，学生参与课堂活动积极热情，且言之有物，显现出开放、互动、合作的新颖教学理念。

课后，外国语学院全体听课教师对本次教学观摩课进行评议。大家对周老师的教学设计、业务素质和师生关系给予了高度评价，表示从这次教学观摩课中获益匪浅；同时对师生互动、教学环节规划等提出了中肯的建议。

教学感言

“综合英语”是伴随英语专业学生两年，英语专业学生所学的课程中课时最多的一门课。教材的编写者科学设计，内容编排得当；每一个单元的文章都会有一个主题：关于贫穷，关于幸福，关于友情，关于环保，关于挫折……我会利用好每一个主题，充分备课，在课前提问，课中讲解，课后深度讨论。同时，利用学生论坛等剖析话题，让学生们充分思考并表达。我适时进行合理评论与引导，在保证语言学习的前提下，德育的效果是出乎我意料的。

英语专业的学生业务水平是其毕业后就业的关键，与其他专业不同，语言类学生一张口通常就能被别人立刻评判了。作为专业基础课程的教师，业务水平必须扎实，才能对学生起到很好的榜样和引导作用，所以，即使已经做了教师，我依然没有放弃实践，坚持听、说、读、写、译的练习。我作为芜湖外事办的外聘翻译，多次为市领导与外宾会晤做口译，并参加了一些大型会议做会场翻译。这些经历一方面提升了我的业务水平，另一方面也成为我宝贵的实践经验。对于英语专业的学生而言，“开口说话”是非常重要的，但是大一刚来的学生出于对自己口语水平的不自信，通常羞于开口，这种情况持续时间长的话，就很难改变了，会影响学生今后的学习以及就业。于是，我努力寻找可以让学生在课堂上感到充分“安全”的方法。查阅了很多国内外的相关文献资料，结合自己课堂上的实践摸索，逐渐创造了一套自己的“和谐课堂”理论。以师生关系做基础，以生生关系做保障，以合作学习为桥梁，通过一系列的课堂活动安排，例如“双人日记”“合作问题回答机制”“小组分工演示”等协作方式，打破课堂“一问一答”的严肃气氛，使学生们充分感受到课堂里“表达”的必要性和舒适性。为了能使教学更有效果，我努力地加强自己的理论学习，查阅大量的国内外教学理论资料，我在教授“英语写作”和“综合英语”课程期间，参与编写了两本安徽省规划写作教材，一本安徽省规划综合英语教材。这些编写工作对于教学的促进是非常明显的。我将不遗余力地奉行：教育的任务是知识的传授、思维方式的拓展和人格的塑造。实现这个目标的渠道是信任，核心是爱。

张德让

教师简介

张德让，1968年生，安徽定远人。安徽师范大学外国语学院教授，博士，硕士生导师，安徽省学科和技术带头人后备人选，安徽省外文学会副会长，“中国英汉语比较研究会”和“中国比较文学学会翻译研究会”会员。主要研究英汉翻译，主讲“英汉翻译”“英汉对比与翻译”“高级英语”等课程。主持国家社科基金项目1项，发表学术论文20余篇。获“皖泰杯”教学优秀奖一等奖。

示范课报道

鸿儒硕学演翻译　辞采华美探译苑

2013年11月1日上午，我校本科教学示范观摩课第五讲在花津校区外国语学院2090408教室举行。外国语学院张德让教授以详实有据的讲解、轻松幽默的语言为师生上演了一堂精彩绝伦的英汉“笔译”课。校督导团、教务处有关人员，外国语学院领导、学院部分中青年教师及学生参加了观摩。学院共到场听课教师25人。

课上，张老师以“什么是翻译”和“怎么做翻译”为主题，以美国芝加哥雕塑“云门”(Cloud Gate) 英文简介的汉译为例，从语言、信息、文化等层面回答了什么是翻译，又以学生译文中出现的典型问题为例回答了什么不是翻译，并以“语言问题≠翻译问题”为核心，详细分析了词、句、篇重难点的理解、翻译策略及其理据。

张老师教学理念明确，坚持“以译促读，以读带译”，注重翻译过程，引导学生培养自身的专业素养和人格品质。整节示范课充分展示了他娴熟的教学组织和驾驭能力。教学内容环环相扣，层层推进，重点突出。课件精致美观，图文并茂，讲解深入浅出，课堂气氛活泼生动。

课后，校督导团对本次观摩课给予了高度评价，认为张老师教学严谨，内容设计条理清晰，理论和实践结合紧密，教学理念新颖。张老师善于启发，把“云门”哈哈镜式扭曲映像的特质与人生自我扭曲的思考巧妙融合，使在场师生受益匪浅，为青年教师提供了一次很好的学习机会。

教学感言

翻译的核心素质是培养学生使用语言的准确度。为此，本课程的教学目标是加强输入，培养迁移能力，包括Awareness，Reflectiveness，Resourcefulness。Awareness要求学生多接触不同类型的文本，增强文体意识，减少对高难度文本的惧怕心理。Reflectiveness要求学生不断反思翻译过程，提供译文处理的理据，积累、总结经验。Resourcefulness要求学生学会查寻资料、鉴别资料，找到所要的材料。

教学内容分英汉、汉英翻译专题，材料以新闻、时文、科技、旅游、文学、典籍等文本为主。教学实施主要包括个人翻译、小组讨论、汇报点评三个环节。个人翻译要求独立完成，重点增强学生交出自己最满意译文的意识。个人翻译后须写出翻译反思，重点培养学生的翻译过程意识、译文理据意识、经验总结意识等。小组讨论重个人译文的对比、反思的交流、组员的评价。课程授课的主要方式是汇报点评。各组汇报本组翻译、反思及讨论情况，教师重点进行点评，并在此基础上分专题讲解翻译知识、翻译技巧、不同文体的翻译等。此外，我为了提高学生的翻译实战能力，还积极组织同学参加一年一度的全国“韩素音青年翻译奖”。

周　玲

教师简介

周玲，1980年生，安徽铜陵人。安徽师范大学外国语学院教师。主讲“综合英语”“英语语音”等课程。主持校级综合英语课程考核改革项目和省教育科学规划课题，发表论文5篇。获首届“外教社杯”全国大学英语教学大赛安徽师范大学赛区二等奖，安徽师范大学优秀教学成果奖三等奖（2011），安徽师范大学第五届青年教师基本功大赛三等奖。

示范课报道

内容广博重应用　构思新巧现匠心

2011年11月9日下午，校优秀教学成果奖三等奖获得者，外国语学院青年教师周玲在花津校区教学楼2030102教室举行了公开课教学活动。校督导团文科组成员、外国语学院大外部全体教师以及相关外聘教师观摩了此次公开课。

此次公开课教学内容是“Changes in the Way We live”（改变我们的生活方式）。周老师准备了大量素材，并将知识点科学安排，合理组织。尤其是在教学设计上较为新巧，她打破常规的单纯语言点讲授，从理解整篇内容入手，运用文化和背景知识捕捉重要语言线索，对相关话题进行有效深入地讨论。

周老师首先从诸多关于“变化”的英语格言谈起，随后围绕“对城市和乡村选择的不同态度”提问并组织学生进行角色扮演，从而使得教材内容与真实生活自然结合，让学生从生活中获取信息；对课后任务的检查采取问答和关键词填空等多种形式进行核对，使得课文核心内容得以突显，脉络也得到梳理；对国外作家的介绍由其作品入手再追溯生平，由其语言风格来探求其人性特征。整堂课虽然信息量很大，但教学环节有序、紧凑。

周老师善于调动学生参与互动，如在分析写作技巧上，让学生补充例句；在展示蔬菜名称时，让学生看图说话；等等。周老师英语表达流畅，注重向学生传授各方面的知识，扩大了学生的知识面。

教学感言

语言教学中因为多媒体教学集文字、声音、图像、动画于一体，信息量大，有很强的可感性、生动性，自然得到了学生的热烈欢迎。所以，必要时我将它作为一种补充方式，适当运用在公开课教学中，给予学生更多视野和信息。学生有惰性，懒得自己看书理解，哪怕再简单的东西，他们也希望你来讲。为了调动学生上课参与的积极性，发挥学生的主体地位，提高课堂教学的效益，我格外注重课堂上的提问。提问是一门艺术，如果提出的问题太大、太泛、太难，很难激起学生思维的火花。注意到了这个问题，我在公开课的准备过程中，精心设计提出的每个问题，训练学生的思辨能力。在教学中，我深深体会到：教学的关键在于一个“活”字，不能死扣书本，死记硬背，应该以书本为中心不拘一格地辐射出去。我始终认为人的感觉是相互的，学生是能感受到教师的真诚的，只有当学生接受了教师，才可能以主动的态度接受教师的教育。于是，我有意培养师生之间和谐交流的习惯，对性格孤僻的学生给以更多的热情帮助，使他们恢复自信，走出自我评价的误区。

未来的社会是一个不断更新的社会，要立足于之，就必须不断地学习，获得新知识，充实自己。换句话说，在学校学的那些具体知识，是远远不够的，所以我们要给学生的是一种能延续的东西，让他们可以自由地放飞自己的思想，进行发散性思维，他们的素质和能力可以在一种轻松、活泼的氛围中不知不觉地得到提高。这也是我以后继续探索、进取的方向，将所学的知识运用到实际教学环节中，使自己的教学能力得到多角度的发展。我将坚持不懈地努力提高英语教学水平，以真情打动学生，用诚心感化学生，用心灵聆听学生，用汗水浇灌学生。

宋志俊

教师简介

宋志俊，1955年生，安徽巢湖人，安徽师范大学外国语学院副教授。主讲“综合英语”“英语听说”“英语视听”“英语语法”“英语阅读”“英汉翻译理论与实践”，并多次承担大学英语四、六级考前辅导班和硕士研究生考前辅导班的教学工作。

示范课报道

融情入境述英语　出言有章谈人生

2014年5月7日，本科教学示范观摩课第七讲在花津校区教学楼2070501录播教室如期举行。外国语学院大外部宋志俊副教授带领大家走进了“大学英语IV”第三单元“Get the Job You Want”。校督导团、教务处有关人员，外国语学院领导、院督导组和部分中青年教师观摩了此次示范课。

观摩课前，宋老师表示：这堂课没有炫丽花哨的课件，没有冲击感官的影像资料，将是一堂本色示范课。宋老师拿起一支粉笔、捧起一本课本，将自己从教30余载的教学感悟渗透在教学的每一个环节中，于无形之中传递给在场的每一位师生。

授课伊始，宋老师通过询问学生个人的应聘经历，激起学生阅读课文的兴趣，自然导入课文。在通过一连串的问题引领学生掌握文章第一部分的大意后，他又对这部分文本进行了深度剖析。其间，字、词、句的重难点讲解也贯穿其中。紧接着，宋老师设计了英汉句子互译，以此了解学生对文章及语言点的掌握情况。随后，他又从篇章层面带领学生把握作者的思路和行文安排的用意，明确对读者的启示。最后宋老师送给学生们两句做人做事的箴言，勉励青年学生踏实做事，诚实做人。

教学过程中，宋老师讲解清晰到位，重点、难点突出。小到一个单词的发音，大到做人的道理，在宋老师与学生的一次次互动中，不经意间传递给每一位学生。虽然是公共课，但宋老师对学生的熟悉程度丝毫不亚于他对教学内容的了解，每位学生的名字他都能脱口而出。同时，他还十分注重互动中对学生的积极反馈以及对少数民族学生的支持鼓励。

观摩课结束后，大外部精心组织了评议活动。詹蓓副院长率先表达了自己的感受，詹院长认为宋老师教学思路清晰、结构严谨、衔接自然，高度反映了一位老教师的严谨治学态度。中青年教师纷纷表示，宋老师对课文的把握恰到好处，课堂管理不流于形式，教学方法多样、灵活、独特，语言极富感染力，注重启发、点拨学生，培养学生的思辨能力，通过对文本的粗读和精读、知识点和重难点的回放，加深了学生对文本内涵的把握，言语间彰显出其扎实、深厚的中外文化积淀和游刃有余的课堂驾驭能力。大家一致认为，这是值得大外部广大教师不断揣摩、反复回味的一堂生动经典的教学观摩课。

教学感言

我从事小学、中学和大学教育工作近40年，我坚信要做一名学生喜爱的优秀教师，就必须先要牢记陶行知先生的名言："学高为师，身正为范。"然后，数十年如一日地去践行，爱岗敬业，教书育人。要引导、关爱和帮助所有的学生全面发展，通过"观察"和"反思"的途径，做到在"为人"和"办事"两个方面不断取得进步。我深信家庭教育、学校教育以及社会教育都不能替代自我教育。因此，如何让学生"见贤思齐，见不贤而内省"，是我们教师要努力完成的一大任务。至于专业方面的教学，教师则要注意"鱼""渔"兼顾，即教授学生知识，更要教授学生获取知识的门径和方法。课堂教学要根据教学大纲的要求，处理好学生、教材和教师三者之间的关系，重点让学生通过自己用手、用嘴、用耳和用脑在"做"中学，亲身体验获取知识和能力的快乐。

外语教学除了要关注文化外，还要狠抓语音、词汇和语法的学习，夯实语言基本功，听、读、说、写和译齐头并进。除了搞好课堂教学外，课外学生的自主学习尤其重要。外语学习要加大学生的语言输入量，还应要求他们学好母语。教学工作千头万绪，但其中最重要的是：我们教师所做的一切要为了学生。

孔维晟

教师简介

孔维晟，1969年生，安徽芜湖人。安徽师范大学外国语学院副教授。主讲“综合英语”“高级英语”“外贸函电”“BEC”“商务英语写作”“国际经济导论”等课程。辅导学生获首届“中译杯”全国口译大赛安徽复赛一等奖、全国决赛三等奖（2010）。

示范课报道

娓娓道来话金钱　价值讨论引深思

2015年6月5日，我校本科教学示范观摩课第十三讲在花津校区教学楼2070501教室举行。外国语学院孔维晟副教授为师生讲授“高级英语Ⅱ”第九单元“Money Madness”（译名《金钱疯狂症》）一课。校督导团、教务处有关人员，外国语学院副院长詹蓓、院督导组及部分中青年教师等17人参加了此次观摩活动。

孔老师以师生互动提问的方式引出对课文标题“Money Madness”的探讨，对社会上“我为金钱狂”的痴迷心态进行了剖析，让学生很快熟悉本课的主题。接着，孔老师强调了本文作者Ralph Hyatt的教育背景，作者在心理学方面的专业知识使得他对现代人“财迷”的内心分析得深入且有说服力。孔老师提醒学生注意文章中频繁出现的心理学专业术语。在引入金钱话题时，孔老师图文并茂地列举了现实社会中很多生动的例子，如“宁愿在宝马车上哭泣”“和土豪做朋友”，引导学生反思。值得一提的是，孔老师将自己的价值取向独具匠心地蕴含在一些环节中，潜移默化地引导学生，让学生意识到金钱可以买到物质的东西，却买不来无形的精神上的东西。

孔老师教态自然大方，整堂观摩课内容生动翔实，教学环节完整且详略得当，口语表达流畅、规范，课堂气氛幽默、活泼，师生互动有效。尤其是对学生的当堂讨论的点评，展现了孔老师诙谐的言语，机智的思辨能力，精准的语言素养和娴熟的课堂驾驭能力。

课后，外国语学院精心组织了观摩评议活动。大家一致认为，这是一堂十分成功的观摩示范课，孔老师的高级英语课真实、自然而独具匠心，课堂风格自然、互动真实、引人深思，孔老师独特的英式幽默和思维凸显了他的人格魅力和教学风格，值得青年教师学习、借鉴。

教学感言

我从教十余年以来，感觉作为一名合格教师，最重要的还是对于学生的关心以及教师自身的专业素养。对学生的关心应做到公平、公正，自身的素养提高则永无止境。订立教学目标的时候，除了教案里的具体目标以外，更重要的在于根据自己所能，让学生能从自己身上学会一种态度、一种思维方式、一种技能，一种能让学生在毕业多年以后久久回味、深深埋藏于心的东西。一名合格教师也应该能很好处理教材和教学目标之间的关系，做到教材成为服务于目标的工具，而不是束缚教学的枷锁。当然，保证教材的内容与时俱进，于教于学，皆有必要。至于教学过程的实施，我体会有一点很重要，就是把学习还给学生，让学生成为学习的真正中心。作为教师，我们既不是指挥官，也不是旁观者，而是他们的朋友和导师。我将永远坚持：先学生之忧而忧，后学生之乐而乐。

王　瑜

教师简介

王瑜，1980年生，安徽芜湖人。安徽师范大学外国语学院讲师。主讲“大学英语精读”“英语听力”“英语演讲”“英语语音学”等课程。获安徽省第二届普通本科院校青年教师教学竞赛人文社会科学组一等奖，第二届“外教社杯”全国大学英语教学大赛安徽赛区一等奖、最高荣誉特别奖，全国大学英语示范课比赛一等奖，全国大学英语教学大赛三等奖，获安徽省“五一劳动奖章”“安徽省高等学校省级教坛新秀”称号。

示范课报道

春风化雨育英才　温情绵绵传真知

2015年11月25日，我校本科教学示范观摩课第七讲在花津校区2070501录播教室举行。安徽省第二届普通本科院校青年教师教学人文社会科学组一等奖、安徽师范大学优秀教学奖一等奖获得者，外国语学院王瑜老师围绕《大学英语III》的相关内容展开了一场内容翔实、温馨感人的授课。校督导团、教务处有关人员，外国语学院中青年教师以及部分研究生等30人参加了本次观摩活动。

王老师首先和同学们一起回顾了上节课所学内容，然后引导大家“头脑风暴”(brain-storming)，共同探讨了东西方节日的差异，并分析了节日庆祝的不同方式和其文化内涵，从而引出即将到来的感恩节（Thanks-giving Day）的主题：感恩（giving thanks），并以三封感谢信为引子，用标准流畅的英文，激扬澎湃的语调，引导师生的良性互动，主导着课堂的节奏，激发学生在听、说、读、写、译等各项语言技能方面的全面参与。

王老师不仅教授学生语言基本功，还非常重视培养学生的人文精神。在讲授西方节日的时候，她通过潜移默化的影响，引导学生了解西方节日的精髓：懂得感恩，博爱世人。王老师的教学态度谦逊、温和，教学语言严谨晓畅，教学方式灵活多样，教学课件简洁美观，教学氛围热烈、积极，充分展示了她过硬的基本功和超高的亲和力，教学效果显著，融知识性、趣味性、人文性为一体，体现了年轻教师的活力和风采。

课后的座谈会上，校督导团充分肯定了王老师的授课内容和授课技能，赞扬了她谦虚、好学、不断进步的精神，认为王老师的示范课充分展示了大学外语教学的至高水平，并从细节着手，抽丝剥茧，详实地评价了各个授课环节的出彩之处。参与听课的青年教师纷纷表示，此次观摩课给了他们很多启发。“他山之石，可以攻玉。”王老师的精彩展示将带给年轻教师更多的思考，鼓舞更多人创新教法，从而更好地提升大学外语教学的整体水平。

教学感言

教师不能仅仅局限于外在教学手段的改革，更需要内化以人为本的教育理念。好课堂无须过多花哨的装饰，而是围绕学生的诉求，努力将文化、知识、情感融合在课堂之中。我们不仅要教给学生们基础知识与技能，更要在潜移默化中培养其思辨与综合能力，让参与其中的学生受益终身。要想做一名优秀的教师，我们需要的是课堂活动的设计能力、课堂组织的呈现策略、教师素养的凝练、积淀。精良的课件展示，生动的课堂活动可能有震撼现场的效力，可真正打动人心、传达真知的是有思想、有内涵、有魅力的个性化教学艺术。只要心中有爱，具备一颗慧心，拥有一片真情，我们会在彰显个性、充满魅力的教学细节中感悟教育真谛。

陈新平

教师简介

陈新平，1962年生，安徽庐江人。安徽师范大学新闻与传播学院教授，硕士生导师，新闻与传播专业硕士学位点负责人，校本科教学督导员，校教授委员会委员。主讲“广告文案写作”“广告经营与管理”“媒介经营与管理”等课程。主持安徽省哲学社会科学规划项目，安徽省教育厅人文社科研究重点项目和省级教学研究重点项目。获安徽师范大学优秀教学奖二等奖。获“安徽师范大学优秀研究生指导教师”称号。

示范课报道

亲身体验话媒体　互动交流授知识

2011年5月11日，我校优秀教学奖二等奖获得者、传媒学院（2015年4月，传媒学院更名为新闻与传播学院，下同）陈新平副教授在花津校区教学楼2040304教室举行了我校本科教学示范观摩课第八次公开课教学活动。校督导团成员，教务处有关人员，新闻与传播学院党委书记胡靖、行政副院长吴杰、院督导组成员以及部分青年教师观摩了此次公开课。

此次公开课的教学内容是“新闻采编业务的两种运作模式及采编业务的量化管理”。陈老师结合当前中国报纸采编业务运作的主要模式，根据自己长期担任报社采编部门主任的亲身体验，向学生们详细讲解了两种不同模式的优缺点、实践中的运行状况以及量化管理办法，不仅让学生掌握了新闻事业管理的知识，也使其了解了如何在新闻工作中趋利避害，更好地参与媒体的管理与被管理工作。

陈老师备课充分认真，教学结构合理、条理清楚；注重对所授内容进行提炼、概括，并鼓励学生们也结合各自在媒体的实习经历参与讨论，充分调动了学生们参与课堂学习的积极性，使学生们能够把教材内容与传媒活动相结合，更好地理解理论知识。陈老师还就学生们关心的采编与记者的分工等进行了详细介绍，从学生角度出发，提醒注意事项，切实为学生考虑。

陈老师的公开课注重理论与实际相结合，强调经验交流，注重启发和引导学生，使得学生在潜移默化中接受理论知识，掌握实践技能。陈老师的公开课对此类公开课起到了示范作用。

教学感言

一、课后反思

报道中所反映的是2011年5月我给2008级新闻学专业讲授“媒介经营与管理”的事。时过境迁，我早已淡忘了当时的备课和教学过程，唯独公开课开始时的一段小插曲让我印象深刻。课前，我打开多媒体和电子课件，可课还没上两三分钟就停电了！面对这一突发状况，中断教学去报修、等供电或是改变教学内容、变更教学进程显然不妥。偶发因素考验的是教师的教学应变能力。我想，没有电教技术辅助同样应该能正常教学。于是，PPT没了——我手写板书，扩音器不响了——我走到学生中，整个教学依然有序推进，直至来电后与电教技术自然衔接。变故突如其来，临阵处变不惊，这得益于我多年来面对过多种不同的教学环境、不同的教学对象和不同的教学形式，教学内容又是自己在业界工作期间深有体会的，加之备课充分，我心里是踏实的。

二、教学感悟

课堂教学的工夫在课外，要以真诚、真实、真知作为站好讲台的根基。真诚是为师的基本态度，要以真诚的乐教之心面对事业，以真诚的爱心面对学生，诚听学生的意见和呼声，尊重学生的需要。真实是传道的价值取向，教学中不能满足于照本宣科，简单地将新闻和广告传播应有的理想状态当作实然，而使学生产生美丽的幻觉，应将真实的业界生态导入教学，让学生对未来职业境况有初步的感知。真知是授业的不懈追求，新闻与传播学科的知识、观念、理论和技术更新很快，而教学大纲和教材相对滞后，教师要敏锐地关注学界和业界的发展状况，大胆扬弃、积极吸收，努力探求真知以优化课堂教学，引领学生学会从课堂、书本、网络和实践等多渠道获取真知。

教学座右铭

真诚、真实、真知是一名从事新闻与传播学科教学者须不断追求的职业境界。

沈正赋

教师简介

沈正赋，1965年生，安徽肥东人。安徽师范大学新闻与传播学院教授，硕士生导师。主讲“报纸编辑学”“新闻采访学”“新闻写作学”“新闻业务专题”等课程。主持国家社科规划重大项目子课题、安徽省哲学社会科学规划项目，安徽省教育厅人文社科研究项目，安徽省教学研究项目，安徽省精品课程“新闻采访学”，安徽省特色专业“新闻学”，安徽省卓越新闻人才培养项目，等。在新闻传播学学术期刊上发表科研论文近百余篇，出版学术专著2部，编写出版教材《新闻采访学基础：理论与方法》《中外新闻经典导读》等。学术专著《突发公共事件报道研究》获2009—2010年度安徽省社会科学文学艺术出版奖（社科类）三等奖。获安徽师范大学优秀教学奖一等奖。

示范课报道

考论是非思新闻　斟酌异同见匠心

2012年6月1日，本科教学观摩（示范）课第十五讲在花津校区教学楼2020101教室举行。本次观摩课由我校优秀教学一等奖获得者、传媒学院副院长沈正赋教授主讲。校督导团成员，教务处有关人员，传媒学院领导、院督导组成员等参加了观摩活动。

此次授课内容是“新闻采访学”。沈老师紧跟新闻传播研究前沿，结合国内外时事、热点，从新闻发布会和记者招待会的定义、区别及其制度的建立与完善三方面循序渐进地讲授。他首先以“what，why，how”和新闻学专业术语“press conference，news release conference，news conference”开场，通过不同版本的定义拓宽学生视野，引导学生对这些专业术语进行思考、比较。他在具体分析时不囿于理论阐述，而是将视频与图片融会其中，旁征博引中外生动实例，从主体、客体、内容和过程四个要素出发层层剖析，生动形象地阐述了新闻发布会和记者招待会的定义，并对二者的联系与区别做了翔实而独到的解读。

沈老师灵活自如地将新闻理论与时事热点紧密结合起来。在阐述理论时，化繁为简，深入浅出，言语凝练而严谨客观。在实例展示与论证中，有理有据，重点突出，见解独到而令人耳目一新。在引导方式上，富有逻辑性和启迪性的提问，启发、诱导学生学思并进，逐层深入。沈老师紧随时事变化，洞悉新闻热点，使用专业、新颖的教学方法，结合时代性、创新性的课题进行教学，为广大师生展示了一堂紧跟时事热点、富有新闻特色的教学观摩公开课。

传媒学院高度重视本次示范课教学观摩活动，课前广泛宣传动员，课后精心组织评议。参加观摩的老师们纷纷对本次观摩课给以高度评价，一致认为此次观摩课不仅展示了沈老师深厚的新闻理论和扎实的新闻业务知识功底，而且生动反映出他对本科生课堂教学方式以及学生学习兴趣培养模式的有效探索。

教学感言

一、课后反思

为了上好这次观摩课，我课前专门做了一些精心的准备工作。首先，我翻阅了国内新闻传播院校的有关教材，主要以中国人民大学和武汉大学新闻学院的教材为蓝本，了解有关学者对新闻发布会和记者招待会这两个概念的界定，发现其中有一些较为模糊的地方。然后，又从网络上搜索并下载了近两年全国“两会”期间和重大突发事件期间，中外有关的新闻发布会和记者招待会经典案例视频资料，进行反复观摩、比较和分析。在此基础上，我又到中国知网上查阅近几年来关于新闻发布会和记者招待会采访的最新研究成果，主要是了解学界和业界对这两个概念的具体阐述和实践运用。由于这两个名词属于舶来品，我最后又对它们的英文“press conference”和“news release conference”进行了对比。至此，我尝试对新闻发布会和记者招待会的定义和区别进行了适当的分析和阐述，力求既吸收了前人的知识和经验，又最大限度地廓清一些尚存的迷雾，在内涵的挖掘和新意的开掘上做点新的学术贡献。虽然这种分析还不是很精当，结论也不是很科学，仍有需要进一步推敲和商榷的地方，但起码能够理顺其中的一些思路和枝蔓，而且理由还较为充足，不是十分牵强，从而拓展了学生思考的空间。

我把这些问题初步梳理清楚以后，再来总结、分析和阐述新闻发布会和记者招待会的概念，两者的区别也就顺理成章、水到渠成了。教师上课时既能娓娓道来、自圆其说，学生听课时又感到较为清晰，便于理解和接受。于是，我在一堂50分钟的课上，分别结合新闻发布会和记者招待会的几段视频，通过边播放、边讲解的方式，一气呵成地把第一节“新闻发布会和记者招待会的概念辨析”和第二节“新闻发布会和记者招待会的区别和联系”依次进行了讲解。这两节的内容又为后面的两节“中外新闻发布制度的历史”和“新闻发布会和记者招待会采访”铺平了道路，扫清了概念上模糊不清、理论上阐述不到位的障碍。课后，我主动收集听课同事和学生们反馈的意见和建议，他们普遍对这种教学方式较为认可和接受，并认为这是一堂“紧跟时事热点，富有新闻特色的教学示范公开课”，实际教学效果较好。这样，我心中悬着的那块石头才安然落地。

二、教学感悟

我结合数十年来的教学经历和这次观摩公开课的教学，有以下几点感悟和体会。

一是认真备好每一节课。有的课程自己虽然已经上了几遍甚至几十遍，但每次上课前最好还是认真、仔细地再备一下，主要根据前一轮上课的反馈情况以及自己的心得体会，有针对性地了解和把握哪些知识需要进一步巩固和强化，哪些知识还需要修订和完善，进而提高教学效果。

二是用心对待每一个知识点。课本上的理论知识大多固化，约定俗成的内容较多，基本上没有争议的地方，因此创新性不足。尤其是吸纳学界和业界最新研究成果不够，这就需要教师及时地了解并合理调整、补充相关新知识、新材料、新观点、新方法、新手段，不搞掉书袋式的刻板教学。

三是科学地、系统地、协调地处理好一门课程的内容体系和结构。课程或教材中的每一章、每一节内容之间实际上都有系统性和逻辑性的关系，相互之间不能轻易地撕裂或割裂，否则就缺乏整体性和框架性，教师在上课时就要能够处理好前后、上下、彼此之间的关系，不能出现前后矛盾，不能相互抵牾，更不能出现常识性错误。还要注意各门课程之间的衔接和协调，不能简单重复，而要相互印证，互为因果。

四是让专业课堂成为既是传授知识又是科学研究的集合平台。如何教学是一门学问，但有些人却片面理解它，把它与科学研究对立起来。作为高校教师，一定要把问题意识、研究意识带入教学中。教学绝不仅仅是教与学，更是深层次上的钻和研。我个人的感悟是，自己的一些科研选题大多来源于平时的备课和课堂上讲课的灵感，再辅之以课后的深入思考，教学和科研完全是可以做到一体化的。我认为，在教学中能够把自己的科研成果适当地、有机地融入教学之中，一定会吸引学生的注意力，提高学生对课堂和课程的关注度，甚至包括学生对教师为学为人的认可与信赖。有质量、有水平、有个性的教学一定会受到学生的青睐，否则被学生轰下讲台就成为早晚的事了。

教学座右铭

教学和科研相当于一枚硬币的正反两面，相得益彰、共生共荣、彼此相守，建构和演绎起教学相长的课堂交响乐、知识共同体。

张泉泉

教师简介

张泉泉，1975年生，安徽濉溪人。安徽师范大学新闻与传播学院副教授。主要研究新闻传播理论、媒介文化等。主讲“新闻学概论”“传播学概论”“深度报道采制”“影视文学研究”“艺术与人生”等课程。获安徽师范大学校级优秀教学奖二等奖（2011），获“安徽师范大学文学院最受学生欢迎的青年教师”（2008、2009）称号。

示范课报道

泉水叮咚连妙语　细雨淅沥润心田

2012年11月7日，我校本科教学观摩课第九讲在花津校区教学楼2070501教室举行。我校优秀教学二等奖获得者、传媒学院张泉泉老师从新闻事实出发，以简洁、明快的语言生动诠释了“新闻学概论”中的“理解媒介”一节，力图将晦涩的知识平易化。校督导团成员，教务处相关人员，新闻与传播学院领导、院督导组成员与部分青年教师及学生等参加了此次观摩活动。

张老师首先检查了该门课由学生独立完成的固定栏目“新闻评说”。适逢记者节到来，学生们通过文字讲解、图片展示、视频采访等多种形式，表达了对记者职业和现实处境的观察与思考，进一步明确其今后的职业方向与职业理想。张老师对本期活动进行了简短点评，鼓励学生在勇气、胸怀和智慧等方面夯实自我，坚定信念。

张老师以“争议性”为关注焦点，从加拿大著名传播学家麦克卢汉生平及业界对其评价的两极分化为突破口，对麦克卢汉的主要媒介理论命题“媒介即人体的延伸”“媒介即讯息”“冷热媒介”和“地球村”等进行了充分介绍。在延伸阅读和思考部分，张老师简要讲述了“后视镜”理论和“媒介四定律”，介绍了学界对麦克卢汉理论的最新研究成果，希望学生们延伸对媒介理论的相关思考，回到原点展开阅读，揭示云遮雾罩的路径，到达理解的彼岸。

张老师在评述时，不时引用网络流行语丰富表达方式，在活跃的气氛中与学生交流沟通，并借用大家熟知的个案对同类型案例进行比较分析，如麦克卢汉和乔布斯的相似影响力。张老师的教学语言简洁明了，具有感染力和情境性，尤其是遣词造句颇为优美、流畅，教学内容安排恰到好处，对多媒体的有效使用优化了教学效果。

传媒学院课后精心组织了评议活动。校督导团老师认为这是一堂非常成功的观摩课，不仅展示了张老师深厚的新闻理论和扎实的新闻业务功底，而且生动反映出她对本科生课堂教学方式以及学生学习兴趣培养模式的有效探索。若能将课外活动与课堂知识更好地衔接起来，打造课内外知识一体化的课程结构则效果更佳。

教学感言

一、有限与无限

我是2003年转岗担任专业教师的，回顾这段不长也不短的教书生涯，在感叹时光飞逝、惭愧努力不够的同时，发现自己还真的有些感悟，就以“有限与无限”为标题来谈谈我的感悟吧！

二、水平有限，真诚无限

朱光潜先生说过：“教育以情谊为基础。”每在一个新的班级开始上课，我都会精心准备开场白；每上完一学期的一门课，我在跟学生说再见的时候，常常会表达三层意思：总结、感谢与祝福。作为一个在乎学生的老师，一个在乎受众的传播者，我重视来自学生的反馈，珍惜与学生的交流。

我常常用“水平有限，真诚无限”总结自己的教学态度，水平有限是实话实说，真诚无限也没有夸大其词。我像身边很多同行一样，发自内心地爱我的学生们。尽量记住每一位同学的名字，珍藏每一份点名册，认真回答同学们的每一次提问。一个学期的课程讲授是漫长、艰苦的，春去秋来，寒来暑往，记忆中留下的却总是欢乐的瞬间，单纯而美好的过往。教学相长，“80后”“90后”的学生们在有些方面是我的老师，尤其是新闻专业的学生，思想活跃、个性鲜明，在与他们的相处中我也收获多多。敞开心扉，真诚相待，亦师亦友，其乐融融。

三、内容有限，思考无限

我特别赞同我的硕士生导师——文学院陈文忠老师的观点：人文学科的课堂上主要不是讲知识，而是讲智慧；学生听课的三要点：一是听知识，二是听思想，三是听方法。所以，教师要努力为学生提供新知识、新思想和新方法，如此想来，身为一名普通教师的使命感与责任感就更加强烈。

课堂讲授的内容是有限的，但引发学生的思考是无限的。在这个有限与无限之间，大有天地、大有可为，也大不容易。我希望在我的教学中，不仅让学生掌握新闻学、传播学的基础理论知识，更能明晰对所学专业的认识，找寻属于自己的精神家园。

我曾经受到这样的教学反馈："'大众传播学'的张泉泉老师的课堂内容丰富多彩，与传播、新闻密切相关。将不易理解、吸收的理论变得生动，易于接受。张老师自身的人格魅力很强，她的人文关怀深受大家喜爱。大家一致认为从一个新的角度向我们介绍、诠释了这个信息世界，大家都在不自觉与自觉中思考着自我与外界与他人的信息联系。"这其中当然有溢美之词，但这的确是我努力的方向，很欣慰学生们感受到了，并鼓励我继续前行。

四、时空有限，互动无限

我所讲授的课程都是"概论"类的课程，一般学生在上课之前都认为这样的课堂一定是枯燥的，但是学生们课后对我的评价往往是有趣、生动，不那么枯燥。我在"概论"类的课程教学中一直比较重视采用案例教学法、互动教学法等调动学生兴趣，活跃课堂气氛，拓展"概论"课有限的时间及教室有限的空间，努力营造出对学生有吸引力、说服力、感染力的课堂。

新闻传播专业的教学特别需要与时俱进，尤其是在案例补充方面，如果每次都讲"陈年旧事"，不仅学生不了解，也很难产生兴趣，教学效果较差。在这几年的教学实践中，我特别自创了"图说新闻""以图传播"等环节，分别在两门课上运用。主要搜集最新热点新闻，解读媒体案例，在这个读图时代以图片为主制作PPT，偶尔配以少量视频等与学生分享。经过几年摸索，我尽量做到主题式、板块化，"软硬兼施、内外兼顾"（指硬新闻、软新闻，国内、国外新闻均有涉及），多种声音、述评结合。这个环节的讲授时间并不长，备课量很大，会占据我很多时间，但教学效果较好，学生较为欢迎，在对当下新闻、新鲜案例的解读中，学生兴趣浓厚，也有助于对相关理论知识的深入理解。

每年给大一新生上"新闻学概论"时，我组织全体学生参与"热点新闻评说"活动，要求以寝室为单位，选择热点新闻进行评说，自己动手制作PPT，鼓励表达方式丰富多样、有创意。几年来，这个活动一直受到学生欢迎，学生参与积极性高，我也积累了一定的经验。这样的教学设计对于一年级学生尽快树立专业意识、找到角色感，培养关注新闻、解读新闻的习惯是有益的。

在新媒体风起云涌、媒介技术迅猛发展的背景下，全媒体时代的到来对新闻传播的理论教学提出更高要求。让理论活起来，让课堂活起来，真正做到以教师为主导、以学生为主体，培养跨媒体融合型人才，新闻传播专业的理论教学任重而道远。

对于本科教学工作，我常常怀有敬畏之心，在讲台上站得越久，这种感觉越强烈。教学方面投入时间多、精力大，而教学要求严格，教学质量评价标准高，也可算是：投入无限、产出有限。但有限的产量正可以激发无限的创造力，体现出教师燃烧自己照亮他人的职业精神。

年复一年，时光荏苒，压力不减反增。未来，在三尺讲台有限又无限的天地里，我如何更好地行走，更好地发出声音，还有很多书等着我去读，很多事等着我去做。

教学座右铭

教育以情谊为基础。

马 梅

教师简介

马梅，1976年生，安徽合肥人。安徽师范大学新闻与传播学院教授，硕士生导师，传播学硕士点负责人。主讲“广播电视新闻基础”“广播电视主持”“纪录片研究”“全媒体采编实训”等课程。主持安徽省振兴计划重大教改项目“部校共建体制下卓越新闻传播人才培养模式改革与创新”。出版专著《广播电视新闻学教程》《广播电视广告概论》《中国农业电视传播发展研究》。获安徽师范大学优秀教学奖三等奖（2010），安徽师范大学优秀教学奖二等奖（2012）。获“安徽师范大学教坛新秀”（2011）称号。

示范课报道

言传身教演播报　师生互动赢好评

2013年5月28日，我校本科教学示范观摩课第八讲在花津校区教学楼2070501教室举行。新闻与传播学院马梅教授通过理论阐发与师生互动相结合，生动地讲述了“广播电视主持人”中“消息播报”这一节内容。校督导团、教务处相关人员，新闻与传播学院部分中青年教师及2011级新闻学专业全体学生参加了此次观摩活动。

课上，马老师以近期新闻热点为切入点，详细介绍了“消息播报”的概念以及影响播报样式、风格的因素。马老师在讲解中引入“安徽新闻联播”“每日文娱播报”等节目视频，使同学们更清晰地了解消息播报的特点。随后，她还请同学们走上讲台进行即兴消息播报，并对大家的表现给予点评。最后，马老师亲自示范消息播读，她细腻的情感与清晰的吐字赢得了同学们的阵阵掌声。2011级新闻学专业的周佳同学课后这样说道：“走上讲台就像真的当了一次主持人，比起枯燥的理论讲解，我们更加喜欢这种互动的学习方式。”

在课后评议过程中，校督导团高度肯定了马老师的教学方式，认为马老师将课堂学习与课堂实践相结合，取得了突出的教学效果。师生之间的良好互动在增添了同学们学习兴趣的同时，更丰富了课堂内容，有助于同学们更好地理解和消化课堂知识，值得广大青年教师学习和借鉴。

教学感言

一、课后反思

“广播电视主持人”这门课是一门理论与实践并重的课程，开设目的是培养、锻炼新闻学专业学生在公众面前、镜头前的口头表达能力，为学生们将来在新闻媒体任职出镜记者、或在各种信息传播工作中承担口语传播工作做准备。而新闻学专业低年级学生的实际情况是，他们普遍爱采访写稿，却不愿、不敢在公开场合面向公众说话，或虽然愿意但不能够在公众面前自如地、专业地说话，不能够专业、有效地进行口语传播。

因此，我的课堂教学方式主要是先和学生一起解剖新闻节目中的记者口语传播案例，吃透技能要点，厘清其背后的新闻传播理论，然后和部分优秀学生进行现场示范，示范之后让学生们轮流进行口语传播环节的现场课堂练习。这样逼迫学生必须抛弃掉胆怯、害羞等心理，逐渐自信、大胆、专业地说话，专业地进行现场报道、现场主持的课堂模拟。在时间安排上，考虑到学生成长的心理特征，在课程初期，以我的示范、优秀学生的现场练习、现场播读短小稿件、朗诵一两段等形式为主；在课程进行到三分之一时间之后，就安排学生分成4—6人的小组，每次课上1—2组进行现场主持练习，在练习的同时进行现场摄像、录像，练习后进行点评。在课程考核方式上，我加大平时练习的分值比重，并过渡到以现场抽题进行模拟主持为主要方式。实践证明，最终学生们都获得了长足的进步，越来越多的学生进入媒体做出镜记者，更多学生成为了兼具文字、口语、音视频表达能力的复合型新闻传播人才。

二、教学感悟

德国哲学家雅斯贝尔斯说：“真正的教育是一棵树摇动另一棵树，一朵云推动另一朵云，一个灵魂唤醒另一个灵魂。”辩证唯物主义认为，外因终究要通过内因起作用。我们还常说，授之以鱼不如授之以渔。又有人说，大一时学习的知识可能到大三时就淘汰了。

综上，我常常想，本科教学可能更多的不是知识灌输，而应是方法的传授、人格的陶冶。教学是要让学生学会学习，学会自主学习、终身学习，让他们在一个学习的环境中学习。教学是让学生在离开了老师、学校之后，仍有学习的冲动和能力。教学是让学生离开了教师、教室、学校多年之后，仍深深地怀念老师的人格魅力、情感的深沉，仍爱着他的老师和学校。

那么，我们必须在教学理念、教学模式、教学方法、课程考核方式、学生评价体系、教师评价体系等方面进行转变。为此，我们认为应给学生布置各种形式的实践性作业、探索性作业，让他去查资料、想办法、自主学习、在相互帮助中学习；大量运用小组联合作业的形式，让他们自由组合团队完成媒介作品，在完成项目的过程中，遇到问题自己想办法解决问题，同时也提高了团队合作能力、沟通能力、责任意识。我们应该重视和学生之间的情感联系，无论课上课下，做他们的学习导师，更要做成长导师。我认为，所有教师都要满心地爱学生，不断地学习、成长，不断地提升，努力做有理想信念、有道德情操、有扎实学识、有仁爱之心的教师。我们应特别重视暑期社会实践、社会考察、专业采风，让学生在团队协作中、在现场、在人民群众和活生生的现实现场，去体验，去感受，去了解国计民生，去形成人民情怀、人文精神，去更深地理解课堂上的知识与理论，将理论与实践真正地结合起来。

教学座右铭

爱每一个学生，为每一个学生，做最好的自己。

袁立庠

教师简介

袁立庠，1957年生，安徽宣城人。安徽师范大学新闻与传播学院教授。主讲“写作”“应用写作”“秘书写作”“新闻写作”“大众传播学”“传播学”等课程。主持“构建适应21世纪网络新闻传播人才培养模式”等省部级教研项目。主编、参编《现代写作学》《中学作文教学法》《学习通过写作》《写作学教程》《秘书实务》等教材。获“安徽师范大学教学名师”（2014）称号。

示范课报道

妙语连珠谈把关　博喻广解述传播

2014年11月5日，我校本科教学示范观摩课第三讲在花津校区教学楼2070501教室举行。校教学名师、新闻与传播学院袁立庠教授凭借深厚的专业知识和丰富的肢体语言给大家带来了一堂生动有趣的“‘把关人’理论及其运用——传播学控制分析领域最具科学性的理论之一”。校纪委书记程度，校督导团、教务处、新闻与传播学院有关领导，院督导组及部分中青年教师参加了此次观摩活动。

上课伊始，袁老师与同学们从上节课的问题切入，自然引入新课程——“把关人”理论及其运用。袁老师从六个方面着手，解析了“把关人”理论在大众传播领域的发展和研究。他将理论分析和实际案例相结合，讲述了不同制度媒体对于同一新闻事件的把关，还挖掘了信息环境和客观环境的区别与距离。课上，袁老师有意识地培养学生的新闻业务意识，告诉学生，在今后走上实习、工作岗位时要充分利用“把关人”理论，挖掘更好的、更有价值的选题，从而将更多的好文章呈现在媒体上。

袁老师将多媒体教学和板书良好结合，用PPT呈现知识点，同时板书重点内容并着重解释。这样，既有助于学生对课堂内容的理解，又可以让学生厘清所学知识的重难点。此外，袁老师结合新闻专业特色，注重采用多类型新闻事件和稿件，深入浅出地帮助学生理解乏味的理论知识。袁老师的教学方法独特，不仅严谨、专业、深入，也符合当代大学生灵活、生动的课堂氛围。

示范观摩课后，校督导团给予此次示范观摩课高度肯定，认为袁老师随着课程的开展越来越精彩，渐入佳境；理论逻辑性强，能够理论联系实际，结合生动的实例深入浅出地剖析知识点，不愧为教学名师。随后，学院也精心组织了评议活动，大家一致认为本次观摩课内容精彩、形式灵活、课堂互动好，是一次成功的示范观摩课。青年教师们也表示在本次示范课中获得很多启发，学到很多的教学方法和技能。

教学感言

一、课后反思

我觉得一个老师应该把每一节课都当作公开课来上。当全国掀起一浪又一浪大学升级的高潮，综合性大学、研究性大学成了高校建设的共同目标，教学在不少教师心目中已然不再那么崇高和神圣，科研占据着大学绝对的主导位置。有鉴于此，学校开展观摩教学活动无疑具有一种引领示范的导向作用。

要上好一堂观摩课，我以为主要是做好内容与形式的完美结合，就是教什么和怎么教的问题。必须重点突出、难点明确。讲解的过程要逻辑清晰，主次分明；理论阐释要深入浅出，举重若轻，密切联系实际，举例精当；语言力求简洁生动，风趣幽默。当然，吐字清晰、声音洪亮、语速适中、互动默契、充满激情等综合教学素养和教法技巧的运用也必须浑然天成。

二、教学感悟

从做教师的第一天起，我就恪守“教书比天大”的信条，对教学充满着敬畏之心。为了上好每节课，我会查阅大量资料，关注学科发展的最新动态，课前总是思考：什么样的知识值得学习？怎样教学才能培养学生的综合能力？如何提出开放性问题，形成全局性理解？力求做到因为我的上课而使课堂成为学生最向往、最幸福的空间之一。在传授知识的同时，我思考最多的是如何教会学生做人。《汉书·礼乐志》云：“古之王者莫不以教化为大务，立大学以教于国，设庠序以化于邑。”古人尚且尊崇以教化为大务、立大学以教于国，作为信息时代的大学老师，必须明确以教化学生为己任，教书育人，以独特的人格魅力、高尚的师德和渊博的学识，给学生以博爱与智慧的熏陶，把对学术、对人生的真诚传递给每一个聆听者，使自己不仅是一个知识的传播者，也是学生的精神导师。

教学座右铭

“一个人遇到好老师是人生的幸运”，愿我的学生因我而幸运是我毕生的追求。

理科篇

李汪根

教师简介

李汪根，1973年生，安徽太湖人。安徽师范大学数学计算机科学学院教授，博士，硕士生导师。主要研究计算机科学与技术。主讲“面向对象程序设计”“人工智能基础”“计算机科学与技术导论”等课程。

示范课报道

育人有方　智能启慧

2010年12月13日，数学计算机科学学院副教授李汪根在花津校区教学楼2030202教室举行“人工智能基础”公开课教学活动。校督导团成员，教务处有关人员，院督导组成员、院教学副院长和部分青年教师代表观摩了此次公开课。

此次公开课教学内容是“示例学习”。李老师以板书图例的方式进行复习，运用案例导入新课内容。在教学过程中采用启发式等教学方法，深入浅出地介绍归纳学习的基本概念、示例学习的基本策略、决策树构造法，教学结构完整。

李老师针对课程特点，娴熟运用多媒体辅助教学，授课中轻松驾驭课件，引导学生在课本、课堂和课件间有效地切换，注意培养学生逻辑推理能力，环环相扣的案例分析过程将学生注意力集中到课堂中来，潜移默化中带动学生的学习能力向广度和深度发展。教学内容和素材体现专业教学特点，引用事例新颖，颇具说服力。

教学示范公开课集优秀教学资源之大成，以不同的教学内容为载体，目的是为了提升课堂教学质量，讨论教学规律，研究教学方法，推广教学经验的一种教学组织形式，也是教师自我提高的重要途径之一。本学期本科课堂教学优秀教师系列公开课活动安排紧凑，基本上达到了预期效果，加强了教师之间的相互交流，而且增进了学校教学研究的氛围，对教学工作和教学质量的提高起到了积极的指导作用。

教学感言

教师的本职工作就是教学，只有站稳讲台才能无愧于这个神圣的职业。我从教20余年来，在各位同人的帮助和关心下，对教学工作有了些许感悟。

一是认真备课。课堂就是舞台，教学就是表演，而演员不仅有教师而且应该有学生。每一堂课，只有认真准备才能取得良好的教学效果。以“面向对象程序设计”为例，虽然讲授过很多遍，但每次课前我都会认真备课，大到教学过程的设想，小到每个案例的设计，我都会仔细思考。例如在设计程序案例时，我会考虑这个案例和知识点之间关系的充分必要性，每一个案例也都会在计算机上调试通过。

二是注重学生能力培养。知识只有转化为能力才会变为现实的生产力，才会有价值。计算机专业是计算机硬件与软件相结合、面向系统、侧重应用的宽口径专业，特别是在“互联网+”时代，知识迅速膨胀与更新，需要传授给学生的东西越来越多。在教学过程中，我会有意识地指导学生的学习方法。以“面向对象程序设计”为例，这门课程是一年级的基础课，上机环境是Windows平台，我会鼓励和帮助同学们搭建Linux环境，并鼓励同学们在手机上编程实践。

教学座右铭

授人以鱼不如授人以渔。

束立生

教师简介

束立生，1955年生，安徽舒城人。安徽师范大学数学计算机科学学院教授，博士，硕士生导师。主要研究调和分析及其应用。主讲“数学分析”“实变函数”“复变函数”“泛函分析”等课程。获安徽省教学成果奖一等奖，安徽师范大学优秀教学奖特等奖（2012），安徽师范大学卓越教学贡献奖（2015）。获“安徽师范大学教学名师”（2013），“安徽省教学名师”（2013）称号。

示范课报道

数字串起教学果　公式叠成育人峰

2012年10月19日，花津校区教学楼2070401教室座无虚席，我校2011年本科教学公开课第十九讲暨本学期示范课第一讲在此拉开序幕。本讲由省级特色专业负责人，我校数学计算机科学学院束立生教授为学生讲授“数列极限存在的条件”。校督导团理科组成员，教务处有关领导，数学计算机科学学院领导、院督导组成员及部分教师观摩了此次示范公开课。

束老师通过问题导入将新旧知识进行巧妙衔接，使教学活动连贯而顺理成章。整个教学组织安排重点突出，详略得当，概念介绍详尽、定理证明严谨。教学过程中，束老师运用多种方法激发学生的求知欲望，引导学生自主参与智力的探索，帮助学生打开思路，完成知识的理解与掌握。课余，束老师还留有适量的作业供学生进一步思考学习。整堂课气氛活跃，同学们在愉悦、轻松的氛围中掌握了“枯燥”的数学理论知识，增强了数学学习的情感，提高了数学学习的价值认识。

束老师严谨的逻辑思维和丰富的教学经验给观摩的领导、老师留下了深刻印象。他教学思路清晰，过程自然流畅，各教学环节安排科学合理，显示出极强的课堂驾驭能力。特别值得一提的是，束老师的课堂板书规范、整洁、美观、清晰，四块黑板的内容与教学内容完全吻合，给广大的教师尤其是青年教师在板书设计上树立了榜样。

据悉，今年我校所有示范公开课都将全程录像，教务处将在其网页开辟专门空间将视屏上传，供广大的教师观摩学习，在展现我校优秀教师教学风采的同时，发挥名师的示范引领作用。此举必将对我校青年教师业务水平的提高，我校教育教学质量的整体提升产生积极的影响。

教学感言

一、课后反思

此次示范课内容是“数学分析”课程中数列极限一章中理论性部分——数列极限存在的条件，着重介绍实数理论中三个重要的定理，示范课为3课时中第一节。依据数列极限的教学内容，自然会产生以下两个问题：存在问题和计算问题。然而很多数列的极限值难以观察出，有的甚至难以求出，因此解决问题的根本办法是从数列本身的特性进行判断，由此导入新课：单调有界定理以及在判断某些数列收敛中的应用之例。课中主要采用分析导入方式进行，运用形象化语言介绍单调有界定理，并给出一个重要极限，为下面的学习做好准备，取得了较好的效果。

二、教学感悟

乐教敬业和乐教勤业是我三十多年教学工作的感悟。作为教师，要做到“学高为师、身正为范”，这要求教师乐教敬业，才能不断创新，不断探索，不断攀登。作为教师，只有乐教勤业才能自觉、不断地完善自我，才能在教育活动中有所收获。作为教师，应善待每一位学生，引导学生到认真学习，积极向上的轨道上，要认真、负责地上好每一节课。

教学座右铭

在教育教学的过程中，我体会着教书育人带给我的乐趣，讲台是展示个人才能的舞台。

孙国正

教师简介

孙国正，1962年生，安徽南陵人。安徽师范大学数学计算机科学学院教授，硕士生导师。主要研究基础数学。主讲“数学分析”“高等数学”“实变函数”“拓扑学”“泛函分析”等课程。主编《高等数学》《微积分》《线性代数》等七部教材。获安徽省教学成果奖一等奖。获“安徽省教育系统师德医德先进个人”“安徽师范大学教学名师”“安徽省教学名师”等称号。

示范课报道

循序渐进重严谨　深入浅出促提升

2012年4月28日，在花津校区教学楼2070501教室，本学期本科教学观摩课（示范课）第七讲迎来了全国数学教育研究会常务理事、安徽省数学会副理事长、安徽省教学成果省级一等奖获得者、安徽师范大学教学名师、数学计算机科学学院孙国正教授。校党委书记顾家山，校纪委书记程度，校督导团理科组成员，教务处和学生处有关人员，数计学院领导、院督导组成员，美国密西根大学来访教授肖益民及学校部分中青年教师等观摩了此次公开课。

此次授课内容是“拓扑学”中的“分离性公理”。孙老师近三十年教学、科研积淀的专业学识和教学经验使得他的授课内容源于教材而高于教材，做到了完全脱稿讲课。他首先充分交代了理论产生的背景，运用启发式教学十分自然地导入正题。授课内容逻辑性极强，推理严密流畅，例题经典恰当，语言简洁、清晰，语调抑扬顿挫，极具穿透力，板书规范、美观，通过设问、引导、推理等方式保持与学生的积极互动，课堂气氛活跃、轻松，注意挖掘数学知识中所蕴含的思想方法，注重培养学生解决问题的能力。

观摩课结束后，校院两级督导专家、数学计算机科学学院领导及所有听课教师参加教学评议活动。大家高度肯定了孙老师的教学水平和教学方法，希望广大青年教师虚心学习孙老师严谨乐教的敬业精神。青年教师们也纷纷表示，通过观摩孙老师的公开课，深受启发，受益匪浅。据悉，数学计算机科学学院结合学校开展的教学公开课、示范观摩课活动，认真组织了学院的相关教学活动，多措并举，力促青年教师尽快过好教学关，成为业务过硬的好教师。

教学感言

一、课后反思

示范课内容是“拓扑学”课程中的第六章第一节“T0空间，T1空间，Housdorff空间”。这是一节新概念课，其中的内容非常抽象，且与前面的内容之间有较大的跨度，直接讲授的话，学生难以理解。我针对教学内容的特点，认为这节课的重点就是做好新旧内容之间的衔接。为此，我首先对拓扑学的研究对象——拓扑空间进行细致、深入分析，从中可以发现拓扑空间概念极其抽象、高度概括，其涵盖的对象范围过于宽泛，无法进行一般性研究。因此，无论是从理论研究还是实际需要来看，不能只停留于研究一般的拓扑空间，应当对一些特殊类型的拓扑空间做进一步的研究。这样就比较自然地导入具有某种分离性拓扑空间类的研究，使得学生能够真正认识到新概念引入的必要性和重要性，从而达到真正理解、接受新知识的目的。此外，我在教学设计和课堂教学实施过程中，始终坚持以学生为本的理念，从学生的学情出发开展教学活动。我通过设计适于学生讨论的问题，引发学生深入思考、自主探究、自主发现，激发学生学习的积极性和主动性。从课堂讨论、交流看，不少学生能够积极参与讨论，并且能提出新的问题，发现新的结论。

二、教学感悟

教学不仅要传授知识、培养能力，更重要的是育人，是引导、帮助学生成长。因此，应将育人的理念贯穿于教学的全过程。首先要关爱学生，关心每一个学生的成长、进步，努力成为学生的良师益友。其次，要刻苦钻研，努力提高教书育人的能力和水平。要对所授学科有深入的研究，深刻的思考和透彻的理解，把握学科知识灵魂及思想方法；要掌握教育学、心理学、教学论等方面的理论，了解学生的个性特点，遵循学生成长规律和教育教学规律，不断改进教育教学方法，对学生进行科学有效的教育。教师不仅要注重言传，更要注重身教，要自觉加强师德修养，用自己的人格影响学生、感化学生，使学生的身心健康地成长，使学生成为全面发展、和谐发展的创新型人才。

刘树德

教师简介

刘树德，1953年生，安徽怀宁人。安徽师范大学数学计算机科学学院教授，硕士生导师。主讲“常微分方程”“数学物理方程”“高等数学”“工程数学”“数学物理方法”等课程。获安徽师范大学“皖泰杯”教学优秀奖（1998），安徽师范大学示范课教学优秀奖（2013）。

示范课报道

缜密严谨细推理　精邃翔实深探求

2012年12月3日，本学期校本科教学观摩课第十六讲在赭山校区教学楼1509教室举行。“皖泰杯”教学奖获得者、数学计算机科学学院刘树德教授用准确精练、风趣幽默的语言为观摩师生精彩演绎了数学知识的严谨与深奥。校纪委书记程度，校督导团理科组成员，教务处领导，数计学院领导、院督导组成员和学院部分中青年教师观摩了此次公开课。

此次授课内容是“高等数学I”中的“不定积分换元法”。刘老师借助案例导入新课，授课内容逻辑性极强，推理严密、流畅，例题经典丰富，解题技巧多样，在教知识、教方法的基础上达到了教思想的境界。他积淀深厚的专业学识和教学经验使得他的授课内容源于教材而高于教材，做到了完全脱稿讲课。

刘老师讲授时激情洋溢，语言简洁、清晰，极具感染力，板书规范、美观。刘老师注意通过引导、提问、学生板书解题等方式保持与学生的积极互动，课堂气氛活跃，学生们始终保持高度的注意力和强烈的求知欲。聆听本次观摩课的广大师生对此次公开示范课交口称赞。

观摩课结束后，数学计算机科学学院组织了由校院两级督导专家、学院领导及所有听课教师参加的示范课评议活动。校督导团高度肯定了刘老师的教学水平和教学方法，希望广大青年教师虚心学习他严谨、乐教的敬业精神。青年教师们纷纷表示，通过观摩刘老师的本次示范课受益匪浅，将在今后的教学实践过程中借鉴名师们的优秀教学方法和教学技能。

教学感言

华罗庚先生曾提倡读书要“从薄到厚”，然后再“从厚到薄”。其实教书也一样，执教一门课程，从学期开始到结束，是学问和经验不断积累、不断升华的过程——从薄到厚，再从厚到薄，两个环节一个也不能少。

记得我第一次开讲一门新课程的时候做足了准备：基本概念和原理以及课程的重、难点心知肚明，授课内容背得滚瓜烂熟，因此我信心满满。上课伊始，我连珠炮般讲演，口若悬河，滔滔不绝。结果学生吃不消了，一个个地感觉“消化不良”。渐渐地我体会到，讲授一门课程不同于赶路，以为一鼓作气走到目的地就行了。讲课不能一味地形式上从薄到厚，而要做到循序渐进。成功的教学活动应该是学生的感觉和智慧伴随教学进程一点点被激活，随之又反过来激活教师新的感觉和智慧。这种循环往复地相互被激活的感觉和智慧“教”懂了学生，也“教”会了自己。随着联系到的内容越来越多，课程也就渐渐变“厚”了。

从薄到厚是钻进去理解知识，从厚到薄则需要跳出来登高俯览。

随着知识的积累，得把零散的知识点有机地联系起来形成完整的知识体系；需要横向联系，围绕课程内容广泛阅读，涉猎相关信息，开阔视野；应不断地、阶段性地总结、反思，把所展开的基本概念与理论，重、难点内容重新做一次系统性的归纳，融入自己的思考，提炼出新意，并用自己的话说出来，言简意赅；还要打破教材原来的知识体系，按照某种标准进行综合、整理、提炼、升华……

例如，在讲授“常微分方程”这门课程时，我明显感到，即使是一阶微分方程，依然出现多种类型，多种解法，初学者很难掌握。于是，我们抓住“判定”与“求解”两个关键词，打破了教材原来的知识体系，将一阶微分方程写成两种形式：导数形式与微分形式。

导数形式的方程用变量代换法求解，通常以变量分离方程和一阶线性方程为两种基本类型；微分形式的方程用积分因子法求解，以全微分方程为基本类型，并且这两种方法是可以相互转化的。

于是，只要记住“一、二、二、三”，即一阶微分方程、两种形式、两种解法、三个基本方程，在熟练掌握三个基本方程的求解方法的基础上，再辅以适当的变形和变量代换，同学们求解一阶微分方程就会感到得心应手，运用自如。

教学座右铭

从薄到厚，再从厚到薄，教书与读书是一样一样的。

何宗祥

教师简介

何宗祥，1964年生，安徽贵池人。安徽师范大学数学计算机科学学院副教授，硕士生导师，高等数学教学部主任。主要研究泛函分析及其应用。主讲“微积分”“高等数学”“工程数学”“数学分析”“实变函数”“泛函分析”等课程。获安徽省教学成果奖一等奖。获“安徽师范大学教学名师”（2014）称号。

示范课报道

严谨求实显原理　精确独特释真知

2013年3月22日，本学期校本科教学观摩课第一讲在花津校区教学楼2070501教室举行。安徽省教学成果一等奖获得者、数学计算机科学学院何宗祥副教授用严谨精确的语言为观摩师生演绎了一堂精彩纷呈的数学课。校督导团相关成员、教务处有关领导、数学计算机科学学院领导、院督导组成员和学院部分中青年教师观摩了此次公开课。

此次授课内容是《数学分析Ⅳ》课程中的“含参量积分”。何宗祥老师展现了近三十年积淀的专业基础和教学经验，授课内容源于教材而高于教材，分析推理清晰严密，教学内容和教学时间安排得恰如其分。在整个教学过程中，何老师教态优雅自然，语言简洁明了，富有穿透力与感染力的语音提高了学生参与课堂的积极性，使课堂气氛严肃而活跃，充分体现了何老师高超的教学艺术性。

观摩课结束后，数学计算机科学学院组织督导专家、学院领导及听课教师对示范课进行了评议。督导团专家认真总结了此次观摩课活动，高度肯定了何宗祥老师的教学水平和方法，称整个教学过程宛如一首交响曲，并希望广大青年教师虚心向何老师学习，传承发扬数学计算机科学学院优良的教学传统，努力提高教学素养和教学水平。青年教师们也纷纷表示，何老师的示范课使自己深受启发，受益匪浅。

教学感言

一、课后反思

此次示范课内容是“数学分析Ⅳ”课程中的“含参量正常积分”。我用10分钟时间复习了上一节课引入的含参量正常积分的概念，注重引导学生从几何直观上加深对这一新的表达函数概念的方式的理解和认识；用25分钟时间，对这一类新形式的函数讨论其初等性质，着重分析含参量正常积分的分析性质，这实际上是积分运算与极限运算、微分运算和积分运算可交换性的表现。讲解时，应强调一致连续性在证明交换性命题过程中的重要性，为下一节课证明含参量非正常积分的交换性命题做前期准备。整个过程着眼于培养学生逻辑的严谨性、思维的连续性和表达的完整性；介绍利用含参量正常积分的分析性质对不便于直接使用微积分学基本定理来计算的定积分进行处理的基本方法和技巧。

二、教学感悟

教师应花精力去琢磨两个问题：一是如何实现自己懂—透—能够讲—学生能够理解和掌握？二是学生应该学到那些知识？如何让学生学到这些知识？

立于三尺讲台上的教师，要明白社会和学生需要我们的“匠心”，我们不仅要有“匠心”，而且要修炼好自己的“匠心”，还要乐于献出我们的匠心。

教师是勤勤恳恳工作，努力完成教学任务的职业；教育是勇于不断进取，乐于随时献身的事业。在教育这条路上，我们教师要不断探索，追求完美的艺术。

汤 敏

教师简介

汤敏，1977年生，安徽六安人。安徽师范大学数学计算机科学学院教授，博士，硕士生导师，数学计算机科学学院副院长。主要研究组合数论。主讲“高等代数”“线性代数”“近世代数”“初等数论”“现代数论基础”“加法数论”“数论中的基本方法”等课程。主持国家自然科学基金项目3项，安徽省自然科学基金项目1项，在国内外学术期刊上发表论文50余篇。获安徽省教学成果奖三等奖，霍英东教育基金会高校青年教师奖。获“安徽省学术和技术带头人”称号。

示范课报道

设疑解惑巧引入　严谨精确剖深理

2014年3月27日，本学期校本科教学示范观摩课第三讲在花津校区教学楼2070501录播教室举行。霍英东教育基金会高校青年教师奖、安徽省教学成果三等奖、安徽省学术和技术带头人、校级教坛新秀、数学计算机科学学院汤敏教授凭借精深的专业知识，精湛的教学技能，饱满的教学状态，简洁、生动的教学语言为观摩师生讲授了“初等数论”中“同余的概念及其基本性质”这一内容。校督导团、教务处有关人员，数计学院领导、院督导组、院各系主任、部分教师和学生参加了此次观摩活动。学院高度重视此次观摩课，听课教师达39人。

课上，汤老师联系实际生活和学生已学知识，利用图表有目的、由浅入深地导入新课，随后围绕“同余”的定义和定理，通过丰富、恰当的实例解析，循序渐进地引导学生学习新课内容。汤老师在讲授新课时，讲解准确、简练，突出重点、难点，通过巧妙设疑将复杂的教学内容由简单的铺垫引入，进而引导学生解疑，极大地激发了学生的学习兴趣。此外，汤老师把握教学目标，严谨演绎，通过举示例、述机理、推进程的方式，在充分分析“同余”基本性质的同时，穿插相关历史回顾与相关学科知识的联系。不但向学生传授了知识，而且开拓了学生的视野和思路，教会了学生学习的方法。

汤老师语言精练，逻辑严密，知识主线脉络分明，新旧内容衔接自然、流畅，板书工整、大气，布局合理、科学，体现了她娴熟的教学技能和深厚的教学基本功。她的授课基于教材，而又高于教材，实现了教材与教案的有机组合，表现出对教材和教学过程高超的驾驭和把握能力，且在教学过程中始终通过巧妙设疑和引导解疑，使学生紧跟教师思路，充分调动了学生学习的主动性和积极性。

数学计算机科学学院精心组织了评议活动，校、院督导教师、学院领导和所有听课教师参加了评议。大家用“汤老师给我们上了一堂成功、精彩的示范课”高度肯定了汤老师的教学水平和教学方法。青年教师们纷纷表示，本次示范课有益于自身对教学实践的理解，从中学习到了很多教学技能和方法。

教学感言

一、课后反思

示范课内容是“初等数论”课程中的“同余的概念及其基本性质”。首先，我用8分钟时间，以关系图形式回顾带余数除法的基本内容；回顾在带余数除法基础上前两章已建立起来的重要理论及结果（辗转相除求两个数的最大公因子，算术基本定理及素数无穷多的理论，二元一次不定方程有解的判定条件及有解条件下解的公式，本原勾股数的一般表达形式）。其次，我用35分钟时间引入同余的概念、推理证明同余的基本性质。最后，我用7分钟时间，总结同余思想的意义及其在解题中要注意的一些问题。本次示范课讲解准确、简练，突出重点、难点，通过巧妙设疑将复杂的教学内容由简单的铺垫引入，进而引导学生解疑，极大地激发了学生的学习兴趣。此外，我在分析“同余”基本性质的同时，穿插相关历史回顾及与相关学科知识的联系。不但向学生传授了知识，而且开拓了学生的视野和思路。

二、教学感悟

教师要用心教学，“用心”表现在两个方面，一是要用心对待自己的专业，教师首先应是学习者和研究者，这样才能将自己对专业的热爱、对科研的执着和严谨传达给学生，这样才能给学生最好的专业熏陶，才能真正落实教书育人。二是要用心关爱学生，关心学生的课堂反映和作业情况，并根据实际的学情来调整进度和授课的深度与广度，这样才能提高教学效果，教学的过程本身就是教师提高业务水平和教学艺术的过程。

教学座右铭

用心教书。

张佩云

教师简介

张佩云，1974年生，安徽安庆人。安徽师范大学数学计算机科学学院教授，博士，高性能研究中心主任。主要研究计算机科学与技术。主讲“软件工程导论”“数据库”“计算机与程序设计导论”等课程。主持“软件工程”大规模在线开放课程（MOOC）示范项目等。参编《软件工程导论》《大数据》等教材。获2010年安徽省教学成果奖三等奖。获“安徽师范大学‘三育人’先进工作者”（2015）称号。

示范课报道

板演结合晰思路　能力训练贯始终

2015年5月25日，本学期校本科教学示范观摩课第十一讲在花津校区教学楼2070501教室举行，本讲由安徽省教学成果三等奖获得者、数学计算机科学学院高性能研究中心主任张佩云教授主讲。校督导团成员，教务处处长席贻龙、教务处副处长许勇，数学计算机科学学院教学督导组、院领导、系部主任及部分中青年教师等35人观摩了此次公开课。

此次公开课是“软件工程导论”，教学内容是“程序复杂程度的定量度量——McCabe方法”。张老师凭借扎实的专业基础，研发的心得体会和丰富的教学经验，从分析软件复杂度对程序的影响入手，回顾软件详细设计阶段的工作，通过“如何评价同一个问题的程序设计的优劣?”循序渐进地引入新课，水到渠成，自然流畅。讲授新课时教学目标明确，重难点突出，知识讲解思路清晰，简洁扼要，透彻深入，逻辑严密。

在整个授课过程中，张老师教态优美，平易亲和，极富感染力，通过规范、美观的板书与制作精良的PPT完美配合，利用设问引导、推理演示、实例解析和课堂练习等方式积极与学生互动，及时发现并纠正问题，课堂气氛活跃有序，学生们始终保持高度的注意力和强烈的求知欲。张老师表现出了很强的教学驾驭能力，成功地组织了课堂教学，在传授知识的同时，始终将能力训练贯穿于各个教学环节，有利于培养学生分析、解决实际问题的能力。

示范观摩课结束后，数学计算机科学学院副院长任永主持了教学评议活动，校、院两级督导专家、学院领导及所有听课教师参加了评议。督导专家进行了认真、细致的总结，高度肯定了张老师的教学手段和教学方法，值得广大中青年教师学习、借鉴。参加本次观摩课的中青年教师也纷纷表示，通过观摩，深受启发，受益匪浅。

教学感言

我很荣幸开展了一次校级观摩课（公开课)。公开课的教学内容是“程序复杂程度的定量度量”。在设计该节内容时，为突出知识的重点和重要性，我首先从背景知识开始引入对程序逻辑复杂度进行分析的必要性，再以McCabe方法为主要介绍对象，对概念、映射过程、计算方法等进行讲授。公开课采用案例驱动法，通过重点详细剖析典型例子，从而加深了学生对该方法的掌握和应用。

在日常教学感悟方面，我最深的体会是：备课的充分和对教学投入的热情很大程度上影响着教学的效果。以“软件工程导论”为例，我每次备课前会想一想，该给学生传授什么样的知识，如何重点突出该知识？要达到什么样的教学目标？在上课时，我通常先在黑板上以关键词的形式写下这次课的教学重点，按重要程度做上两个星号或一个星号标记，并提醒学生注意。然后围绕教学重点，我会在黑板上写下几个问题，通过问题驱动的形式将重点知识予以突出，并从逻辑上予以连接。这样，一方面让学生带着疑问学习，加强了学生学习的主动性；另一方面，避免了知识的碎片化，提高了学生对整体知识的理解和掌握。教学实践表明，本课程采用该教学方法的教学效果相对较好。同时，我常常注重教学内容与学科前沿的衔接，在教学中重视培养学生的创新思维。

教学座右铭

拥有一颗宽容的心，成为学生的良师益友。

齐学梅

教师简介

齐学梅，1963年生，安徽桐城人。安徽师范大学数学计算机科学学院教授，硕士生导师。主要研究计算机科学与技术。主讲“数字逻辑”“汇编语言程序设计”“计算机组成原理”“数据库原理”“硬件描述语言”“微机原理和接口技术”“单片机原理”等课程。主持省教育厅重点教学研究项目1项，校级精品课程1项和校级教材基金2项。参与编写8部教材。在国内核心期刊发表教研论文4篇。获安徽省教学成果奖二等奖（2015），安徽省教学成果奖三等奖（2013），安徽师范大学教学成果奖二等奖（2006）。

示范课报道

娴熟教法剖结构　巧妙类比析术语

2015年11月26日，花津校区教学楼2070501录播教室座无虚席，本学期校本科教学示范观摩课第八讲迎来了安徽省教学成果奖三等奖获得者、数学计算机科学学院齐学梅老师。齐老师凭借深厚的专业功底，优雅的教学姿态，丰富的教学技法和严谨的教学风格为现场师生讲授了“计算机组成原理”中“CPU的功能和结构”这一经典内容。校督导团、教务处有关人员，数学计算机科学学院院长祝东进、院督导组、系部主任以及部分中青年教师等24人参加了此次观摩活动。

课上，齐老师通过回顾软件的编程与运行、存储器、总线和运算方法等知识，自然流畅地切入了新课的教学目标——指令在计算机中的执行过程。众所周知，CPU是计算机的核心部件，多数学生知其然而不知其所以然。通过齐老师形象生动的讲述，由宏观到微观，循循善诱，因势利导，逐步揭开了CPU那层神秘的面纱，将它那极其精妙的结构展示在听课师生面前，令人赏心悦目。

在教学过程中，齐老师就像一位技艺高超的演员，综合运用多种教学技法，展现了她较高的教学驾驭能力，完美地发挥了上佳的课堂教学效果。齐老师利用课前在黑板中央手绘的精美计算机结构图，首先从计算机的组成结构入手，提请同学讲述冯-诺伊曼模型，从中提取出CPU这一运算控制核心部件作为课堂主题。接着，简要概述CPU的发展历史及各时期的结构特点，进而顺畅地概括出CPU的五大功能，进入CPU组成结构的讲解。最后，从具体案例入手，详细地揭示了取指令、分析指令和执行指令的过程。对于这一枯燥乏味的专业知识，齐老师一改传统生硬的教学方式，利用日常生活中洗衣机、电视机遥控器、口袋等常见物品来类比解析，晦涩难懂的专业术语瞬间变得豁然明了，同学们仿佛走进了一台巨大无比的机器，隆隆的轰鸣声中吞吐着逻辑的蒸汽。教师讲得生动、有趣，学生听得津津有味，课堂内寂静无声，唯见一双双渴求知识的眼睛紧紧注视着讲台方向。

观摩课后，数学计算机科学学院精心组织了评议活动。校督导团认为，齐老师教态自然，备课认真，精神饱满，精心施教，目标明确，内容熟练，课堂驾驭能力很强，充分展现出其扎实的教学功底和良好的教学风范。中青年教师纷纷表示，从齐老师的示范教学中学到了很多有用的教学技能和方法，对自身的教学帮助很大，今后将积极聆听更多的示范观摩课，努力提升教学素养。

教学感言

一、课后反思

中央处理器（Central Processing Unit：CPU）是计算机的核心部分，它的结构和功能多数同学只知其然而不知其所以然。为了让软件工程专业的同学更好地掌握这个知识点，为此，我们组织了一次示范观摩课的教学。教学重点弄清CPU的功能和重要寄存器的使用，难点掌握指令（程序）执行过程中所需的控制信号。教学过程中先分析计算机解决问题的方法，引出程序的思想，而程序又是由指令序列构成，我们的教学目标是要弄清楚指令（程序）在计算机中到底是如何执行的。针对要实现的教学目标，梳理前面所学的相关知识，查询缺失的知识模块，引入本节课要讲的内容——CPU的功能和结构。教学方式上，先从日常生活中常见的洗衣机、电视机、电冰箱等物体进行类比，由宏观到微观，循循善诱，因势利导，逐步揭开CPU那层神秘的面纱，将它那极其精妙的结构展示在同学们的面前，通过一个案例详细揭示CPU控制取指令、分析指令和执行指令的过程。

通过多种综合教学技法运用，探索了CPU的组成，破解了指令的奥秘，完成了教学目标，达到了非常好的教学效果。如果这节观摩课能在实验室中通过模型机来仿真一下，可能效果会更好。

二、教学感悟

二十八年的高教生涯，使我深深地体会到：教学不仅是传授知识，更是一门育人的艺术，需要教师不断地领悟和提高教学理念和技巧。（1）在教学素材的选择方面，改变传统的局限于“一本教科书”的做法，采用多种教材综合选取法来选择内容和素材。(2) 改革人才培养理念，以知识、能力、素质培养为主线，在课堂教学中，对教学内容要重新组织，淡化一些理论较深而应用前景不强的知识，增加应用性较强或未来发展前景较好的专业知识的讲授，使学生既具有一定的理论基础知识，同时又能学以致用。(3) 教学手段与教学内容相适应，根据教学内容不同，选用不同的教学手段。(4) 实验教学方法与手段改革，对于工科院系的学生，要注重其动手能力的培养；积极倡导创新性实验，调动学生的主动性、积极性和创造性，激发学生的创新思维和创新意识，不断提高其创新实践能力。鼓励学生申报创新性实验计划项目，加强对其专业指导。(5) 耐心辅导，培养学生的自信心，力争做他们的良师益友。

教学座右铭

当一辈子老师，一辈子学当老师。

张　量

教师简介

张量，1979年生，安徽芜湖人。安徽师范大学数学计算机科学学院副教授，硕士生导师。主讲“微分几何”“微分流形”“解析几何”等课程。主持省级教学研究项目1项，在国家级期刊发表教研论文5篇。获安徽师范大学优秀教学奖特等奖（2008），省级教学成果奖二等奖（2010），安徽师范大学青年教师教学基本功大赛二等奖（2011）。

示范课报道

通俗透彻释艰深　娴熟有度现风范

2016年3月2日，安徽师范大学2016年本科教学公开课第一讲在花津校区教学楼2030104教室正式开讲。我校青年教师基本功大赛二等奖获得者、校优秀教学奖特等奖获得者、数学计算机科学学院副教授张量老师，为大家讲授了“微分流形”之“外代数”。校教务处席贻龙处长，校督导团，学院督导组，学院领导、各专业负责人、系主任、部分教师参加了观摩学习。

张老师简要回顾了张量的定义，指出张量本质上是线性空间上的线性变换，强调共变张量和反变张量的区别，让人一目了然，易于理解。随后，他给出张量的局部坐标表示，并结合线性空间向量的线性表示进行类比解释，通俗易懂，为新课“外代数”做了充分的铺垫。在新课中，张老师首先介绍对称和反对称共变张量概念，很自然地引入对称和反对称张量线性子空间。紧接着，张老师着重讲解了对称和反对称张量的包括定义在内的三种判别方法，并逐一给予详细论证。特别指出，证明需要用到近世代数课程的对称群概念，张老师非常熟练地带大家复习，并结合具体实例进行剖析。最后，张老师引入了对称化和反对称化算子，并给予生动的讲解。

“微分流形”是数学专业非常重要的选修课，也是非常难学的数学课程之一，张老师讲课深入浅出，严谨而准确，简洁而有力，从概念的由来到定理的剖析，每每能抓住问题的关键，为学生娓娓道来这些美妙而艰深的数学知识，展现了非常扎实的专业基本功和突出的教学基本功。张老师板书工整、美观，声音洪亮，教态自然、大方，知识讲解轻重缓急，拿捏有度，非常吸引学生注意力，师生互动频繁，取得了极好的课堂效果。课后，前往听课的青年教师一致给予了张老师高度的评价，认为张老师不仅认真、负责，按照专业基础课的标准来上选修课，而且，数学知识讲解和处理娴熟、自然，并表示今后多向张老师学习，积极参加教学公开课的观摩，进一步提高自己的教学能力和教学基本功。

教学感言

一、教学反思

“曲率”是微分几何课程中最为核心的一个概念，用以刻画几何体的弯曲。本节课是学生第一次接触“曲率”这一概念，让学生理解这一概念的几何意义至关重要。我在教学过程中通过以下三步实现这一教学目标。首先，讲授曲线曲率的概念，即曲线关于弧长参数二阶导数的模长。其次，揭示上述概念本质上是利用曲线切向量转动的快慢反映曲线的弯曲程度，让学生初步体会利用微积分这一分析学工具研究图形弯曲性质的方法。最后，举例对照，这些例子包括三维空间中三种最简单的曲线，即直线、圆和圆柱螺线。教学过程中除了要让学生能够正确计算曲率，还要引导学生将具体计算结果与直观图形进行对照，体会三种曲线的弯曲特点。同时，注意圆和圆柱螺线具有相同的弯曲特点，因此要将两者的几何形状完全区分，除了“曲率”必然还需要借助于其他几何量，为下一节课讲授“曲线的挠率”埋下伏笔。

二、教学感悟

从教十余年来，我对本科教学工作有些许感悟。(1) 教师上好课的首要前提是教师本人要对讲授的课程、课题感兴趣。唯有如此，我们才会愿意在教学上投入时间和精力，思考并处理教学中的各种问题，优化我们的教学设计，取得令人满意的教学效果。(2) 以让学生容易听懂为首要目标，处理相关的教学内容。对于多数学生而言，大学数学课程具有高度的抽象性。因此，教师在处理教学内容时，应首先考虑尽可能让学生“易懂”。为此，教师在备课过程中可以设身处地地把自己当成学生，预期学生在学习时可能存在的困难和疑惑，找到有效讲解方法，尽可能减少学生听课过程中的障碍。此外，讲授数学课程时，务必保证思路清晰，问题的讲解环环相扣，能够用简洁的语言概括出课题乃至整个课程的脉络。当然，这些需要教师熟知自己所讲授的内容，备课时做足功课。(3) 融学法指导于日常教学，使学生学会学习；培养学生的学习兴趣，使学生主动学习。与传授学生具体知识内容相比，更重要的是教给学生正确的思维方法和有条不紊的思维习惯。在上数学课时，我们经常采取整体—局部—整体的讲授方法。实际上就是教给学生“由薄而厚，由厚而薄”的读书方法，也是科学研究中先构思整体框架，抓住主要问题，再充实、完善细节的常用方法。再如，当我们带领学生解决了某个问题后，可以询问学生为什么要解决这个问题，这一问题能否运用其他方法解决，甚至让学生预测下一步应该解决什么问题。通过这些设问既可以培养和提高学生发现问题、分析问题和解决问题的能力，同时也可以让学生在享受成功解决问题的喜悦中仍然保留思考的空间，激发学生进一步学习的兴趣和自主探究的热情。(4) 不断提高自身素质，潜移默化地影响学生。学生学习本身是一个模仿、再创造的过程，教师是学生学习、模仿的直接对象，教师对于学生的影响更多地给人以“随风潜入夜，润物细无声”的感觉。教师在平时教学中始终一丝不苟，对自身严格要求，这种长期的示范作用会潜移默化地让学生在课程的学习中始终端正学习态度。此外，教师平时的科研活动可以提高教师自身的专业素质，这种专业素质的提高必然会渗入日常教学，如让我们对于教学内容的组织和讲授更具有条理性，能够更善于将一些教学内容设计成课题研究的方式组织教学，进而提升学生的逻辑思维能力。

回顾十余年的教学工作，我深深感到做好本科教学工作不容易，尤其是当下，高校教师考核中普遍采用量化考核标准，更需要教师在教学工作中以“心”投入。

教学座右铭

静心、耐心、恒心。

许新胜

教师简介

许新胜，1975年生，安徽宣城人。安徽师范大学物理与电子信息学院教授，博士，博士生导师。主要研究光解自由基反应动力学、中学竞赛物理。主讲“近代物理实验”“高等数学”等课程。主持国家自然科学基金、省自然科学基金、省高校省级教学质量工程项目等多项课题，在国内外核心期刊发表论文40多篇。获安徽师范大学优秀教学奖一等奖(2010)。获“安徽省高等学校省级教坛新秀”称号。

示范课报道

省级教坛新秀演绎精彩一课

2010年10月22日，省级教坛新秀、物理与电子信息学院副教授、硕士生导师许新胜老师在物理楼3101教室举行高等数学公开课教学活动。教务处有关人员，校督导团全体成员，院领导和部分青年教师观摩了此次公开课。

此次公开课的教学内容是“极限存在的准则及两个重要极限”。许老师以复习导入新课，自然得当。接下来，他运用循序渐进的讲授方式详细地分析教学内容。丰富而典型的例子直观地解决了关键性的问题，加深了学生对所学理论知识的理解。整堂课设计思路清晰、语言流畅、教态大方，师生互动效果良好。整个教学过程中，许老师紧扣学生的思维活动特点，有意识地强化了对学生逻辑思维能力的训练和培养，有效地激发了学生的学习兴趣，也起到了很好的课堂教学示范作用。

优秀教师公开课活动是我校为进一步提高本科教学质量而开展的特色活动之一。它增进了教师间的相互交流和学习，发挥了优秀课堂教学的示范作用，有效地推动了我校本科教学质量的提高。

教学感言

作为一名青年教师，我始终严格要求自己，敬畏学生和讲台，努力上好每一节课。我的几点教学体会如下。

1. 把握课程性质，确立教学目标。课程的性质和教学目标的确立对教学具有重要的指导作用。我在承担每一门课程的教学任务之初，都会通过分析该课程在整个培养方案中的地位和作用，由此把握课程性质、确立教学目标。之后，紧紧围绕这些目标展开教学工作。

2. 备好每一节课，上好每一节课。充分的备课是上好课的前提，是实现教学目标、提高教学效果的关键环节。教案的撰写和教学设计力争做到思路清晰、条块分明、逻辑性强。课堂教学做到循序渐进、过渡自然、突出重点、突破难点。采用全板书教学，给予学生思考的时间，启发学生的思维，实现师生互动。

3. 注重师生交流，提高教学效果。教师的教是为了学生的学，只有加强与学生的沟通与交流，才能做到教学相长。我每年都承担大一新生的课程，同学们刚进大学，可能不太适应大学的教学节奏、教学方法和学习方法。因此，我会组织召多次学生座谈会，帮助学生克服困难，同时从学生那里获取对我的教学的建议和意见，从而改善我的教学，增强教学效果。

教学座右铭

没有最好，只有更好，把教学当作事业做。

黄时中

教师简介

黄时中，1957年生，安徽宿松人。安徽师范大学物理与电子信息学院教授，博士。主讲“大学物理”“原子结构理论”等课程。出版《大学物理上册》《大学物理下册》《大学物理习题分析》《原子结构理论》等教材，在《大学物理》和《物理与工程》等教学研究刊物上发表专题教学研究论文22篇。获安徽师范大学青年教师教学奖优秀奖（1995），安徽师范大学教学优秀奖一等奖（1997），曾宪梓教育基金会高等师范院校教师奖三等奖（1999），安徽师范大学优秀教学奖特等奖（2006），安徽师范大学首届卓越教学贡献奖（2011），获安徽省教学成果奖二等奖（2012）。获“安徽省优秀教师”（2004），“安徽省教学名师”（2014）等称号。

示范课报道

同频合力促教学　心灵共振连师生

2012年3月29日，赭山校区教学楼1509教室数百人济济一堂，甚至教室内的过道、后门口都挤满了听众。在大家的殷切期盼下，安徽省教学名师、校首届卓越教学奖获得者、物理与电子信息学院黄时中教授登上讲台，为广大师生讲授了一堂高质量的观摩示范课。校督导团理科组成员，教务处领导，物电学院领导、院督导组成员及学校部分青年教师等观摩了此次公开课。

此次授课内容是“大学物理”力学部分的教学难点——阻尼振动、受迫振动和共振。黄老师通过复习弹簧振子的自由振动、提出问题，自如地导入新课。在推导和分析阻尼振动以及受迫振动规律的教学过程中，采用将微分方程转换为代数方程、将复杂的数学表达式的内涵用现代计算软件Mathematica的绘图功能形象地展示出来等方法，有效地、循序渐进地破解了所有教学难点。黄老师全面的知识结构以及对授课内容的透彻研究，使得在新旧内容的衔接和上下内容的过渡中非常清晰、自然，公式的推导加上精确的计算使得讲解步骤渐进有序，逻辑性强。他在讲解过程中能够积极引导、启发学生思考，尤其是结合“通信工程”学生的专业背景，用“手机、收音机和大桥共振”等实例加深学生印象，用制作精良的课件展现复杂的图形和公式，帮助学生理解，有效地辅助了教学。

黄老师综合运用讲授、多媒体、板书等多种形式展开教学，其流畅的表达，大方的仪态，精心的备课，工整的板书，详略得当的安排和良好的课堂调控力赢得现场师生的一致好评，也充分展现了他深厚的理论学养和丰富的教学经验。

本次观摩课由教务处、校本科教学督导团和物理与电子信息学院精心组织，同时也是本学期我校第一次本科教学公开示范课。公开示范课由经验丰富的教师示范引领，通过感性、直观的教学活动，在教学活动的各个环节为一线教师尤其是青年教师提供可资借鉴的范本，激发他们不断在教学中反思自我，拓展学术视野，提高教学能力。

教学感言

如何备好一门课——以“大学物理”课为例

近35年来，我一直工作在教学一线。回顾这35年的教学历程，我深刻体会到上好一门课的前提是备好这门课（磨刀不误砍柴工）。

备课的基本原则和要求在《教育学》和《课程教学论》等教材中都有系统的论述。然而，仅仅把握这些基本原则和要求还不足以备好一门课，因为这些原则和要求都比较宏观。

下面，我以“大学物理”的备课为例，从7个比较微观的层面简要介绍我的一些体会和做法，也许对我们的青年教师有一些启示。

1. 多听课、多阅读，集中精力写好第一本教案

如果将一门课程的教学比作师生同台演出，那么教案就是这台节目的脚本，且要由教师本人编写。

编写教案的过程是精通并熟悉课程的过程，精通课程是指对课程的知识体系以及各知识点之间的内在逻辑结构有一个完整而清晰的理解，熟悉课程是指对各个知识点的具体讲授方法（教法）以及语言表述（台词）都能熟记在心，课前稍加浏览就可以在课中脱稿讲授。

我是1986年9月开始主讲“大学物理”课程的。我从主讲第一节课开始，就要求自己上课时不看教案也不看教材，一支粉笔从头讲到尾，这是当时备好一门课的基本要求。

1986年，我利用暑期时间写出了一本“大学物理”教案。在那之前，我有3年的助教经历，先后为3位老师担任“大学物理”课助教。这3年中，我反复听

课，做听课笔记，细心观摩老教师的教学艺术。这3年中，我认真阅读了多种不同版本的“大学物理”教材，并做读书笔记。

2. 多反思，在实践中学习，不断完善教案

我每授完一节课，都会反思，找到其中的不满意之处（对我来说，没有一节课的教案是十全十美的），找到改进的方向。教学反思是完善教案的必要环节。

在每一轮教学后，我都会改写教案，基本上做到了新学期用新教案。

从教7年后的1993年，我的“大学物理”教案不断得到教务部门领导的肯定，我经常被选去参加各类教案展览和交流会。

3. 多交流，向同行学习，努力破解教学难点

按照教育部大学物理课程教学指导委员会所编制的“大学物理课程教学基本要求”，“大学物理”课程共包含125个知识点，其中74个是核心知识点。

大学物理课内容丰富，在授课过程中，必须突出重点，破解难点。破解难点是显示备课水平的重要标志，也是督导听课和评课的核心观察点。

然而，对于有些教学难点问题，无论是所使用的教材，还是能找到的参考教材，都没有从根本上予以破解。如果照本宣科，会让学生听起来似懂非懂、心存疑惑。

解决此难题的有效途径之一是阅读相关的教学研究论文，参加全国性的教学研讨会，向国内同行学习。

我通过研读《大学物理》《美国物理杂志》《欧洲物理杂志》等知名教研刊物上发表的教学研究论文，积极参加全国大学物理课程研讨会，吸取了国内外同行在破解大学物理教学难点问题方面的很多经验，受益匪浅。同时，我将其应用于教学实践，不断优化教学方法。

4. 多探索，积极开展教学研究，全面化解教学难点

然而，同行的教学、研究工作并没有解决“大学物理”中的所有教学难点问题，而且有的同行对有些教学难点问题的处理和分析方法并非最佳方法（不适用于我的学生）。我想，要全面地化解教学难点问题，就必须自行开展教学研究工作，做教学研究是提高备课水平的必经之路。

从1994年起，我开始对“大学物理”中的教学难点问题进行深入研究，提出了一些新的、简便的、易于学生理解的教学方法。我将这些方法先后发表在《大学物理》和《物理与工程》等教学研究刊物上（22篇），并在全国大学物理课程研讨会上做交流报告（8次）。

关于做教学研究，我还有如下几点感悟。

做教学研究费时间，“经济效益”低。要想做好教学研究，要有一种“自得其乐”的心态——既享受破解了某个教学难点问题所取得的小成功的快乐，更享

受在教学中能够使学生受益所带来的快乐。

现如今，每一门课程中的多数教学难点问题已先后被同行解决，未解决的大多是“骨头”，我们要善于借用做科研的手段和方法来解决教学难点问题。

要想教学研究成果有权威性和大众认可度，最有效的做法是将教学、研究成果整理成教学研究论文在公认的刊物上发表，并且在全国性的教学研讨会上进行交流，使越来越多的教师采用，使越来越多的学生受益。

5. 多提炼，积极开展教材建设，优化教学知识体系

每一门课程都有多种版本的教材可供选用，但你很难选到一本最适合你的学生和你本人的教材。如果你有多年的教学经验积累和比较系统的教学研究成果，就可以尝试自行开展教材建设工作，将自己的“教案”变成“教材”，从而进一步提升备课水平。

2004年，在反复提炼大学物理教案，充分吸收大学物理教学研究成果，合理优化大学物理教学知识体系的基础上，我主编了安徽省规划教材《大学物理学（上下册）》。随后5年，参照试用过程中发现的问题，我对该书进行了反复修订，2010年2月出版了第二版.

2010年10月，高等教育出版社邀请我参照教育部高等学校物理学教学指导委员会编制的2010版“大学物理课程教学基本要求”，结合目前的课程设置和学时设置等方面的实际情况，在借鉴已出版的大学物理教材的优点的基础上，专门为地方高校（尤其是师范院校）的学生新编一套《大学物理》教材。我经过3年多的努力，完成了这项任务，该教材已于2014年1月在高等教育出版社出版。2015年2月，我在高等教育出版社还出版了这套教材的教辅用书《大学物理习题分析》。

2016年11月，我在高等教育出版社出版了新编写的研究生教程《原子结构理论》。

6. 多琢磨，精心制作多媒体课件，提高教学现代化水平

“大学物理”等很多课程的学时紧，而且知识点比较复杂。解决此问题的途径之一是运用现代化的教学技术——精心制作课件。对理工科的多数课程而言，制作课件是备好一门课的一个重要环节。

从2005年开始，我先后花10年时间精心制作了大学物理课件（2700余页，1300余幅插图，一字一画都是我亲自完成的）。我经过反复琢磨和尝试，将一些复杂的物理过程和物理图像形象、直观地展示了出来。

我总是将最新版的课件无保留地提供给青年教师（尤其是和我上同一门课的教师）参考。

在课件制作中，要注意以下几个最基本的问题。

课件中常用的字体和字号是黑体32号字（但对数字和字母以及标点符号要用Times New Roman），常用的颜色是红、蓝、黑。这样的字体、字号和色彩在百人教室的任何一个位置都能看清，且较养眼。

课件中的信息要逐句显示，要达到能模拟板书且美于板书的视觉效果。

课件中的多数示意图可以先在Word文件中挑选或直接绘制（要灵活应用“组合”等操作方法），再复制到PPT中，最后做一些修饰。

除播放视屏外，一般不要加链接，也不要在授课过程中倒回到前面的某页，重要的信息（图形、公式、文字等）可以反复显示在不同的页面上。

7. 多分析，详细解答课后习题，增强课后指导效果

对学生而言，要学好大学物理课程，除课堂学习外，完成一定数量的课后习题也是一个重要的环节。

我在备课中针对大学物理教材中选编的四类习题（思考题、选择题、计算题、课程论文题），采取了不同的准备方式。

对思考题和选择题，要求学生通过课后阅读并结合对问题的思考和讨论，自行找到答案，对确有困难的在辅导课中给予提示或解答。

对计算题，我做出了详细的参考答案，并做成了标准的Word文件。我这样做的目的有四个：一是便于批阅学生作业；二是便于课后辅导学生；三是为学生提供一种可借鉴的分析问题和解决问题的思路和具体过程；四是便于命题和建设电子试题库。

对课程论文题，我为学生提供了具体的参考文献（都是已正式发表的论文），鼓励学生开展探索性研究，激发学生的创新意识。

对于我在教学方面所做的工作，我校给予了我很多支持和鼓励。

然而，学无止境，教亦无止境。我将与大家一样，继续在教中学、在学中教，不断提升教学水平。

王元航

教师简介

王元航，1961年生，安徽芜湖人。安徽师范大学物理与电子信息学院副教授。主讲“计算机应用技术”“C语言程序设计”“Fortran程序设计”“计算机软件基础”“信息的获取与处理”等课程。主持学校和教育厅教研项目13项，发表论文30多篇。获校级和省级教学成果奖6项，安徽师范大学青年教师优秀教学奖，安徽省教育厅多媒体教育软件三等奖，全国多媒体课件大赛优秀奖，安徽师范大学优秀教学管理奖，期末考试命题质量优秀试卷奖。获“安徽师范大学‘三育人’先进工作者”称号。

示范课报道

抽象与生动共存　中文与英文并茂

2014年5月16日，赭山校区教学楼1509教室师生满堂，静静地观摩了物理与电子信息学院王元航副教授所讲授的一堂高质量的公开示范课。校领导，校督导团理科组成员，教务处领导，物理与电子信息学院领导、院督导组成员及学校部分青年教师参加了此次观摩。

此次授课的内容是英文版“C语言程序设计”中的“高维数组、数组的查找与排序”一节。王老师用平和的语调、清晰的中英文将教学内容娓娓道来。在新旧内容的衔接和上下内容的过渡方面层层推进且十分自然，对上一节课内容的回顾和提问恰到好处，对同学回答的点评非常到位。王老师在讲解过程中，能够积极引导和启发学生思考，尤其是结合图书馆中的藏书等实例将教学难点“高维数组”等抽象概念讲述得深入浅出，使学生很容易理解。用制作精良的课件形象地展现3维、4维等直至7维数组的概念，有效地辅助了教学。王老师列举“火箭发射失败”等事例，强调程序调试的重要性，培养学生精益求精的科学态度。此外，作为双语课，王老师对两种语言的应用恰到好处，既有效地帮助学生克服了英语听力上的障碍，也充分展现了王老师英语口语的功底。

王老师综合运用讲授、多媒体、板书等多种形式展开教学，其流畅的表达，大方的仪态，精心的备课，工整的板书，详略得当的安排和良好的课堂调控力赢得现场师生的一致好评，也充分展现了他深厚的专业理论素养和丰富的教学经验以及对于两种语言的掌控能力。

校督导团团长方宾教授认为，本节示范课有两个主要特色。

化难为易、逻辑性强。程序设计本身有难度，双语教学更难。王老师将高维数组、查找方法两个关键点层层推进，讲解递进到位，PPT展示到位。王老师使用专业术语指导学生读、译、解，英语口语准确、流利，中英文互换自然。王老师在透彻地把握教材的基础上，突出重点，剖析难点，各知识点之间的联系都富有内在逻辑性。这是一节展示魅力的双语示范课。

亲和力、艺术性强。王老师轻声细语，幽默风趣，注重师生交流，传递着让学生最大受益的亲切和关爱。这是一节显示教学艺术的双语示范课。

本次观摩课由教务处、校本科教学督导团和物理与电子信息学院精心组织。校督导团和物理与电子信息学院督导组在课后开展了评课活动，学院领导和青年教师参加了此次活动。一些青年教师深有感触地说：公开示范课由经验丰富的教师示范引领，通过感性、直观的教学活动，在教学活动的各个环节为我们提供了可资借鉴的范本，激发着我们在教学中不断反思、不断提高教学水平。

教学感言

我的示范观摩课是“C语言程序设计”，选用英文原版教材，采用双语教学模式。课前根据教学对象、教学内容、教学方式进行了针对性的准备。因为采用了双语教学，对学生除了有专业上的要求，还对他们的英语应用能力有要求。所以，在教学互动环节的提问中，不仅涉及课程专业知识，而且随机请学生拼读英语专业词汇，并解释汉语释义，帮助学生熟悉关键词，逐步培养学生外文专业文献阅读能力。对于教学内容中比较抽象的多维数组，采用生活中的书和书橱的例子，用一本书、一个书架、一个书橱、一组书橱、多组书橱的图像实例进行形象化展示，从而引入三维—七维数组的概念，给出C语言中多维数组的定义和引用形式。随后的教学内容是数组的应用，结合现实生活的需求实例引入教学内容——查找。首先介绍一种最简单的查找方法，即线性查找的原理，分析算法实现过程，简单讨论算法性能。在分析了线性查找的不足之后，自然切换到更高效的二分查找，解释二分查找的原理，通过板书介绍二分查找的过程，最后分析算法的实现，并对线性查找算法和二分查找算法的性能做一个比较。二分查找效率虽高，但需要数据是有序的。根据这一特殊要求自然而然地引入下一个教学内容——排序。首先引入第一种排序方法：选择排序，强调该方法的两个关键操作——找最小数、交换数据，通过实例动态展示选择排序的过程，总结规律、分析原理，并给出算法。根据教学大纲，在介绍选择排序的基础上，引入另一种常见的排序方法——冒泡排序，通过实例动态展示冒泡排序的过程，总结规律、分析原理，并给出算法。

我自1986年来到安徽师范大学从教，至今已30多年。多年来，我的教学受到学生和同行的肯定，我感到很荣幸。总结这么多年的教学经验，我认为要想当好一名教师必须做到：以诚待人、细究课程、把握语言、注重交流。以诚待人就是做人要真诚，实事求是，遇到难题可以和学生共同探讨，要鼓励学生超越老师，使学生觉得你是他的良师益友。细究课程是对所教的课程进行深入、细致的研究，钻研教材不留死角，仔细推敲教学内容，专业知识融会贯通，这是顺利完成教学工作的前提。把握语言则是用清晰明了的语言、通俗易懂的叙述、深入浅出的表达，将专业知识传授给学生，使学生听得清、听得懂、听得明。注重交流体现的是师生互动，教学是一个双向的过程，要耐心细致地解答学生的每一个问题，通过互动引导学生去探索新的问题。

教学座右铭

严于律己、宽以待人、言传身教、相得益彰。

张季谦

教师简介

张季谦，1965年生，安徽太湖人。安徽师范大学物理与电子信息学院教授，博士，博士生导师。主讲“热力学统计物理”“线性代数”“非线性物理”“网页设计与制作”“非平衡态统计物理”等课程。主持校级课程考核改革项目、校级教学团队、省级精品课程各1项，发表教学研究论文多篇。获安徽省科学技术奖三等奖（2010），皖江学院优秀教学奖（2015）。

示范课报道

物含妙理总堪寻　万千变化相变中

2015年3月26日，本学期校本科教学示范观摩课第一讲在赭山校区田家炳教育书院8607教室举行。本次示范课由物理与电子信息学院博士生导师张季谦教授主讲。张教授凭借丰富的专业知识、灵活多变的教学技能和严谨的语言为现场师生讲授了“热力学统计物理”中“单元系的相变”章节中的精彩内容。校督导团、教务处有关人员，物理与电子信息学院党委书记李娟、院督导组及部分中青年教师等22人参加了此次观摩活动。

上课伊始，张老师首先与同学们一道简要回顾了上节课的内容，接着介绍了相变节能环保、储能等材料在工农业生产实践活动中的广泛应用和发展前景。图文并茂中展现了热力学体系相变状态的千变万化，旁征博引里呈现给大家一幅相变理论的宏伟发展蓝图。作为相变理论的重要基础，自然地引入了本节课的新内容“开系的热力学基本方程”。

热力学基本方程和基本函数，是描述开放的热力学体系处于平衡特性的重要规律，包含的特性函数较多，且涉及高等数学中的偏微商知识，是这一章的重难点。在授课过程中，张老师在黑板上边讲边写，首先利用数学中的偏微熵法则给出了闭合体系的热力学基本规律，接着十分娴熟地推导了吉布斯函数开系的热力学基本方程。张老师在推导过程中，介绍了不同的推导方法，采用不同颜色粉笔标出重点，并用PPT推演重要的步骤和过程。然后鼓励同学们上黑板推导热力学内能的相关规律并对同学予以口头表扬，让同学们在积极、主动学习的同时，体会到了成功的快乐。同时，又给出有关巨热力势的思考题供学生课下思考，以培养学生自主学习、思考的能力。最后，张老师用其独特的方法帮助同学们理解、记忆这些热力学的基本规律，以此让同学们理解得更加透彻，记忆得更加牢固。

张老师在讲解过程中，将相变理论的书本知识与工农业生产实践特别是国家的宏伟发展战略有机联系起来，并巧妙地融入课堂的讲解之中，促使同学们将追求真理、勇于创新的热情变为一种自觉的行动融入学习过程之中。同时，张老师结合课程考核改革需要，围绕相变理论精心挑选课题供同学们参与教学、科研环节，有利于激发同学们的学习积极性和热情。

整个授课过程，张老师综合运用讲授、多媒体、板书等多种形式展开教学，教学环节清晰连贯、重难点突出，衔接自然流畅，语言风趣、生动，教学手段多样，师生互动频繁，课堂气氛活跃，同学们发言积极踊跃。其清晰的表述，适当地举一反三，精心的备课，生动的教学例子，详略得当的安排和极佳的课堂调控力，让同学们既夯实了书本理论知识，又拓宽了知识视野。

观摩课结束后，物理与电子信息学院组织校、院专家和观摩教师进行了评议，校督导团认为这是一堂非常成功的教学观摩课。参加评议的青年教师为张老师深厚的教学功底和精彩的讲解所折服，纷纷表示受益匪浅，并要从中学习、借鉴，努力提高自己的教学技能和教学水平。

教学感言

对于上好观摩课，我的主要体会如下。首先要了解开展观摩课教学的目的在于发挥高校骨干教师的教学示范、引领作用，激励全校广大教师不断改进课堂教学方法，改进教学技能，推进教学质量全面提高。因此，作为主讲教师，要注重不断更新教学设计理念，积极整合有效的教学资源，借鉴先进的教学方法和手段，把握好讲授课程所涉及的各个环节，做到课前精心备课，课中认真上课，课后仔细总结。

我为讲好“热力学统计物理”这节课，课前围绕相变的理论知识、应用及发展前景进行了充分的调研，对教材中涉及的数学知识及公式进行多角度、全方位的认真推演，并在PPT中采用不同颜色标出重点、给出重要的推理步骤和过程。授课过程中力求综合运用讲授、多媒体、板书等多种形式展开教学。

好的观摩课，要真正做到“传道有术、授业有方、解惑有法”。唯有这样，才能做到一方面让学生的自主学习的积极性、主动性得到充分发挥，达到教书育人的效果。另一方面，则可以通过历练提升自己的教学水平，真正给同行教师以经验和示范。

作为一名高校老师，不能仅仅上好一两次观摩示范课，更重要的是要重视平时所授的每一堂课，力争做到将每一节课当作精品课来准备。因此，上好每一堂课，是教师的职责所在，也是教师事业心、责任心、师德水平的真实体现，更是一所高校教学质量的生命源泉。鉴于此，我们每位教师都应该以上好每一堂课作为自己的职业操守、责任和目标而不懈努力。对于上好每一堂课，我的几点感悟如下。

认真做好课前准备。备好课是课堂教学的重要基石，是保证上好一堂课的基本前提。包括：备教材、备学生、备自己。备教材是要抓住教材中的重难点知识，做好各种预案，明确每堂课的具体教学目标；备学生则是要在课外通过观察、交流充分了解学生的性格、学习态度、基础等信息，以便在教学过程中因材施教，有的放矢；备自己则是指要不断扩大知识面充实自己，拓展自己的教学空间，以便不断提高自己的教学能力和水平，增强教学效果。

把握课堂教学的实施过程。要提高课堂的教学水平和质量，关键在于要科学、有效地利用好课堂五十分钟。这要求教师必须不断提高自己驾驭课堂的技巧和能力，围绕教学目标精心组织教学。在这类活动中通过言传身教让学生在不知不觉中愉悦地感受知识的熏陶，享受学习的乐趣，从而达到使学生能够掌握知识、培养技能、发展智能的终极目标。

切实做好课后的总结分析。要不断提升自己的教学水平，课外除了做好辅导答疑、批改作业等工作外，还要对自己上过的课认真回顾、评价、总结与反思自己上课的得失成败，分析自己的教学哪些方面有待改进。把课后教学反思和自我总结视为教学过程的有机组成部分，经常性地开展此项工作，不断地反省、总结，扬长避短，自我鞭挞，尽力追求教学的完善。良好的教学方法、临时应变得当的措施等都可在课后记下来，供以后教学时参考使用。对教学中存在的疏漏失误之处，也要系统回顾、梳理，做出深刻的反思、探究和剖析，以避免类似的错误不再发生。总之，只有善于课后总结，才能不断丰富自己的教学经验和提高业务水平。

作为一名光荣的人民教师，教书育人是教师神圣的职责，这要求我们既要有渊博的知识去传道、授业、解惑，又要有高尚的人格去培育人才。因此，我将时时铭记著名教育家陶行知先生的名言“学高为师，身正为范”，并把它作为砥砺自己不断前行的座右铭。

杜友武

教师简介

杜友武，1984年生，安徽巢湖人。安徽师范大学物理与电子信息学院讲师。主讲“电机与电力拖动”“运动控制系统”“计算机控制技术”等课程。获安徽师范大学第五届青年教师教学基本功大赛一等奖（2015），安徽省第二届普通本科院校青年教师教学竞赛自然科学应用学科组三等奖。获“安徽师范大学教坛新秀”“安徽省高等学校省级教坛新秀”称号。

示范课报道

绘声写影观电机　实例枚举察特性

2015年10月16日，本学期校本科教学示范观摩课第一讲在赭山校区田家炳教育学院8607录播教室举行，安徽省“教坛新秀”、省第二届普通本科院校青年教师教学竞赛自然科学应用学科组三等奖、校第五届青年教师教学基本功大赛一等奖获得者杜友武老师讲授了“他励直流电动机的机械特性”一课，校督导团、教务处有关人员，物理与电子信息学院院长崔执凤、副院长丁绪星、自动化系主任方明星、院督导组以及部分中青年教师20多人参加了此次观摩活动。

杜老师利用图片和生活常识——汽车和起重机负载不同、速度不同，自然地引入新课；通过提问引导同学们回顾了上节课所学过的“电磁转矩”“感应电动势”“电动机等效电路方程”等知识。在此基础上，他通过逐一讲述直流电动机机械特性的数学表达式、图形特征、图形上特殊点的含义、图形象限的含义等系列知识，循序渐进地将“他励直流电动机的机械特性”做了十分透彻的分析。

杜老师在教学过程中不断引入生活中的实例——电动车上坡、下坡、超载等，将机械特性中的复杂概念形象化、直观化，做到了深入浅出。同时，引导和启发学生思考、回答相关问题，做到了有效的师生互动。整堂观摩课紧紧围绕机械特性这一主线，逐层深入，既突出了重点，又破解了难点。

观摩课结束后，物理与电子信息学院精心组织了评议活动。大家一致认为，杜老师在教学内容上，层层深入，以生活案例贯穿始终，浅显易懂，分析透彻；杜老师在教学形式上，教态优雅，平易亲和；杜老师的课件内容清晰，设计缜密，问题和例证切入恰当，让同学们容易掌握和运用新知识。校督导团对杜老师的教学给予了高度肯定，认为这是一节很成功的观摩课，为广大青年教师特别是工科专业青年教师起了非常好的示范作用。

教学感言

通过几年的教学实践，我成长不少，特别是通过参加各种教学培训、教学比赛、教学研讨会及教学观摩课，获得众多教学专家的指导，学到了很多宝贵的教学经验。开展教学观摩课是一次提升教学能力的极好机会。课程采用何种方式引入，重难点如何突破，如何抓住学生的思维，前后知识点之间如何衔接，如何使讲解有趣且形象化，等等，都是需要慎重考虑的问题。首先，可利用生活中常见的图片和常识，提出疑问，引入新课，为了解释此疑问，引导学生回顾之前课程或章节所学的知识，在此基础上推导出解决此疑问的关键公式或理论，然后对推导出的公式或理论进行全面、透彻的分析，比如变量的含义、图形的意义、应用注意事项等，最后对知识点进行总结和应用介绍，让学生明白所学的知识有何用处。教学过程中，一定要注意将抽象公式和理论形象化，理论联系实际，在实际生活中找到应用的实例，或者采用比喻、类比等方式，让学生对重难点更容易理解和记忆。

作为一个工科出身的青年教师，我深刻体会到：上好一门课，要特别注意教学的三个阶段——教学准备、教学过程和教学反思。

教学准备。作为一名专业课教师，备课环节是非常重要的，不仅需要对本门课程非常熟悉，还需要了解这门课在整个专业的系列课程中的地位，已开过的相关课程知识点，后续课程所需要的知识点，通过对课程体系的深入了解，提炼本门课的教学目标、知识的重难点；参考多本教材及相关教学视频，努力攻克教学难点，剖析教学重点；在课件制作上，PPT设计规范，字体大小适中，内容排版整洁，动画设计有节奏，颜色搭配合理；在板书设计上，书写工整，内容设计合理。

教学过程。教学过程中要注重引导学生思路，采用提问、互动、对比等教学方法，剖析知识点，要做到严谨与形象有机结合；上课不能你讲你的，不顾学生，要善于察言观色，要去读懂学生，要学会用眼神、语气、肢体语言等与学生进行交流；上课时间分配要合理规划，设计合适的知识点过渡方法，比如采用设问、转折、对比等手段。

教学反思。有条件的话，可以对教学过程进行录像或者录音，每完成一次教学过程，可以自己回放录像或录音，找出教学过程中的不足，加以改进；课后通过与学生进行交流，从学生的角度来反思教学的不足，找出需要改进的地方。

教学是一门艺术，是一项工程，施教者必须要精心设计、用心实施、虚心反思，才能取得令学生满意的效果。

梁　军

教师简介

梁军，1962年生，安徽寿县人。安徽师范大学物理与电子信息学院教授。主讲“普通物理”“理论力学”“量子力学”“高等量子力学”等课程。主持省级精品资源共享课程“量子力学”以及校级重点建设课程“高等量子力学”等项目，发表教学研究论文10余篇。获安徽省“七·五”建功者二级奖章（1978），安徽师范大学优秀教学奖（2015）。获“安徽师范大学教学名师”（2016）称号。入选“安徽省高校优秀中青年骨干教师”（2001）。

示范课报道

掀开抽象的外表　揭示具体的内涵

2016年3月31日，赭山校区田楼8607教室，师生济济一堂，共同观摩了校优秀教学奖获得者、物理与电子信息学院梁军教授所讲授的一节“量子力学”示范课，校督导团、教务处有关人员，学院领导、院督导组、青年教师及部分教育硕士约40人参加了本次观摩活动。

本次授课内容是“算符与力学量的关系”，非常抽象，是《量子力学》中典型的教学难点之一。梁老师全面的知识结构以及对授课内容的透彻了解，将新课引入、系列知识点之间过渡和衔接等环节处理得非常清晰、自然。梁老师在讲解过程中采用大量精心设计的提问和设问，不断引导和启发学生思考，既形成了全程和师生互动、营造出了一种轻松愉悦的课堂气氛，又自然地将抽象的“算符与力学量的关系”的物理本质揭示得异常透彻。梁老师在讲解过程中采用全板书教学，公式推导和证明层层展开，讲解步骤渐进有序，逻辑性极强，优雅、流畅的板书和规范的板书设计展示出梁老师深厚的教学基本功力。梁老师在本节课结束之前通过介绍量子创立之初爱因斯坦与波尔等著名物理大师之间世纪学术之争的物理学史片段，以及量子理论在量子通信等高新技术领域的最新发展动态，既拓宽了学生的知识视野，加深了学生的印象，激发了学生的兴趣，又将本节课推向了高潮。

观摩课结束后，学院精心组织了评议活动。校督导团理科组成员、学院领导、学院督导组、部分青年教师对观摩课进行了热烈的评议。大家认为，梁老师在这节课中流畅的表达，大方的仪态，精心的教学设计，详略得当的教学安排，循循善诱的教学方法，优雅的板书，良好的课堂调控力，充分展现了他深厚的理论素养和丰富的教学经验。这是一节非常成功的观摩课，有极好的示范作用，可以成为我校理工科教学的范本。

教学感言

教师的职责是教书育人，一个好的高校教师，不应只满足于传授知识，而应着重于培养学生如何思考问题、提出问题和解决问题。基于这点认识，教师在教学过程中就会自觉地去使用启发式的教学方式。学生学一门课，学的是前人从实践中总结出来的间接知识，应当引导学生设身处地去思考，是否自己也能根据一定的实验现象，通过分析和推理去揭示前人已认识到的规律？自然科学中任何一个新的概念和原理，总是在旧概念和原理与新的实验现象的矛盾中诞生的。讲课虽不必要完全按照历史的发展线索讲，但有必要充分展开这种矛盾，让学生自己去思考，自己去设想一个解决矛盾的方案。在此过程中，即使错了，也不要紧，学生可以由此得到极为宝贵的独立工作能力的锻炼。如果设想出来的方案与历史上解决此矛盾的途径不一样，就应鼓励它们。他们比能够原封不动重述书本的学生要强百倍。一切理论都必须放在实验的审判台前来辨明。我们应该提倡，对待前人的知识遗产，既不可轻率否定，也不可盲目相信。这样，学生就敢于在通过思考之后对现有理论或老师所讲的东西提出质疑。这对于培养有创造性的人才是至关重要的，也是应提倡的学风和教风。

高校教师，除教学之外，还很有必要在某些前沿领域进行科学研究，一个完全没有科研实践经验的人，对于什么是认识论，往往只会流于纸上谈兵。对于人们怎样从未知到已知，怎样从杂乱纷纭的现象中找出它们的内在联系，则一片茫然。有科学实践经验的教师，在讲述一个规律或原理时，一般会注意剖析人们怎样从不了解到了解它的过程，而不是把它看成一堆死板的知识去灌输给学生。我自己有过多次这样的体会，即当讲述一个问题时，如果自己在该问题有关领域做过一定深度的工作，讲起来就“很有精神”“左右逢源”，并能做到“深入浅出”“言简意赅”。反之，就只能拘谨地重复别人的话，不敢逾越雷池一步。只有深入剖析教材、钻研教材，我们才能发现一系列教学难点问题。高校教师应该像对待自己的科学研究工作一样去从事教学研究工作。

对于“量子力学”课程的教学，我主要是结合师范生的学习特点和培养目标，本着“精简经典，增加现代”的思想，对教学内容进行适当的整合，结合现代科学前沿成果，采用精讲教学内容与学生课外自学相结合，课堂讨论与讨论后的讲评相结合，理论课教学与实验课教学相结合，基础知识教学与各种能力与素质培养提高相结合的教学方式。以全国优秀教材为蓝本、以多媒体课堂教学为主渠道，以多种扩充性学习资料和网络学习环境为课外延伸学习做支撑，构建立体化的教学模式。

教学座右铭

三尺讲台铸匠心，一支粉笔书人生。

凤尔银

教师简介

凤尔银，1963年生，安徽无为人。安徽师范大学物理与电子信息学院教授，博士生导师，硕士生导师。主讲“原子物理学”“高级语言（Fortran）程序设计”“普通物理学”“激光光谱学原理与应用”等课程。主持国家自然科学基金项目2项，教育部重点项目和省自然科学基金4项，发表SCI论文40余篇。获安徽省科学技术奖三等奖，安徽省优秀教学成果奖二等奖，安徽省优秀科技成果奖，安徽省优秀硕士论文指导教师奖，安徽师范大学优秀教学奖特等奖、一等奖，等。获“安徽省教学名师”“安徽省优秀教师”“安徽师范大学教学名师”“安徽师范大学‘三育人’先进工作者”等称号。

示范课报道

突破难点用妙招　微观结构现奥秘

2016年4月6日，在赭山校区田楼8607教室，安徽省教学名师、我校优秀教学奖特等奖获得者、物理与电子信息学院凤尔银教授为现场师生讲授了省级精品课程“原子物理学”的一节示范课，校督导团、教务处领导，学院领导、学院督导组、青年教师及部分教育硕士40多人共同参加了本次观摩活动。

本次授课内容是“辐射跃迁的选择定则”，属于《原子物理学》中的教学难点。凤老师以回顾实验中所观察到的碱金属原子光谱线的双线结构特征为知识背景，提出问题，并在此基础上引入新课。在揭示此问题的答案——辐射跃迁的选择定则的教学过程中，采用经过深入的教学研究所获得的化难为易的妙招，先后破解了“轨道角量子数选择定则”和“总角量子数选择定则”两大难点；教学中采用大量精心设计的提问不断地引导和启发学生思考，形成了良好的师生互动氛围，采用制作精良的课件将复杂的原子能级结构图和积分公式等展现得既清楚又醒目，有效地辅助了教学。在整节课的教学进程中，凤老师紧紧抓住新课引入中所提出的问题，层层展开，循序渐进，且做到了张弛有度，充分展示出凤老师良好的课堂掌控能力，深厚的理论素养，丰富的教学经验。课中穿插了两位青年物理学家为解释碱金属原子谱线双线结构所做出的创造性的贡献的物理学史片段，对激发学生的创新意识，有非常积极的作用。

观摩课结束后，学院精心组织了评议活动。校督导团理科组成员、学院领导、学院督导组、部分青年教师对观摩课进行了热烈的评议。大家认为，凤老师在这节课中流畅的表达，大方的仪态，精心的教学设计，详略得当的教学安排，循循善诱的教学方法，良好的课堂调控力，充分展现了其教学名师的风采。这是一节精彩的观摩课，有极好的示范作用。

教学感言

每一位老师都将做一个好老师作为自己的努力目标。好教师的标准很多，我认为最基本的是责任感强、业务水平高、思想活跃、乐于接受新知识、教书育人等。

一、牢固树立育人意识和观念

育人是学校的中心工作，也是每一位教职工的义务和职责。专业课老师如何在教学岗位上做到既教书又育人，每一位老师都有着自己的探索和思考。我理解育人就是围绕培养学生形成正确的思想观念、扎实的专业知识、勤奋向上的人生态度、明白做人做事的道理等的教育教学活动。教师在这一活动中有着独特的条件和优势。一方面，专业知识的学习，依赖于教师的教学，教学本身就是育人环节极其重要的组成部分。另一方面，由于教学活动的关系，教师的一言一行也对学生的思想观念、人生态度等有着潜移默化的长久影响，并且往往是“此处无声胜有声”。因此，教师在育人工作中是可以有所作为的。

二、让每一节课都精彩

上好课，是教师的本分，是通过教书达到育人目标的前提。只有所教的课能使大多数学生喜欢听，听了有收获，愿意跟你交往，乐意同你探讨各种问题，老师才能影响和感染着学生。

我承担的主要是物理专业的专业基础课。对每一门课，不管已经上过多遍，我都认真地对待。为了提高教学效果，我查阅了大量资料，不断丰富教学内容，突出重点化解难点，改进教学方法，极力做到精心设计、优化每一节课的每一个教学环节。每一节课先讲什么后讲什么，怎样讲，板书哪些内容，在哪儿延伸知识点，我都仔细琢磨、认真推敲。在保证基本概念、基本知识教学的前提下，我注意处理好形象与抽象、概念与推理、定性与定量、思维逻辑性与发散性等的关系。不按部就班、循序渐进，不一味追求所有内容都讲深、讲透、不留有余地，而是根据专业特点安排一些内容细线条化，一些内容粗线条化，课堂教学着重讲清重点、难点、思路、方法，允许跳跃性，引导学生由等着老师教转变为自己学会和会学。

近年来，我花了大量的课余时间，根据自己的教学思路、教学体验精心制作了两门理论课的多媒体课件，吸收了反映课堂所学知识的现实应用和发展的图片、动画、影像资料，将板书和多媒体教学有机地结合，大大增加了每一节课的信息量，确保了在课时压缩的情况下，教学内容不缩水，教学质量不下降。教学是互动的双边活动，我还经常和学生沟通，倾听同学们的想法和意见，及时调整授课方式、方法，活跃课堂气氛，激发学生的求知欲。这些努力，得到了同学们的肯定，每当听到一些学生称赞我的课，激发了他们的学习热情时，这是我最感欣慰的事情。

三、挖掘教学内容中的教育因素

挖掘教学中的教育因素，不是牵强附会地说教。物理学作为一门最基础的自然科学，蕴含了世界观、方法论、探索意识、创新精神等方面的教育因素，我们在教学中要善于挖掘和应用。我在教学中进行了一些粗浅的尝试，例如，讲解物理成果时，适当介绍相关的物理学史实以及前辈科学家不怕失败勇于探索的精神，让同学们感受物理学家们勇于革新、大胆提出新概念、新理论的思想脉络，使学生受到创新意识和创新精神的教育和熏陶。

适当介绍物理学的前沿和热点，发散学生的视野，如教学运动中的带电粒子在电磁场中受力时，介绍了现代分子反应动力学研究中必备的时间飞行质谱仪的基本原理；教学绝热膨胀时，介绍了诺贝尔物理学奖获得者李远哲的超声分子束技术；讲磁约束等离子体时，联系介绍核反应的惯性约束，太阳的引力约束，类比简介1997年诺贝尔物理学奖获得者朱棣文等人的激光囚禁和捕陷原子，并推荐科普性的评介文章供有兴趣的同学查阅，激发学习兴趣，增强他们涉猎知识的主动意识。

引导和鼓励学生独立思考，勇于提出自己的见解，即使这些见解是不全面的，甚至是错误的。鼓励学生利用所学的物理知识分析自然现象或较深入探讨某些物理问题。这种讨论、辩论，对作为未来教师的师范大学的学生，锻炼他们准确、简练、深入浅出的语言表达能力，也是有益的。

四、言传身教，亦师亦友

学高为师，身正为范。一名好老师，就是学生的一面镜子。因此，自己首先要严格要求自己的言行。要以自己严谨、求实的工作作风，认真负责的工作态度影响学生的世界观、人生观和价值观的形成；以自己饱满的工作热情、勤奋上进的求知精神、爱岗敬业的切身体会引导学生乐于奉献、吃苦耐劳，努力学好本领；以自己诚实守信、礼貌待人要求学生待人热情、友好，互相关心、互相帮助。在平时的教学过程中，我从不迟到、早退，努力做到每一节课都充满着热情，课前课后都主动来到同学中间，与同学交流、沟通、甚至闲聊；在说话方式上尽可能照顾学生们的感受，对待学生不说贬低人格的语言，尤其对一些学习成绩不好的学生。

我的真诚赢得了同学们的信任。一些同学在思想、学习、生活、考研上遇到了困扰和问题，也愿意给我发短信、电子邮件或到办公室和我说说，听我的意见和建议。一次，一个同学体检时，被发现是乙肝病毒携带者后，不知所措，他便主动找到我，我认真听他诉说着他的彷徨，耐心地开导他勇敢面对，以向上的生活、学习态度战胜心理上的阴影，三个多小时的谈话，让该同学的心情平静了很多。

教书育人是教师的天职。过去我只做了一些平凡的、微不足道的工作，尽了一个教师的本分和职责。今后，我仍将努力工作，不断进取，在教书育人工作上再续新篇章。

程瑶琴

教师简介

程瑶琴，1982年生，安徽东至人。安徽师范大学化学与材料科学学院讲师。主讲“化学教学论”“化学教学技能研究与训练”“化学教育科学研究方法”“化学教学论专业实验”等课程。获安徽省教学成果奖一等奖（2010），安徽师范大学优秀教学奖二等奖（2011）。获“安徽省高等学校省级教坛新秀”称号。指导多名学生在全国高等院校化学专业师范生教学素质大赛中获得优异成绩，并多次获得优秀指导教师称号。

示范课报道

才气、灵气的成功化合

2010年11月16日，在教学楼1502教室举行了“化学教学论”公开课教学活动。教务处领导，校督导团成员，院领导和部分青年教师观摩了此次公开课。

此次公开课的教学内容是“化学教学策略”。程老师以高一化学教学内容“氨”为线索，紧扣中学化学教学实际，循序渐进地分析了化学事实性知识的几种教学策略，强化训练了学生自主分析问题和解决问题的能力，教学内容严谨，结构合理，引用事例新颖，颇具说服力。

在教学活动中，程老师充分把握了学生的心理特点，注意情绪、情感在教学中的感染作用。她可亲、大方、自然、适度而得体的教态营造出一个良好的学习氛围，有效地激发了学生的潜能；教学语言准确、流畅、生动，语气抑扬顿挫、富有激情，广大学生和听课教师完全被吸引进教学内容之中。程老师那特有的女性教师的个性心理特征在教学中起到了事半功倍的良好效果。

在教学方法上，程老师除了运用案例教学法、启发教学法、讨论教学法等多种方法外，还积极创设情境，让学生换位成教师角色进行思考，很好地激发了学生的学习兴趣。程老师在讲解过程中结合大量典型的教学案例，加深了学生对所学理论知识的理解。最后，程老师对学生的讨论结果进行总结和提升，整堂课设计思路清晰，师生互动效果极佳，起到了很好的课堂教学示范作用。

优秀教师公开课活动是我校为进一步提高本科教学质量而开展的特色活动之一。它增进了教师间的相互交流和学习，发挥了优秀课堂教学的示范作用，有效地推动了我校本科教学质量的提高。它已成为教师展示个人教学风采的重要形式之一，无疑是青年教师快速成长的催化剂。

教学感言

本次教学公开课的主题是“化学教学论”课程中的“化学事实性知识的几种教学策略”，理论性与实践性兼具，为了使学生能更好地理解理论并将其应用到实践中，必须要让学生能够真正参与教学。因此，本节课采取案例教学以及启发、讨论的方法来突出重点、突破难点。我在课前要求学生自行选取高一年级的一节化学事实性知识内容进行教学设计，并提炼自己的教学策略。课堂上，我先让学生展示不同的教学思路并讨论各自的优缺点；紧接着教师引导总结，并以“氨”为案例，使学生对事实性知识的教学策略从零散的表面认识上升到理论高度。本节课达成了教学目标，学生参与性也高。但我同时发现，学生的学习经验设计思路较为单一，受中学化学学习经验的影响较大，使得课堂讨论的深度和广度受限。在此后的教学中，需进一步启迪学生更多地阅读与思考。

“化学教学论”课程的实践性、前沿性、应用性较强，是高等师范院校化学专业学生在高年级必修的一门基础课。因此需要从理论和观念上引导学生入门，从教学技能培训上教他们“上手”，从教学研究思路上让他们“开阔眼界”“创新思维”。

在教学规范上，以身作则，注重教学的规范性。从语言表达、板书设计、实验操作到教学思路的设计，课堂教学的组织，教学媒体的使用等各方面给学生做示范。在教学方式方法上，注重引导学生积极思考，组织学生讨论、交流，开展师生互动，体现协作学习。引导学生写听课笔记及课后思考，尊重学生，使其得到成功感。在专业引领方面，适当留给学生走上讲台的机会，组织学生成立讲课小组，开展模拟课堂讲课、说课和评课，提升师范生的就业素质和水平；在课余时间带领学生深入中学课堂，参与各级各类的中学化学公开课，组织讨论，启发他们学习实际教学中的专业技能，开拓专业视野；运用多媒体教学组织学生观摩全国中学化学教师的优质课，结合中学化学教学的改革动态和发展趋势，引导学生深入领会和理解化学新课程改革的精神和理念。

教学座右铭

要照亮别人，自己身上要有光明；要点燃别人，自己心中要有火种。

吴华强

教师简介

吴华强，1954年生，安徽绩溪人。安徽师范大学化学与材料科学学院教授，硕士生导师。主讲“物理化学”“物理化学选论”“应用电化学”等课程。主持省级精品课程“物理化学”建设项目，编写“十五”国家级规划教材《化学实验》（副主编）。获“皖泰杯”教学优秀成果奖一等奖（1999），安徽师范大学优秀教学成果奖一等奖（2010）。获“安徽师范大学教学名师”（2011），“安徽师范大学教书育人先进工作者”（2013）称号。

示范课报道

推陈出新重优化　知行合一释化学

2011年5月11日，2011年安徽师范大学本科教学公开课第九讲在赭山校区教学楼1410教室举行。校督导团成员，教务处副处长刘桂云，化学与材料科学学院党委书记季爱新、院督导组成员、教研室主任和部分青年教师观摩了此次公开课。

此次公开课教学内容是“电化学的相关知识”。吴老师以生动有趣的化学史实开篇，紧扣物理化学的教学实际，讲述了电化学的历史、电化学中的基本概念和化学势的相关内容。吴老师对教材内容非常熟悉，完全脱稿授课，理论知识及数据年份等更是脱口而出。授课条理非常清晰，首尾呼应。不但对理论知识讲解充分，且能挖掘原因，并联系日常生活和工业生产中的应用范围进行阐述，充分激发了学生的学习兴趣。此外，在知识安排上还补充了最新的学术前沿知识，优化了知识结构，开阔了学生视野。

在教学活动中，吴老师充分把握学生的心理特点，注意情绪、情感在教学中的感染作用。他和蔼可亲、自然大方的教态营造出一个良好的学习氛围。教学语言准确、流畅、生动；声音洪亮，富有激情。整堂课解释透彻，层层深入，起到了很好的课堂教学示范作用。

公开课的开展对教师的教学技能，对教师驾驭课堂、协调组织的能力，对学生的表达、分析等能力的提高都有助益。同时，也是对师生心理素质的锻炼，可以促进师生关系融洽等。在注重有效课堂、活力课堂的今天，开展公开课是一项重要的教研活动。

教学感言

我曾经一度担任科技副县长，后来婉拒了从政的机会，继续做一名普通教师，情系三尺讲台，潜心授业，教书育人。尽管从事“物理化学”教学近四十载，但每逢上课，面对已讲过多遍的内容，还是反复斟酌，再三考虑：如何才能讲得更清楚些、更生动些、更对学生有用些。

如何搞好课堂教学？备课是关键。备课前要“三读”，即精读使用教材，通读参考教材，解读辅助教材。备课时精选教学内容，优化教学过程，突出重点，分散难点，注意教学内容与学科前沿的衔接，写出独具特色的教案，做好课件。课堂教学是一门艺术，悉心组织教学，讲课要思路清晰，重点突出，精心设计一个小高潮，安排教学内容有出彩之处。语言表达是组织教学非常重要的环节，讲课应该是演讲，把死的知识讲活，把平铺直叙的内容讲得有声有色，严肃中不乏幽默，轻重缓急，抑扬顿挫。我在讲授“表面物理化学”章节示范观摩课时，以一杯水的表面导入新课，介绍本章的教学重点和难点以及采用热力学方法处理问题；讲到表面效应时，介绍一些纳米材料学科前沿知识；为突出表面张力的教学重点，利用教学课件讲课的同时，用板书推导和讲解相关公式；在讲附加压力与曲率半径关系时，把复杂问题简单化，先创设问题情境，以日常生活中“吹泡泡”和“两个不同半径的气泡连在一起如何变化”引发学生主动思考，创建课堂互动氛围。采用这种教学技能和方法，取到了较好的教学效果。

课堂教学是一门艺术，也是一门科学。说它是一门艺术，是教学过程在教学大纲的框架内，可以自由发挥，灵活掌控，变换无穷，具有很强的个性；说它是一门科学，是因为教学过程有一定规律可循，具有系统性、理论性等科学的共性。如果我们每一位教师都能把课堂教学当作一种艺术去追求，当作一门科学去钻研，那么，三尺讲台天地宽，我们就能演出无数生动的活话剧来。

教学座右铭

课堂教学是一门艺术，也是一门科学，在教学艺术感召下让学生掌握更多的科学知识。

王伟智

教师简介

王伟智，1977年生，安徽合肥人。安徽师范大学化学与材料科学学院副教授，博士，硕士生导师。主要研究功能纳米材料。主讲“化工基础”“化学化工文献信息检索”“化工原理”“化学与工程”“化工专业实验”“基础化学实验”“综合化学实验”等课程。获安徽师范大学优秀教学奖三等奖（2011），安徽师范大学第一届青年教师教学基本功大赛二等奖（2011）。获化学与材料科学学院第一、二、三届“最受本科毕业生喜爱的青年教师”（2012—2014）称号。

示范课报道

脉络清晰梳理论　步骤严谨推公式

2011年11月21日，2011年安徽师范大学本科教学公开课第二十六讲在赭山校区生化楼2044教室举行。校督导团理科组成员，化学与材料科学学院相关领导以及部分青年教师观摩了此次公开课。

此次公开课的教学内容是“化学与工程之精馏”。王老师首先带领学生回顾蒸馏工艺的两个重要内容：泡点方程和露点方程以及两个方程的具体应用条件，然后引出新知识点：双组分气液相平衡相图、非理想的两组分互溶体系以及以t-x-y相图表示的蒸馏过程。他通过多媒体的演示，让学生参与推导化工方程式，并分析如何在不同的溶液状况下运用这些方程理论，从而选择合适的蒸馏条件。这种讲授无疑有效地启发了学生在课后如何灵活运用理论知识，注重训练学生的思维方式，教会学生解决问题的方法。

王老师授课时始终能引领学生思考，吸引学生的注意力。他对所授课程内容有很好的把握和统领能力，不但探讨挖掘课本知识，而且从多角度进行拓展和延伸。在处理知识点时能突出重难点，把握知识发展的线索。

教学感言

传热过程是“化工基础”课程的重要章节，而圆筒壁传导传热则是该章节的教学重点和难点。这部分是对前段教授知识的阶段性总结以及后续内容深入展开的铺垫，因此我选择了这一章节作为校级本科教学公开课的教学内容。这节课的教学过程中，我设计了从已讲授的类似知识点进行课程导入。通过对比，既有利于学生复习学过的内容，又有利于对新知识的理解，使学生易于掌握该节课的难点。化工是一门应用性的学科，因此我特别注重教学过程中理论联系实际的设计。在讲授完该节课的知识点后，从实际生活应用的角度设计问题，引导学生运用本节课所学习的理论知识来分析、解决问题。通过与实际相结合来讲授书本上的理论知识，不仅增加了学生对课程的学习兴趣，同时还锻炼了学生洞察、想象和思维能力，启发了学生从多个角度分析、解决问题，从而培养他们的创新意识。在课堂教学过程中，我有效地使用了多媒体这一教学工具，将PPT、讲授、板书三者有效结合。PPT不是以文字的形式一次性展示出来，而是将文字和图示相结合，精心设计每一张PPT的内容，并充分利用动画效果，将重要的知识点和总结性内容在每张PPT上逐次呈现，以利于学生加深记忆并掌握重点知识。因为准备充分，整堂公开课取得了良好的教学效果。但我在教学中以自身讲解为主，与学生的互动偏少了些，在其后的教学过程中我不断提醒自己改善这一不足之处。

作为一名高校的青年教师，不断提高自身的教学水平，适应时代对人才培养的需要，是工作的重中之重。在教学过程中，我最大的感悟就是要保持思考。思考教学过程如何有利于学生对知识的理解，这就要求自己在课前用心设计每一个教学环节，合理安排每一段教学内容的讲授过程。思考如何增强学生的创新意识，这就要求自己在教学过程中注意锻炼学生独立思考的能力，使其在掌握书本知识的同时能从多个角度分析、解决问题。思考如何将教学内容与学科前沿相结合，这就要求自己不断加深科研水平，将最新的科研成果与书本知识交叉在一起，在课堂上展示给学生。思考如何激发学生的听课兴趣，这就要求自己每堂课都激情满怀，用学生觉得亲近、自然的语言去讲授知识，这样学生也会情绪饱满、主动听课，对学习充满信心。还要思考在教学的同时做好育人，这就要求自己首先做到身正为范，提高自身的道德修养，才能把正确的道德观传授给学生。

教学座右铭

没有思考的教学是盲目的，不科学的，正是对教学过程不懈的思考，才让作为教师的我得以提升、进步。保持思考，不断前行。

杨高升

教师简介

杨高升，1965年生，安徽休宁人。安徽师范大学化学与材料科学学院教授，博士，博士生导师。主要研究有机化学。主讲“有机化学I”“有机化学II”“有机波谱学”“有机合成化学”等课程。获安徽师范大学优秀教学奖特等奖（2011），安徽省教学成果奖二等奖（2010，第二完成人）。获“安徽师范大学‘三育人’先进工作者”（2007），“安徽师范大学教学名师”（2013），“安徽省教学名师”（2015）称号。

示范课报道

厚积薄发展功底　有机融合现特色

2012年4月6日，本科教学观摩课第三讲在赭山校区教学楼1509教室举行。化学与材料科学学院杨高升教授用通俗、形象的语言为观摩师生精彩演绎了化学知识的玄妙与深奥。校督导团理科组成员，教务处领导，化学与材料科学学院领导、院督导组成员及学校部分中青年教师等观摩了此次公开课。

此次授课的内容是“外消旋体的拆分”与“有机反应的立体化学”。杨老师长期的学识积累使得他对授课内容了然于心，完全做到了脱稿讲课。他平时经常注意收集教学与科研相结合的素材，授课内容丰富、生动，既包含相关研究领域中诺贝尔奖获得者的情况，也介绍了本院有机合成的研究及自己的科研工作概况。讲稿、教材、前沿知识这三方面融为一体，互相渗透，形成了他独特的教学风格。这些内容也在无形中促发了学生积极思考，培养了学生的创新思维，拓宽了学生的学术视野。

杨老师在讲授时通过练习、提问等方式保持与学生的积极互动；通过多媒体课件和板书的有效结合，将内容有效展示剖析；通过传授学生不同的方法，激发和鼓励学生积极思考。这些都使学生始终保持高度的注意力和浓厚的兴趣，逐渐将所学知识内化。

聆听本次观摩课的广大师生对杨老师的课交口称赞。青年教师们纷纷表示，本次公开课有益于自身对教学实践活动的理解，从中也学习到了很多教学技能和方法。

教学感言

观摩课（公开课）是日常教学过程中的普通一课。在备课、上课和反思三个环节中，备课是讲好课的关键，课后及时总结和反思是进步的前提。“有机化学”是化学各专业的四大专业基础课程之一，我亲历了我校“有机化学”课程近三十多年来的演变，有机化学基础知识和基本要求变化较小，但“有机化学”课程的变化显著：其一，课时数减半，从30年前的每周6节（约210学时）到后来的每周4节，再到现在的每周3节（102学时）；其二，教学辅助方式从以板书为主变为以多媒体为主、板书为辅；其三，课程一分为二（“有机化学-I”和“有机化学-II”）。回想主讲该课程的经历，我主动适应了新变化，我的课前准备主要有三：一，熟悉教材、教案和课件内容，明确教什么（教学内容和目标）；二，思考各知识点的内在逻辑及相互间的逻辑联系，明确怎么教（如何导课、设问，是否需要用板书进行推演和解释，是否借助动画、视频和模型等辅助手段，是否适当联系学科研究的前沿等）；三，设计合适的问题检验教学效果，了解自己教得怎样。课后的讨论和交流是观摩课/公开课与平常上课最大的不同之处，听课同行的真知灼见和学生的及时反馈使我获益匪浅。

通过多年的教学实践，我对日常教学的认识与感悟有五点。一，化学各课程的日常教学工作应该有三个目标：讲化学，传授化学知识，提升学习和创新能力；育人才，充分挖掘教学内容中的育人功能，把教书育人落到实处；爱化学，充分展示化学对人类社会进步所做贡献，同时也要注意警示不当使用化学的行为给社会造成的危害。二，教材仅是课程教学的主要参考，只有在参考多种同类教科书和专著的基础上，恰当处理教学内容，采众家之长并融入自己的思考才能备好课、讲好课，照本宣科不是教学。三，专业课教师从事与所授课程相关领域的科研工作，有助于对教学内容的处理，融创新思维培养于课程教学之中，恰当把握教学内容与学科前沿的衔接。四，少课时情况下以多媒体为主的教学方式是必然趋势，但板书在逻辑推演和难点解释上的独特作用不容忽视。五，掌握现代科技，与学生多交流有利于教师提升教学效果。

教学座右铭

态度决定一切，认真对待每一节课就好！

唐业仓

教师简介

唐业仓，1969年生，安徽肥西人。安徽师范大学化学与材料科学学院副教授，博士，硕士生导师。主要研究高分子化学与物理。主讲“物理化学”“物理化学实验”等课程。获安徽师范大学优秀教学奖三等奖。

示范课报道

归纳应用热力学　界定推导摩尔量

2012年10月30日上午，本学期校本科教学观摩课第八讲在赭山校区教学楼1509教室举行。校督导团成员，教务处相关人员，化学与材料科学学院领导、院督导组成员及部分中青年教师等观摩了此次公开课。

唐业仓老师从热力学三个定律的回顾过渡到热力学原理在多组分系统中的应用，随即从乙醇与水的混合引起体积变化引出多组分系统热力学中的一个重要概念——偏摩尔量。他不仅对偏摩尔量的定义进行了清晰界定，而且生动诠释了其物理意义。唐老师在对“偏摩尔量的加和公式”和“Gibbs-Duhem公式”进行了科学的推导和分析后，引用实例加以分析，进一步强化本次课程的内容。

唐老师对各项知识点均有娴熟透彻的把握，能够在灵活授课中贯穿教学重点与难点；板书与多媒体课件的相互结合，有利于概念的讲解与剖析；师生互动的积极开展，为优化教学过程、提高教学效率提供了良好氛围。

课后，化学与材料科学学院领导精心组织了评议活动，校院两级督导专家及部分中青年教师对本次观摩课交口称赞。校教学督导团一致认为，本次观摩课非常成功，讲解条理清晰，内容层层推进，既有广度又有深度。

教学感言

偏摩尔量是化学热力学原理在多组分系统中应用的一个重要概念，为此，我精选教学内容，以问题提出、偏摩尔量定义、偏摩尔量加和公式、Gibbs-Duhem公式和偏摩尔量的应用五个方面对偏摩尔量进行了系统、科学的诠释。精讲重点和难点的教学内容，突出基本概念和重要公式的讲解。教学方法上：一，板书与多媒体教学的巧妙结合，对公式的推导以板书为主，偏摩尔量的物理意义及应用等采用多媒体教学，不仅丰富了教学内容，更有利于概念的讲解与剖析；二，除了讲授以外，通过设问、启发和练习等方法加强师生互动，根据听课学生情绪实时调整讲课节奏，充分调动学生积极参与教学活动。

在教学实施过程中，从热力学三个定律的回顾过渡到热力学原理在多组分系统中的应用，突出本章教学内容在物理化学课程中的地位；从乙醇与水的混合引起体积变化引出偏摩尔量的概念，并通过其物理意义和几点说明使学生全面理解偏摩尔量。在此基础上，通过数学推导得到偏摩尔量的加和公式和Gibbs-Duhem公式。最后，以与生活中密切相关的“勾兑酒”实例介绍了偏摩尔体积的求算，既巩固了相关内容，也使学生知道所学的理论在实践中的应用价值。教学活动采用问题—探究—新问题—新探究环环相扣的方式层层推进，体现出知识的延伸过渡和概念的自然生长，逐步将探究的问题引向深入。

物理化学是从物质的物理现象和化学现象联系入手探究化学变化及相关的物理变化基本规律的一门科学，是一门理论化学课程，具有一定的抽象性。我在教学过程中始终坚持学生为本的教学理念，充分发挥学生的主体作用和教师的主导地位，激发学生学习的积极性，以学生理解、掌握物理化学知识为目的，以能力培养为核心。

能力培养具体体现在三个方面。第一，在课堂上，启迪学生把注意力集中于理解、掌握教学内容上，花更多时间思考，少忙于笔记，课后再进行笔记整理和课后练习，使课堂教学与课外自学相结合，培养学生自主学习的能力，归纳、概括能力。另外，“物理化学”课程由化学热力学、化学动力学、电化学、胶体与界面化学组成，各部分之间又由若干概念、公式、定律所构成，这些知识点既彼此独立，又相互联系，形成一个逻辑严明、结构完整的理论知识体系，在课堂上引导学生课后从内在逻辑结构的联系上理解和掌握所学知识点，把握课程的基本脉络和内在联系，构建课程框架。第二，物理化学课程理论性强，教学中增加理论知识与生产实践、科学研究相联系的内容，使学生理解理论的重要性与实用性，激发他们学习的积极性，提高学生利用所学知识分析和解决问题的能力。第三，习题课是“物理化学”课程教学的重要组成部分，选择有代表性和针对性的例题，通过讨论、分析，既能使学生掌握理论知识，又能拓展应用能力，是培养学生思维能力的重要途径。

教学座右铭

铁打的教师流水的学生，既没有一成不变的教学内容，也没有千古不变的教学方法，唯有不断改进和完善教学，关爱学生，才能成为学生尊敬和喜爱的老师。

盛恩宏

教师简介

盛恩宏，1962年生，安徽肥东人。安徽师范大学化学与材料科学学院教授，国家级实验教学示范中心主要成员。主要研究无机化学。主讲“无机化学”“普通化学”“基础化学实验I”“综合化学实验I”等课程。主持安徽师范大学重点扶持课程“基础化学实验”，参与安徽省精品课程“无机化学”。获安徽师范大学“皖泰杯”优秀教学成果奖二等奖(1999)，安徽师范大学优秀教学成果奖二等奖（2012)。

示范课报道

贯穿始末说元素　紧扣主题释化学

2013年4月23日，本学期校本科教学示范观摩课第五讲在赭山校区教学楼1509教室举行。校督导团、教务处相关人员，化学与材料科学学院领导、院督导组、院各教研室主任和部分中青年教师参加了此次观摩活动。

盛恩宏老师以物质结构为主线，围绕第六主族元素展开，重点介绍了“二氧化硫、三氧化硫和硫酸盐”。在课堂讲授过程中，盛老师坚持“结构、性质、制备、应用”四者严谨统一，以结构价态为引子，由二氧化硫自然导入三氧化硫，说明了“物质结构决定化学性质，化学性质拓展化合物应用”的科学道理。同时，他还非常关注化学物质制备过程中的环境保护问题，教导同学们实验时既要确保个人安全，也要保护好环境。

整节课主题突出、思路清晰、条理分明、层次合理，授课内容既有深度又有广度，显示出盛老师丰富的专业知识，娴熟的教学经验，张弛有度、收放自如的教学技巧。课堂上，师生互动自然、气氛融洽，教学效果明显。

在课后评议过程中，与会专家、听课教师充分肯定盛老师的教学水平和教学方法。校督导团认为，这是一堂精彩、高质量的教学示范课，希望广大青年教师认真学习、不断总结，努力提高自身的教学技能和教学水平。

教学感言

“无机化学”是化学及相关专业大学生进入高校的第一门专业基础课，是中学化学的延续与深化，也是大学后继专业基础课程“有机化学”“分析化学”“物理化学”等学习的基础，堪称“四大化学”之首，有着重要的承前启后的作用。授课教师也是学生进入高校后认识的第一位专业课的老师，是大学专业课老师的“形象”代表，是大学生大学学习的“启蒙”老师。“无机化学”的教学具有为专业奠定基础的服务和树立大学新生人生定位教育的双重任务。面对懵懵懂懂的新生，“无机化学”主讲教师有责任在课堂教学中引导学生做好人生定位，明白自己要做什么样的人，要有什么样的人生目标，对自己的未来做短期和长期的规划，启迪学生做有理想、有责任、有追求的人。

一、重视绪论课，明确作用，激发兴趣

大一学生对自己的专业培养目标及就业方向了解甚少，第一节绪论课中，一方面向学生介绍这门课程与后继课程的相互关系，帮助他们分析学好“无机化学”的知识和技能关系到他们能否掌握后继的各门专业课，并会进一步影响他们将来从事实际工作的能力和水平，使学生产生必须学好这门课程的思想认识。另一方面，绪论课教学中，重点介绍化学发展、作用，与人类进步、日常生活的密切关系以及化学最新成果、前沿和展望。实践证明，这些内容的介绍，极大地调动和激发了学生学习化学的积极性和热情，有利于学生专业思想的进一步确立。

二、适当调整讲授内容顺序和进度，做好与中学化学学习的衔接

相对于大学化学，中学化学更注重素质和应试教育，专业内容少，难度低，教学进度慢，同一知识反复讲解和大量练习多，大多数同学是通过大量练习实现知识的掌握，涉及微观的原子结构和分子结构知识较为贫乏，难度大；对于化学实验常识、实验技能，多数同学基础薄弱，动手能力差，分析、解决问题能力不足。针对这一现状，本着“先易后难、先慢后快”的原则，将学生学习难度较大的“原子、分子结构”内容适当推后，而将难度较小的“四大化学平衡”等内容提前。“无机化学”的教学进度前期要适当放慢，及时做好章节内容的小结，精讲多练，帮助学生树立完成大学学习任务的信心。

三、挖掘教学内容所蕴涵的科学逻辑关系，运用灵活多变的教学手段和方法

教师是教材的载体。钻研分析教材，弄清编者的意图，了解学生的基础，将教材中的死知识变成活知识，将知识的逻辑性找出来，由浅入深地导出知识，使无机化学知识“化难为易、化繁为简”。

课堂上，讲清“无机化学”各个章节知识的关联性，每一章设置能解决的相应化学问题。如热力学可以解决化学反应方向性和热效应，化学平衡是电解质溶液、氧化还原和配合物平衡的基础，原子结构和分子结构决定了物质物理化学性质和反应性，等等。同时，无机化学的许多知识与后继课程密切关联，如无机化学的原子、分子结构与有机化合物的结构和性能关联；化学平衡、电解质溶液、氧化还原与分析化学原理相联系；热力学、电化学是研究物理化学的基础；等等。这些知识的关联和讲解，有助于学生了解知识的背景，把握知识的线索，与相关专业的密切关系，变“要你学”为“我要学”。毫无疑问，学好该门课程成为每位同学的强烈愿望。

教学手段上，做到传统与现代技术并用，实现板书与多媒体的有机融合。单纯使用多媒体教学，教师的授课速度快，内容过多而学生难于完全接受，特别是一些重、难点内容的过快讲授，造成学生无法跟上、无法完全掌握。同时，也使教师视线和注意力被束缚在电脑或屏幕上，从而失去了与学生交流互动的机会。因此，必须将多媒体教学与传统的板书教学有机结合。对于多数的重、难点内容，如化学平衡计算、氧化还原反应方程式的离子、电子法配平和推理性的习题等，通过板书进行详细的推导演示，板书推理的每一步都给学生留出一定的思考时间，跟上老师的思维。同时，原子、分子结构部分的电子云分布图，杂化轨道的形状和空间取向，分子和晶体的空间结构，可逆过程体积功变化等多媒体技术的使用不仅能节省大量板书时间，而且也更形象、更生动，有利于提高授课效率和授课质量，提高学生的学习效率。

教学方法上，要及时地根据教学内容的变化做出相应地调整。如无机化学基础理论的教学绝大多数采用演绎法推理教学，时刻注意知识与情感交流，与学生互动，做到讲解清晰化、条理化、准确化、生动化，有助于学生对知识的掌握、理解和记忆。而对于性质多、反应现象方程式多、逻辑推理少，简单易懂，课堂上又难以详细介绍，既耗时又提不起学生的兴趣的绝大多数“元素化学”的教学中，采用以化学理论为主线，讲解用化学理论研究元素化学的方法，总结、归纳出元素性质的变化规律，引导学生通过原子和分子结构的基本原理来理解各元素及其相关化合物的化学性质，然后让学生通过自学充实元素化学的具体内容，有利于学生学习能力的培养。做到线索清楚，重点突出，难点突破，有效地解决了课时少、内容多的问题。

教学座右铭

爱自己的职业，爱每一位同学，和同学一起享受教学，当好化学及相关专业大学生的“启蒙”老师。

商永嘉

教师简介

商永嘉，1970年生，安徽绩溪人。安徽师范大学化学与材料科学学院教授，博士，博士生导师。主要研究有机化学。主讲“有机化学”等课程。主持安徽省省级精品课程“有机化学”。入选教育部新世纪优秀人才支持计划（2010）。获安徽省教学成果奖二等奖（2000）。获“安徽师范大学‘三育人’先进工作者”（2011）称号。

示范课报道

构建模型释化学　授人以渔析方法

2014年3月10日，本学期校本科教学示范观摩课第一讲在赭山校区田楼8607录播教室举行。副校长李进华，教务处领导，校督导团成员，化学与材料科学学院领导以及部分中青年教师参加了此次观摩活动。学院高度重视此次观摩课，听课教师达33人。

课上，商永嘉教授运用直观的有机化合物结构模型与多媒体结合，帮助学生复习上节课内容，随后围绕“烯烃的区域选择性加成和烯烃亲电加成反应机理”，循序渐进地引导学生进入新课内容。商老师在讲授新课时，思路清晰、内容丰富，通过典型例子剖析反应结果，引导学生寻找规律，从而得出一个普遍的选择性规律——烯烃亲电加成反应的马氏规则。此外，商老师把握课堂重点，逐层推进，通过举示例、述机理、推进程的方式，解释不同基团对碳正离子稳定性的影响因素。在向学生传授知识的同时，更教会了学生学习的方法。

授课过程中，商老师通过对科学家事迹及科学研究过程的介绍，渗透了对学生科学精神和科学态度的教育，创新性地使用教材和驾驭教材。商老师语言精练、逻辑性强、宏微结合，体现了娴熟的教学技能和深厚的教学基本功。学生紧跟教师思路，走进有机化学的学习，掌握烯烃加成反应的规律，感受有机化学的魅力。

示范观摩课后，李进华副校长用“商老师给我们上了一堂非常精彩的示范课”给予此节课高度肯定。随后督导团组织了评议活动，充分肯定了商老师循序渐进、不拘一格的教学方式，青年教师们纷纷表示本次示范课有益于自身对教学实践活动的理解，从中也学习到了很多教学技能和方法。

教学感言

我于1997年从南京大学有机化学专业硕士毕业到安徽师范大学有机所工作，当年为研究生讲授“有机合成”课程，我当时最大的心愿是早日为本科生讲授“有机化学”课程。2003年3月，我从浙江大学化学系提前获得有机化学专业博士学位，即刻回校承担了化学与材料科学学院2001级材料化学专业和应用化学专业的“有机化学”课程主讲任务，实现了心愿。从那时起，不论科研任务多重，行政管理事务多繁杂，我每年坚持给本科生上专业基础课，含“有机化学”“合成化学”“综合化学实验”“诺贝尔奖与科学精神”等课程，一直以本科教学作为我当之无愧的天职。

一、潜心教改，引领课堂教学收获于乐

我始终认为一个好老师应热爱教学，还须“驾驭知识、驾驭课堂”。多年来，有的课我虽然上了很多遍，但是每次上课前我都会重新读教材，写教案，一一研读国内外不同版本的有机化学教材，将有机化学的基本知识领悟透彻、牢固，形成完整的知识体系，达到对知识的驾驭。教学课堂还必须有良好的教学技能做保证，即驾驭课堂。我投入了大量的精力进行教学研究和改革，形成了很好的教学经验和技能。我授课时，讲授清晰明白、条理性强、深入浅出，多使用“启发式”教学，语言风趣、幽默。如在讲到“结构决定性质”知识环节的时候，我通过有机化合物的结构决定它的性质和反应这个道理，让大学生明白大学四年打下的“结构”（知识、身体、素质结构）决定他未来几十年生活的“性质”（生活质量、对社会贡献度）。再如，我讲到有机物中的某个原子缺电子或者富电子都将不稳定而发生化学反应时，告诉学生要知足常乐等。同学们这样说：“在您的有机课上，时间总是过得很快，我们丝毫没感到疲倦。”“商老师对教材有着自己独到的理解”，“商老师将枯燥的反应机理演绎得通俗易懂”，“商老师重视思维教学，让我们乐于学习化学，爱化学！”

二、立足创新，转化科研成果培养人才

作为一名高校教师，我始终坚持科学研究服务于本科生教学，将科学研究的最新成果运用的课堂教学中。我先后主持了3项国家自然科学基金和多项省部级项目，已经发表SCI论文60余篇。在综合实验“有机化学实验”课和本科毕业论文的教学与指导中，我强调化学是一门实验科学，化学实验不仅可以巩固学生的理论知识，培养学生的创新能力，更重要的是，可以培养学生的科学素养，而良好的科学素养是人成功的关键。我常要求学生保持实验室的整洁，严格操作规范，不厌其烦地向学生演示规范操作；不断启示学生认真观察实验现象，分析数据。同时还关注安全教育，强调安全注意事项，提醒学生注意保护自身安全，注意不要危及其他同学和实验室仪器设备的安全。有机化合物中有不少是维护人们生命、健康的药物，也有不少是危害社会的化学武器和毒品，每每涉及此类化合物时，我都要不失时机地对学生进行关爱生命的责任意识教育，增强学生的社会责任感。多年来，凡我带过的实验课的学生在研究生复试时实验考核都取得了很好的成绩。

三、以生为本，心怀学子育人于处处

我认为高校教师要把育人作为教育的核心。不论在课上还是在课下，要抓住每一个可以育人的细节，全面关心学生成长。每年保研和研究生考试、复试期间，学生会带着许许多多的问题来问我，我不厌其烦地回答他们，直到他们满意为止。许多同学在选择学校、专业的时候，会不知所措，我会对他们说，有机反应是有选择性的，没有选择就没有痛苦，但如果选择了正确的道路就不要后悔，坚持走下去。许多同学正是通过和我谈心确定了目标，许多同学正是由于我的推荐而被录取。

在课下，我细心解答学生的问题，和学生谈心，帮助成绩差的学生找出原因，确立目标，常常因此而耽误中午饭，学生谈话后常常会端正学习态度，努力学习。如2002级化学专业的某同学，第一学期有机化学课期中考试只考了48分，我与他谈心后他明确学习态度，在以后有机化学的学习和其他课程的学习中均取得很好的成绩，而且在大三还入了党，后来成功考取研究生，现留在首都师范大学当老师。

我还抓住每一个机会育人，如果在上课的时候赶上中秋节，我在PPT的最后送上“月饼”，祝同学们中秋快乐的同时，也希望他们能给父母打个电话问候一下，教导他们要有一颗感恩的心！2006年有次上课课间休息，看到班干部在组织同学们为生重病的同学募捐，我随即从口袋掏出200元钱交给课代表，现场同学十分感动。

教学座右铭

教师理当做到因材施教，教书育人。

闫蒙钢

教师简介

闫蒙钢，1955年生，内蒙古人。安徽师范大学化学与材料科学学院教授，博士，《中学生化学》主编，安徽教育学会中学化学教学专业委员会副理事长，全国化学教育委员会委员，享受安徽省政府特殊津贴。主要研究化学课程与教学论，中学化学教学测量与评价，中学化学教学改革，等。获国家级教学成果奖二等奖（2次），安徽师范大学卓越教学贡献奖。获“教育部首届全国优秀教育硕士管理工作者”“安徽省优秀教学管理工作者”“安徽省教学名师”“安徽省党和人民满意的好教师”等称号。

示范课报道

溯端竟委检考试　案例枚举呈评价

2015年3月27日，校本科教学示范观摩课第二讲在赭山校区教学楼1502教室举行。校督导团、教务处有关人员，化学与材料科学学院副院长刘桂云、高峰，党委副书记余妍霞，院督导组及部分中青年教师等26人参加了此次观摩活动。

上课伊始，闫蒙钢教授首先以谈心的方式，对两位同学前期自主学习的体会进行了简要点评，由此自然引入新课。闫老师从“我国学校考试的传统文化特色”“十年考试评价改革的成效进展”“考试与评价改革面临的新问题”和“基于国际视野国情本位的思考”四个方面逐步展开教学，对我国新课程考试与评价改革进行了全方位巡检。

在教学中，闫老师通过“高考事故的两难”案例，让学生讨论并体会“考试文化特色”——中国人的血液中流淌着考试的基因，以“创造高考神话的河北衡水中学”和“亚洲最大的高考工厂安徽毛坦厂中学”两个案例切入，辩证地剖析了高考文化的新时代特征。闫老师在教学过程中，案例呈现简洁、精练，图文并茂，案例分析全面、深入，独具慧眼。整个课堂教学始终以考试为主线，以评价为轴心，教学组织如行云流水、水到渠成。上课期间，师生互动频繁、课堂气氛活跃。

课后，化学与材料科学学院精心组织了观摩评议活动。校督导团对这节课给予了高度评价，认为闫老师的教学思想与教学设计有高度，教学组织与实施有深度，教学内容有广度，是十分出彩的一节示范课。化学与材料科学学院副院长高峰在总结讲话时指出，希望中青年教师学习闫老师勤耕常新、乐在其中的教学境界，把教师职业当成自己毕生追求的事业，把心系教学、心系学生的责任意识以及勇于担当的优秀品格贯穿于教学全过程之中。

教学感言

一、课后反思

本次课是“中学化学考试研究”选修课系列讲座的最后一讲，或者说是我本科生课堂的告别课（当时我即将退休）。课题为专题三——我国基础教育十年考试与评价改革的多维检视。第一节课，讨论导入：两位学生上台发言谈对科举考试的认识与启示。然后通过3个案例分析探讨文化特色：高考两难、衡水中学的故事、毛坦厂中学的故事。介绍完毛坦厂中学校容、校貌及参观照片即下课，督导团离开。第一节课未讲完整，略有拖堂，如能在开场及提问环节控制紧凑些，则可以讲完两个中学的故事，并请学生发言评价。这是一个不足。第二节课，请学生发言表达对两个中学的思考。而后涉及档案袋评价方法介绍、布置查找中考改革最新进展资料，最后重点讲解高考改革，直至最新改革方案简介。

二、教学感悟

我从1982年起从事高校教学与科研工作，一直坚持在本科生一线教学，潜心化学课程与教学论研究，即使从1996年起兼任管理工作也从未离开本科教学岗位。并以“立足师范，开拓创新”为教学改革指导思想，构建了“8个坚持”的课程组织与教学模式：坚持案例教学制度，坚持外聘专家讲学制度，坚持学习汇报制度，坚持作业—课题研究制度，坚持五环节教学技能训练竞赛制度，坚持三方联动的教学技能指导制度，坚持实习基地调研制度，坚持网络资源建设制度。上述做法形成了我独特、有效的教学风格。2001年，我组织、带领团队获得国内同行第一个国家级教学成果二等奖，实现了安徽师范大学国家级教学成果奖零的突破。2008年，我协助团队使执教的化学教学论课程成为国内同行中第一个国家级精品课程。2013年，我获安徽师范大学卓越教学贡献奖；2014年，我和安徽省教科院联合申报，获得首届基础教育国家级教学成果二等奖，为安徽师范大学收获首个基础教育国家级教学奖，成为安徽师范大学多年为基础教育服务取得的标志性成果，为本学科在学校和国内同行领域的先进地位做出了新贡献。

我和教学团队在教学改革与建设上所做的努力，得到了学生、同行的广泛认可和社会的赞许，也促使我更加热爱教师职业。

我回首走过的教学之路，此时更加体会了“三尺讲台三寸笔三寸舌三千桃李，十年树木十年风十年雨十万栋梁”的博大内涵。教学工作是辛勤的劳动，更是充满阳光的事业！

“在教学中做研究，用研究促教学，让我感受到教书育人的事业其乐无穷！”这是我对自己教学工作的感悟与诠释。

教学座右铭

勤耕常新，乐在其中。

陆　林

教师简介

陆林，1962年生，安徽芜湖人。安徽师范大学国土资源与旅游学院教授，博士，博士生导师，高校旅游管理类专业教指委委员，享受国务院特殊津贴。主要研究人文地理学、旅游地理学。主讲“人文地理学”“旅游地理学”“旅游规划原理”等课程。主持国家级特色专业建设项目1项，省级重点教学研究项目1项，安徽省教学改革示范专业建设项目1项，省级质量工程项目名师工作室1项。出版高校教材4部。获安徽省教学成果一等奖2项、二等奖2项，安徽师范大学卓越教学贡献奖。获“新世纪百千万人才工程国家级人选”“全国优秀教师”“全国优秀地理科技工作者”“安徽省学术和技术带头人”“皖江学者”“安徽省高校省级教学名师”等称号。

示范课报道

析纷繁地理　绘育人画卷

2011年5月10日，2011年安徽师范大学本科教学公开课第七讲在花津校区2040301教室举行。本讲由省级教学名师、国土资源与旅游学院陆林教授主讲。校纪委书记程度，校教学督导团成员，教务处副处长刘桂云，国旅学院党委书记吴春雷、院教学督导组成员及教研室教师观摩了此次公开课。

此次公开课教学内容是“政治地理学”。陆老师依据学科特点，结合中外政治地理格局演化的历史与现状，分别详细说明了从政治地理单元到政治地理的结构和过程，从国家领土主权到国家的中心性区域以及边界与边疆等内容，为大家展示了一幅生动、丰富的政治地理学画卷。

陆老师善于将理论联系实际，授课内容灵活，教学节奏紧凑，讲述层次清晰，语言表达流畅。特别是通过启发式的教学方式来充分展开教学互动，调动学生学习的积极性，营造了活泼的课堂氛围，收到了很好的教学效果。

参与观摩和学习的师生对本次公开教学的积极效果给予了充分肯定，一致认为这既是一堂高质量的人文地理学理论课，又是一次生动的中国历史和爱国主义教育课。青年教师们也纷纷表示要学习名师，查找差距，自我加压，刻苦投入，从而不断改进教学方法，提高教学水平。

教学感言

一、课后反思

我曾多次举办公开教学示范课，对教学工作高度负责，精心设计教学方案，认真备好每一堂课。我始终坚持以实践能力和创新意识的人才培养为主线，采用“理论讲授+实例剖析+学生评论”模式。坚持理论与实际相结合，结合课程特点，将科研成果、社会服务成果、现实问题转化与课堂教学有机结合，改变学与教的行为，不断充实更新教学内容。讲授全过程理论联系实际，内容饱满，特别是通过课堂问答等启发式方法充分展开教学互动，调动学生的积极性，营造了活泼的课堂氛围，收到了很好的教学效果。

二、教学感悟

(1) 遵循教育教学规律，改革教育思想与教学观念。作为一名教师，要主动探索教学理念，促进教育教学思想的革新，将教育思想、教学内容、教学方法等方面取得的创造性研究成果，广泛应用于教育教学实践，为人才培养模式改革与创新提供了指导作用。形成以案例教学为载体的理论教学、以实习、实训为重点的实践教学和以职业训练为核心的第二课堂，构成一个相对完整的教学内容体系。(2) 德才兼备育人目标，发挥课堂教学育人功能。充分发挥课堂教学的育人功能，把专业教育同思想教育有机结合，在教学的过程中引导学生树立正确的世界观、人生观、价值观，在正确价值观的传播中与学生共鸣，使思想政治教育更加鲜活、生动。始终秉承教书育人，恪尽职守的基本要求，强化学生的社会责任感，提升其综合素质。(3) 推进务实的实践教学，强化实践育人意识。加强实践教学，培养学生创新精神和实践能力。组织编写实验教学指导书，强调从中国发展的实践当中发现新的科学问题，将学科最新动态和自身研究成果以及在社会服务项目中的鲜活案例融入课堂教学中，充分激发学生的学习热情。多年来，我坚持指导并亲自带队地理科学专业的野外实习、教育实习和旅游管理专业的野外实习、专业实习，指导学生开展师范生从教技能训练和课程设计，坚持指导本科生毕业论文设计，吸收本科生参加自己主持的国家自然科学基金项目等科研课题，对本科生学术技能和综合素质锻炼发挥了很大作用。(4) 因课制宜的教学方法，改革教学手段。我注重学思结合、知行统一、因材施教，坚持开展启发式、探究式、讨论式、参与式教学，鼓励学生创新。有效应用多媒体等现代教育技术，提高课堂效率。针对课程特点，我以“大课堂”为理念，超越教材，超越课堂，采取包括案例教学、活动教学、研究性学习等多元化的教学模式，坚持校内、校外两个课堂有机互动，组织学生走出校门、走进实践。

王　原

教师简介

王原，1981年生，安徽芜湖人。安徽师范大学国土资源与旅游学院副教授，博士，硕士生导师，美国加州大学BERKELEY分校景观设计学院访问学者，国家科技部国际科技合作项目评审专家，国家林业局湿地保护管理中心专家。主讲“景观生态学”“生态学概论”“风景园林规划与设计”“城乡生态与环境规划”等课程。获国土资源与旅游学院青年教师教学基本功大赛一等奖（2014），安徽师范大学青年教师教学基本功大赛三等奖（2012），安徽师范大学青年教师教学基本功大赛三等奖（2014）。

示范课报道

神奇自然现书卷　瑰丽生态入画轴

2012年9月19日，本学期校本科教学观摩课第二讲在花津校区教学楼2070501教室举行。国土资源与旅游学院王原副教授为现场师生生动演绎了“生态学概论”中的“群落生态学”。校纪委书记程度，副校长李进华，教务处副处长刘桂云，校督导团成员，国旅学院领导、院督导组成员与部分青年教师等近30人参加了此次观摩活动。

王老师精心挑选了部分动植物的图片导入新课，让学生在辨识的过程中对“生物群落”有基本的认识，同时有意识地将新旧内容进行衔接，使学生温故知新。王老师在介绍生物群落的概念、特征与性质时，善于引用生活中的实例进行类比，巧妙地将知识点代入寻常事物中，使学生在习以为常的生活点滴中学会观察和研究。在具体论述时，他能调动学生的积极性，启发学生思考，努力将书本枯燥的概念形象化，在轻松、活泼的气氛中寓教于乐。

王老师授课潇洒自如，举例得当；讲解充满激情，准确恰当，将多媒体的辅助功能发挥得淋漓尽致。他虽教龄不长，但在教学上孜孜以求，不断追求创新。他注重结合学生的兴趣和发展来设计课堂教学，在吸引学生的基础上不断深化主题，为观摩师生展示了一幅幅“群落生态学”栩栩如生的画面。

李进华副校长对本次观摩课的良好效果给予了充分的肯定，并结合自身专业知识进行了评价。校督导团一致认为，本次观摩课组织得力，课程内容讲授精彩，但在课堂板书方面存在不足。希望广大青年教师在课堂教学中充分发挥板书的主导作用，结合必要的多媒体辅助教学手段，积极探索效果最优的教学方法。

教学感言

研究型教学模式——问题导向，启发思考。由于我所学专业的特点，我教的几门课程实践应用性较强，比如城规核心课程“城乡生态与环境规划”。该课程主要教授学生城市生态规划的理论和技术、方法。考虑到学生们刚接触生态规划，缺少实际应用经历，我在教学过程中首先提出不同尺度和类型的生态规划要解决的问题，以此为线索，发挥学生研究型学习能力，步步引导，在解决问题的过程中把知识点和技术方法作为工具和素材提供给学生，并不断启发学生思考，以点穿线，以线带面。研究型教学以学生为主体，强调教学过程中的启发式教学和师生互动，提倡学生自主选择学习，充分发挥主观能动性，鼓励学生发现问题和表达观点，培养学生提出问题、研究问题、解决问题的能力，强调一种主动探究式的教学方法。此外，研究型教学对于老师来说，要求教师把自己承担科研课题、社会服务项目和课堂教学有机结合，一方面促进教学内容的实时性和实践性，一方面也有利于培养学生学习兴趣，是城乡规划专业核心课程探索产学研模式的很好路径。

结合专业的课程教学设计——共性课程知识体系嫁接个性专业需求。对于一些学院选修课，要考虑不同专业背景对于课程的差异化诉求。比如，我所承担的景观生态学课程，目前学院“城乡规划”“旅游管理”“地理科学”“土地管理”“地理信息科学”等不同专业的学生都可以选修。“景观生态学”的课程教学体系的构建既要立足于课程自身的特点，又要着眼于各个专业发展的需求。共性知识体系是指注重教学内容的整体性与基础性，构建以景观结构、功能、动态和规划为核心内容的知识体系框架。个性专业需求则强调突出专业特点，具体的教学内容设计应该根据不同专业的需求做出调整，注重景观生态学教学在整个专业培养中的定位以及和其他相关课程之间的关系和衔接。

教学过程中的自我实现——用激情、认真和诚心，去体会教学过程中的自我价值。当我站在讲堂上，在和学生们交流和沟通的过程中，每一次觉得可以用自己的知识和思想，去影响一些年轻人，并收获信任和尊重，这是我作为大学老师最踏实和满足的时刻，内心的直觉让我意识到自己真的非常喜欢教师这个职业。其实，做一个称职的老师很难也很简单，只要自己怀着一份真诚和认真，每一次进入课堂仍留有一份激情，我想学生们也一定会感受到这些，一个好的课堂不仅仅需要知识和方法，更需要教师和学生之间的信任和温度。

教学座右铭

帮助学生发现更好的自己，并在这个过程中和学生们一起成长。

麻金继

教师简介

麻金继，1975年生，安徽当涂人。安徽师范大学国土资源与旅游学院教授，博士生导师，地理信息科学专业负责人，安徽省空间遥感学会副理事长，安徽省学术和技术带头人后备人选。主要研究遥感，GIS及其基于3S技术的大气环境参量。主持国家自然科学基金3项，安徽省自然科学基金2项，博士后基金1项，参与了“973”、“863”、国防科工委以及中科院先导性专项等多项项目，主持多项省级集体教学项目和教改项目，在国内外刊物发表论文50多篇。获安徽师范大学教学优秀奖。连续5年指导多名学生获得国家级、省级学科竞赛一等奖和二等奖，并多次获得“优秀指导教师”称号。

示范课报道

算沙抟空解遥感　深入浅出析辐射

2013年10月21日，本学期校本科教学示范观摩课第四讲在花津校区教学楼2040504教室举行。国土资源旅游学院麻金继教授以丰富的专业知识，为现场师生讲授了“遥感数字图像处理”课程中“遥感图像的辐射校正”内容。参加此次观摩课的有校督导团、教务处有关人员，国旅学院领导、院督导组、各教研室主任、部分中青年教师及学生。学院共到场听课教师18人。

上课伊始，麻老师运用辐射图像，生动、形象地引出“辐射畸变”产生的三个主要原因：传感器的影响、太阳辐射以及大气影响。随后，他又深入浅出地阐释了辐射误差校正原理与方法，并从“辐射畸变”产生的主要原因入手，讲述了“辐射校正”方法在解决实际问题中的应用。

麻老师运用了大量的遥感图像和案例，使同学们直观而又清晰地理解课程。同时他还结合在研项目，培养学生做科研、做实验的兴趣。麻老师丰厚的知识储备，幽默、轻松的课堂感染力，高超的课堂驾驭能力以及对科研积极探索的态度，为在场师生奉献了一道精彩绝伦的教学大餐。

在课后评议中，校督导团认为麻老师备课认真，授课思路清晰，讲课内容与简洁的多媒体画面巧妙结合，引例生动、有趣，有效地调动了学生的学习热情与兴趣。在场的青年教师纷纷表示获益良多，学习到很多的教学技能与方法。

教学感言

一、课后反思

“遥感数字图像处理”是一门信息技术应用课程，需要根据技术的逻辑性设计好课程的顺序，然后根据每节课学生需要掌握的技术展开课程准备。从每节课来说，站在学生的角度，首先通过实例让学生对该技术做到感性认知，然后分解该技术的每个知识点，并通过实例详实地让学生知道如何实现，最后通过实践课让学生巩固之。在整个过程中，必须通过实例让学生既感觉到技术的“兴趣”，又对为什么用该技术有思考。

二、教学感悟

目前是信息技术爆炸的时代，教师必须做到随时学习，跟上时代发展的步伐。要想教好课，必须做到以下三点。第一，教研相长。教师必须从事科研工作，因为科研是提高教学质量的基础，是不断充实、更新教学内容的源泉，只有亲身从事科研实践，才会在教学中自然地流露自己的科研心得，讲课才能得心应手，才能激励学生潜心钻研、开拓创新。第二，言传身教。要想培养学生独立思考，必须向学生展示教师对问题的独到见解。要想培养学生分析问题的能力，就要向学生展示教师对问题的分析思路，从而鼓励学生参与其中，与学生分享研究的乐趣。第三，授人以渔。教学内容是教学思想的载体，但教授学生解决问题的思路、方法更重要，“授人以鱼”不如“授人以渔”。

教学座右铭

努力做个学生喜爱的老师，尽力培养出更多优秀的学生。

焦华富

教师简介

焦华富，1962年生，安徽黄山人。安徽师范大学国土资源与旅游学院教授，博士。主要研究城市地理与城市经济。主讲“城市地理学”等课程。主持省级重点教学研究项目1项，参与国家级质量工程项目1项、省级质量工程项目2项。获安徽师范大学优秀教学奖一等奖（2010）。获“安徽师范大学教学名师”（2016）称号。

示范课报道

贯穿始末诉城市　审时度势论发展

2014年3月18日，本学期校本科教学示范观摩课第二讲在花津校区教学楼2070501录播教室举行。我校优秀教学奖一等奖、国土资源与旅游学院院长、博士生导师焦华富教授凭借丰富的专业知识、精湛的教学技能、精神饱满的教学姿态和逻辑严谨的语言风格为现场师生讲授了“城市地理学”中“城市化的历史进程”这一精彩内容。校纪委书记程度，校督导团、教务处有关人员，国土资源与旅游学院领导、院督导组、院各系主任、部分中青年教师和学生参加了观摩活动。学院高度重视此次观摩课，听课教师达29人。

课上，焦老师以回顾与本节课密切相关的“城市的产生和发展”“城市化原理”，并结合“广义与狭义理解下的城市化开始时间”这一问题导入新课，按照时间和逻辑顺序系统描述和总结了工业革命以来世界城市化进程的发展阶段、主要特点及当代中国的城市化特征。焦老师在讲授新课时思路清晰、内容丰富，他在对世界城市化进程的内涵进行深入解析的同时，注意结合引入最新的相关数据、图表和成果，对“世界城市化进程的主要特点和表现”等做了精确、有效的分析，全面反映了当前城市化进程的发展状况和最新的学科动态，拓展了学生的思维空间。特别是在城市化水平与经济发展水平的对数关系讲授中，焦老师通过列举典型示例，向学生说明了统计模型规律与例外个案之间的关系，避免了学生对这一对数曲线模型的片面认识。此外，焦老师充分把握课堂重点、层层推进，每一个知识点讲授前都通过问题思考来引导学生，在向学生传授知识的同时，更教会了学生学习的方法。

焦老师语言精练、逻辑性强，知识主线脉络分明，新旧内容衔接自然、流畅，板书与多媒体教学相结合，体现了娴熟的教学技能和深厚的教学基本功。他的授课基于教材内容而又高于教材，很好地实现了教材与教案的有机组合，表现出对教材和教学过程高超的驾驭和把握能力，且在教学过程中始终把内在结论与分析的依据联系在一起，使学生紧跟教师思路，高度调动了学生学习的主动性和积极性。

示范观摩课后，校督导团老师用“一堂十分成功和精彩的示范课”给予此次示范观摩课高度肯定。随后，督导团组织了评议活动，大家一致认为本次观摩课组织得力、效果明显、内容讲授非常精彩，充分发挥了提高认识、交流学习的预期作用。青年教师们也表示，本次示范课有益于自身对教学实践活动的理解，从中也学习到了很多的教学方法和技能。

教学感言

教学有法，教无定法。教学是一门艺术，具有自身的基本规律，但并不存在固定、统一的模式，刻意模仿别人的教学模式往往会事倍功半。不同教学内容、不同的教学对象，不同教师特质应采取不同的教学方法。

既见树木，又见森林。一门课程的教学内容具有内在的逻辑关系，构成一个相对完整的体系。因此，教师在课堂教学工作过程中，既要使学生掌握基本概念、基本知识和基本理论，也要引导学生建立本课程的内容结构，建立逻辑关联，融会贯通，灵活运用，避免使学生的知识出现“碎片化”“只见森林，不见树木”。

既讲是什么，更讲为什么。地理学经常被误认为就是“地名加物产”，缺少理论支撑。因此，在地理课堂教学中，必须加强基本原理和理论的教学，不仅让学生知道“是什么”，更要让学生知道“为什么”。古人云：授人以鱼，不如授人以渔。随着学科知识的迅猛增长和革新，必须注重知识的生成和建构，改变单一知识传授的教学方法，加强基本理论和方法的讲授，让学生利用已掌握的知识和理论，“生成”新的知识。

依据教材，不拘泥于教材。教材是教学的重要依据，但教材不能及时反映学科的最新进展，教师需要在依据教材的基础上，及时吸纳学科的新知识、新理论、新观点和新方法，充实教学内容，提升学生把握学科前沿的能力。同时，紧紧结合我国社会经济发展的实际，将鲜活的案例纳入课堂教学，提升学生学习的积极性，渗透情感、态度和价值观教育。

与时俱进，改革教学手段。随着课堂教学时数的压缩和教学硬件条件的改善，必须借助多媒体辅助教学提高课堂效率。同时，多媒体应为“辅助”教学手段，传统的板书和版画同样不可或缺，应根据教学内容采取相应的教学手段。

教学座右铭

努力把每堂课都当成示范课来认真对待。

吕成文

教师简介

吕成文，1965年生，安徽无为人。安徽师范大学国土资源与旅游学院教授，博士，硕士生导师。主要研究自然地理、地图学与地理信息系统。主讲“地图学”“遥感概论”等课程。主持安徽省教育厅省级教研项目1项，安徽省高校省级质量工程精品资源共享课程“地图学”1项。获安徽师范大学“皖泰杯”教学优秀奖二等奖（1997），安徽省教学成果奖三等奖（2008）。获“安徽师范大学教学名师”（2014）称号。

示范课报道

图文并茂释投影　灵谨双备述真知

2014年10月10日，本学期校本科教学示范观摩课第二讲在花津校区教学楼2070501教室举行，我校教学名师、国土资源与旅游学院吕成文教授给大家带来了一堂生动有趣的地图学公开课。校督导团、教务处有关人员，国土资源与旅游学院领导、院督导组及部分中青年教师参加了此次观摩活动。学院高度重视此次观摩课，听课教师达26人。

上课伊始，吕老师与同学们回顾了上节课所学知识，并自然引入新课程——中、小比例尺地图投影的教学。吕老师首先向大家详细讲解了正轴圆锥投影，并就正轴圆锥投影的特别形式——正轴方位投影和正轴圆柱投影做了更具体的比较讲解。他从各种投影的经纬网形式、变形分布、适用等方面分别对上述三种投影进行讲解，分门别类，思路清晰，吸引了同学们的注意力。

吕老师将PPT投影和板书良好结合，用PPT呈现知识点，就重点内容板书后着重解释，这样既有助于学生对教学内容的理解，也可以让学生清楚所学知识的重难点。此外，他向学生传授相关的课外知识，拓宽了学生的知识面。吕老师的教学方法独特，在灵活、自由的同时，也兼备了深入严谨的特质，更有利于同学们对课堂内容的理解和掌握，同时也提高了学生的课堂学习效率。

示范观摩课后，校督导团给予此次示范观摩课高度的肯定。随后，学院精心组织了评议活动，大家一致认为本次观摩课组织得力、效果明显、内容讲授非常精彩，充分发挥了提高认识、交流学习的预期作用。青年教师们也表示本次示范课有益于对教学实践活动的理解，从中学习到了很多的教学方法和技能。

教学感言

应用于中、小比例尺地图的投影很多，常用投影有正轴圆锥投影、正轴圆柱投影、正轴方位投影、横轴方位投影、斜轴方位投影等。通过本节课程教学旨在帮助学生理解并把握各常用投影的构成、经纬网形式、变形特点、适用，为读图、用图乃至编图（投影选择）奠定扎实的基础。根据本节课程特点，教学难点有三方面：①投影过程抽象，空间性强；②投影变形复杂，不容易理解；③投影类型多，易相互混淆。教学实施：抓住重点，化解难点，在讲授方法上讲授与讨论结合，板书与多媒体技术结合，等。根据正轴圆锥投影构成特点，当圆锥面顶点位于无限远处时，正轴圆锥投影变成了正轴圆柱投影；当圆锥面顶点切于地球面时，正轴圆锥投影变成了正轴方位投影。可见，正轴圆柱投影、正轴方位投影是正轴圆锥投影的两个特例。基于此，我在授课中重点从正轴圆锥投影入手，对正轴圆锥投影的构成过程、变形特点及适用详细讲授。然后，从中启发、引导学生对正轴圆柱投影、正轴方位投影讨论，从正轴方位投影进一步引导学生对横轴方位投影、斜轴方位投影讨论，在讨论中对课程进行总结。在对投影构成过程分析中，充分运用多媒体技术，通过生动构图并辅以讲解。在对投影变形分析中，由浅入深、循序渐进。首先通过对投影过程构图观察、比较，建立对投影变形过程的感性认识。然后，定量分析投影面上各点经、纬线方向长度比。再次，引导学生分析、总结投影变形规律，并给出投影适用。从实际教学情况看，学生基本掌握了相关投影知识，且通过参与讨论，锻炼了分析能力，提高了学习兴趣。

教学质量是教学工作的生命线，如何把知识传授给学生，使学生愿意听，且听得懂，需要教师投入大量精力。课前吃透课程内容，清楚课程重难点，上课时才能得心应手、深入浅出，抓住学生注意力。我尽管从教已经有20多年，但每次上课前都会认真备课，查阅、补充相关资料，规划完善教学方法，努力把本学科前沿知识和教改成果贯穿在教学中。

教学座右铭

教学没有捷径，潜心思考，用心教学，功到自然成。

王朝辉

教师简介

王朝辉，1970年生，安徽颍上人。安徽师范大学国土资源与旅游学院教授，博士，博士生导师。主要研究旅游管理与旅游规划。主持参与国家自然科学基金4项，主持省级质量工程项目3项，发表论文40余篇，出版专著（教材）3部。获省部级科研成果奖5项，省级教学成果奖二等奖2项。获“安徽师范大学‘三育人’先进工作者”“安徽省旅游院校优秀教师”等称号。

示范课报道

知微知彰知发展　道图道文道饭店

2015年3月30日，本学期校本科教学示范观摩课第三讲在花津校区2070501教室举行。本次示范课由国土资源与旅游学院王朝辉教授主讲。王老师凭借扎实的专业知识、图文并茂的教学手段和充满激情的语言为现场师生讲授了“饭店管理原理”中“现代饭店的发展”章节中的精彩内容。校督导团、教务处有关人员，国土资源与旅游学院院长焦华富、副院长赵冬梅、党委副书记乔静、学院督导组、部分专业负责人及中青年教师等22人参加了此次观摩活动。

课上，王老师阐述了饭店经营理念的发展，从市场多元化与类型多样，特色定位与主题选择，品牌经营及饭店的人文与人文化的饭店四个方面图文并茂地剖析了国内外饭店经营理念的发展、现状及趋势。王老师在讲授新课时思路清晰、内容丰富，他在对现代饭店经营理念进行深入解析的同时，注意结合引入典型图片与视频演示，对饭店个性及今后的发展趋势做了形象而准确的分析，拓展了学生的思维空间。

王老师语言精练、条理性强、板书与多媒体教学良好结合，体现了他娴熟的教学技能和深厚的教学基本功。同时，王老师在教学过程中注重引用饭店经营理念的最新研究前沿，拓展了学生视野，调动了学生学习的主动性和积极性。

观摩课结束后，国土资源与旅游学院精心组织了评议活动。大家一致认为，王老师的课程设计详略得当、线索明晰、逻辑性强，显示了他丰富的饭店经营管理的经验和挥洒自如的课堂驾驭能力，这是一堂非常成功的教学观摩课。青年教师也纷纷表示受益匪浅，并要从中学习借鉴，努力提高自己的教学技能和教学水平。

教学感言

立足专业，探索教法。教学是一门艺术，具有自身的基本规律，但并不存在固定的模式，专业性质不同，不同的教学内容，不同的教学对象，不同的教师应采取不同的教学方法。

树木森林，取道明德。一门课程的教学内容是一个相对完整的知识体系，对应专业知识图谱，随着社会发展，知识图谱不断扩展，必须在教学内容中不断融入新知识，不断扩展图谱结构，教与学做到既见树木，又见森林。针对教学内容，认真总结业务管理之道，课堂教学中，加强基本原理和理论教学，不仅让学生知道是什么，更要让学生知道为什么、怎么样，并结合专业业务总结与传播之道。

传授知识，培养情怀。大学需要培养具有知识、情感、价值观，对社会有用的“社会人才”。大学一方面注重传授新知识，同时也要培养学生的社会能力、生活能力、实践能力，培养学生正确的价值观、世界观，培养学生良好的人文素养与人文情怀。

品质修为，导引职业。大学教学要做到既教书又育人，因此课堂上以知识体系为主线，针对行业对人才培养的要求，引导良好的行为习惯，形成符合社会发展的品格修为，厘清职业发展路径，培养良好的专业情感，帮助学生规划成长、成才路径，导引职业发展。

教学座右铭

努力把每一节课讲精彩。

王　咏

教师简介

王咏，1974年生，安徽六安人。安徽师范大学国土资源与旅游学院副教授，硕士生导师。旅游管理专业教师。主讲“形体礼仪”“旅行社经营与管理”等课程。主持安徽师范大学本科课程考核改革试点项目及教学研究项目各1项，主编教材1部。入选安徽省旅游业青年专家培养计划，获安徽师范大学优秀教学奖三等奖。获安徽旅游风采金榜大赛“我最喜爱的旅游院校（系）优秀老师”称号。

示范课报道

知书达理展形象　言行举止塑文明

2015年11月1日，我校优秀教学三等奖获得者，国土资源与旅游学院王咏副教授在花津校区教学楼2040401教室举行了公开课教学活动。校督导团理科组成员，教务处有关人员，国土资源与旅游学院焦华富院长、程久苗副院长、院督导组成员及学校部分青年教师等观摩了此次公开课。

此次公开课的教学内容是“文明举止的礼仪”。王老师首先通过生动的图片回顾了“着装和仪表的规范”，并自然过渡到个体在日常生活中举手投足的行为规范，从发式、目光、微笑、站姿、坐姿等内容进行了细致的讲解和示范，尤其结合旅游专业学生日后工作岗位的特点进行有效分析。启迪学生既能在大处着眼，又能在小处着手，在文明举止上严格要求自己，养成良好的生活习惯，加强个人的自我修养。

王老师不但充分使用多媒体展示内容丰富的教学案例，而且将举止礼仪的自我展示与学生展示进行比照，不但有助于学生对教学内容的理解，而且更好地拉近了师生距离，课堂气氛非常活跃，学生参与教学的积极性较高。王老师在授课时条理清晰，声音清脆、响亮，肢体语言的配合更是恰到好处，体现了本次公开课的主旨。

教学感言

2011年11月1日，在花津校区教学楼2040401教室举行了公开课教学活动，授课对象为2011级旅游管理专业本科生，内容为旅游从业人员“文明举止的礼仪”。公开课前，我结合专业特点和课程内容，做了较为充分的准备。我厘清了教学思路、安排了课程重点，联系旅游行业工作岗位的实际，设计互动环节，启迪学生从大处着眼、小处着手，规范举止，加强个人修养和职业素养，养成良好习惯。

授课过程中，我不仅利用图片、视频等多种形式呈现课堂内容，而且将举止礼仪的自我展示与学生练习进行比照，有助于学生对教学内容的理解，拉近了师生距离。课堂气氛活跃，学生学习兴趣浓厚，教学效果良好。今后可进一步提升理论、总结观点，将理论和案例更紧密地结合起来。

我的教学感悟如下。

精心准备。教师每次备课都要吃透教材内容，精心安排教学重点，分解难点，设计教学方法。立足于教材而又不拘泥于教材，通过查阅文献、关注旅游管理部门和旅游企业网站等方式广泛收集资料，熟悉行业、学科和课程发展的最新趋势和特点，将前沿知识贯穿在教学过程中，拓宽学生学习的深度和广度。

重视理论与实践的结合。旅游管理专业的实践性强，理论与实践结合非常紧密。理论是基础，教师通过文献阅读，参加会议、培训等方式了解学科发展动态。实践是对理论教学的运用与反馈过程，是课程设计和教学过程中极其重要的环节。首先，理论讲授时结合旅游企业经营实例，鼓励学生思考，提出解决问题的方法。其次，可结合教学内容邀请业内专家传授一线工作经验。再次，可带学生走进旅游企业，观察学习，和经营者、消费者面对面交流，取长补短，架构学生学习、实践和就业之间的桥梁。最后，教学相长，教师需加强与外界联系，拓宽视野。如深入旅游企业，到酒店、旅行社兼职；做好社会服务，如承担政府部门、企事业单位礼仪培训课程，任导游资格考试考官、礼仪大赛评委等。

启发学生思考，活跃课堂氛围。在注重素质教育、信息技术飞速发展的背景下，需改革“填鸭式”的教学方式，因材施教，注重学生能力的培养。课堂上可以采用提问、分组讨论、角色扮演、团体竞赛、互动游戏等多种方式活跃课堂氛围，启发学生变被动听课为主动思考，调动学习积极性，减少纯理讲授枯燥。教师精心设计提问环节、纠错方式、内容组合等，以饱满的情绪投入教学中，感染学生。

既教书又育人。本科生接触社会不多，容易受到外界影响。教师应把学生当作亲人或朋友，尊重学生，传授知识的同时多和学生探讨做人的道理，从细节入手，培养学生的责任感、自律意识、积极乐观的心态和奋发向上的精神。

教师要不断进步，“为别人照亮道路，自己必须放出光芒”。

李俊峰

教师简介

李俊峰，1974年生，安徽庐江人。安徽师范大学国土资源与旅游学院副教授，博士，主要研究城市地理与城市规划、地理课程与教学论。主讲“城市规划原理”“地理课程与教学论”等课程。主持国家级项目1项，省部级项目3项，厅级项目3项，校级项目2项，参加国家级、省部级项目4项，参与城市与区域规划项目多项。副主编教材1部，参编教材3部，发表学术论文30余篇。作为主要参加人的“皖江城镇带规划与布局研究”获安徽省城市规划类一等奖、全国优秀规划设计三等奖。获安徽师范大学教学成果奖二等奖（2011）。

示范课报道

紧扣区域论发展　细析城市说变迁

2012年4月28日，2012年本科教学观摩课第八讲在花津校区教学楼2070501教室举行。我校优秀教学二等奖获得者、国土资源与旅游学院李俊峰副教授，为现场师生讲授了“城镇规划原理”的“城市群的概念、内涵、特征及中国城市群发展格局”一课。校督导团理科组成员，教务处有关人员，国旅学院领导、院教学督导组专家及部分教师等参加了观摩活动。

李老师以“城市群规划背景的分析”导入新课，按照时间顺序系统描述和总结了“城市群”概念的形成和发展过程。他在对其内涵进行深入解析的同时，注意结合中国国情，对“中国城市群的发展、布局和特色”等做了有效分析，全面反映了当下城市群的发展状况和最新的学科动态，为学生日后从事城市群规划的实践工作提供了良好的指导。

李老师讲授的知识主线脉络分明，新旧内容衔接自然、流畅，具有很好的系统性、逻辑性和条理性；能很好地融入自身在本领域的研究成果，实现了教研相长。李老师收集了丰富的背景材料，并制作成精良课件供学生赏析。同时，李老师依据授课内容，拓展学生的思维空间，高度调动了学生学习的主动性和积极性。

国土资源与旅游学院在课后组织专家和教师对本次观摩课进行了评议，大家一致认为本次观摩课组织得力，效果明显；内容讲授非常精彩，充分发挥了提高认识、交流学习的预期作用。

教学感言

严谨备课，实时更新教学内容。要给学生一杯水，老师要有一桶水。授课之前要做足准备工作。在备好基础知识的同时，对教学内容也要进行实时更新，学会通过各种途径，全面搜寻、掌握当下最前沿的学术进展，将教学内容的前沿动态及时更新，将自己的一桶水更换成更有营养价值的“优质矿泉水”和“活水”。不断地摸索改进教学方法，将书本知识与学科有关的社会热点话题结合起来。对于“城镇规划原理”的教学，要格外关注目前国家的相关政策、法规等，争取做到理论联系实践，让学生把知识学活，使得他们尽快、更好地适应社会。在具体的教学中，我尽力做到循循善诱、诲人不倦，激发学生的兴趣，提高学生的自主能力，开发他们的潜力。

寓教于乐，指引学生知行合一。课堂教学中，通过多媒体课件动画与板书紧密结合，梳理知识重难点；并通过练习、提问等方式与学生积极互动、讨论，让学生对知识不仅知其然，而且知其所以然，激发学生积极思考。在活跃课堂气氛的同时，不断鼓励、引导学生走出课堂，走进自然，走向社会，做知行合一的地理人。

教中有研，激发学科开拓创新。科研是“源”，教学是“流”，把科研与教学有机地结合起来，实现协同育人，形成有效的教育力。鼓励和支持教师将最新科研成果及时转化为教学内容，用好、用足现有的科研资源，并注重授课后的反思，内化于学科科研成果，提升教师自身科学实践技能，从而实现师生共赢，促进学科创新，提升学术价值。

教学座右铭

博观而约取，厚积而薄发；严谨对待教学，平静对待生活。

聂刘旺

教师简介

聂刘旺，1962年生，安徽潜山人。安徽师范大学生命科学学院教授，博士生导师，安徽省学术与技术带头人，“皖江学者”讲席教授，教育部高等学校“生物科学与工程”教学指导委员会委员。主要研究爬行动物的生物多样性及分子系统进化，动物性别的人工控制，等。主讲“现代分子生物学”“遗传学”“基因工程”“细胞工程”“现代分子生物学技术”“普通生物学”等课程。主持教育部一类特色专业“生物科学专业”建设、安徽省重大教学改革项目“生物类专业创新人才培养的模式和机制研究”，安徽省教学质量工程“现代遗传学教学团队”和“现代遗传学”名师工作室等。主编教材教材2部，参编教材1部。获“安徽省优秀教师”(2007)，“安徽省教学名师”（2009）称号。

示范课报道

点面结合融一体　多维视角论基因

2012年4月9日，本科教学观摩课第四讲在赭山校区教学楼1410教室举行。高等学校省级教学名师奖获得者、生命科学学院聂刘旺教授为现场观摩师生讲授了“现代分子生物学”的部分内容。聂老师通过清晰、精确的讲解，有效地将复杂的问题简易化，将枯燥的知识形象化，为师生示范了一堂精彩的分子生物学课。校纪委书记程度，校教务处人员，校督导团理科组，生科院领导、院教学督导组及部分中青年教师观摩了此次示范课。

此次授课内容是“原核生物基因表达调控——色氨酸操纵子调控系统”。聂老师在对授课内容进行充分了解的基础上，围绕教学主题，合理设计教学环节，凸显重点和难点，尤其是对分节内容讲解之后的小结或以问题阐发，或以实例应用，或以多媒体展示，形成了总分结合自成一体，点面呼应环环相扣，深入浅出多维呈现的教学特色。

授课过程中，聂老师始终注意引导学生，尤其是通过设问、强调、比较差异、考研试题分析等多种形式与学生进行互动，启发学生独立思考，鼓励学生大胆表达，使得学生在参与过程中理解课程内容。聂老师还根据课程特点，在多媒体课件和教学过程中引入英文描述，使得学生在潜移默化中学习专业英语词汇，在拓展延伸中培养专业研究能力。

本次公开课从始至终得到了生命科学学院领导的大力支持和高度重视，全院更是为此精心筹备。课后还安排了校院督导专家、各教研室主任和部分中青年老师进行研讨和公开课评议。会上，大家细致分析了本次公开课成功的因素，院领导号召青年教师要以此为契机，向聂老师学习优秀的教学方法和教学技巧，不断提高教学水平。

教学感言

课堂教学是一门艺术，是一种创造性的劳动。我的教学感悟有以下几点。

一是生物学课程的教学必须把枯燥的知识讲到“活物”之中去，这个“活”就是要密切结合授课的内容，从生物进化的不同尺度；或从分子、细胞、组织、器官、生物体，甚至种群、群落、生态系统的不同水平；或从结构到功能、从基因到分子调控网络等多个方面，把知识呈现在“活体”中。

二是要积极倡导以启迪思维、启迪智慧、探究问题、双向互动为主要特征的探究式教学。我觉得教师在探究中教，可以帮助自己不断提升科研水平，学生在探究中学，可以激发他们的求知欲望。

三是教学要为学生服务，要有全心全意做好教学工作的高度责任感。要把每一堂课都当作一场展现自己能力的表演，热情奔放。因此，要讲好每一节课，需要大量的时间、精力投入，这些是讲好一门课的基本条件。

教学座右铭

把自己当成学生一样去研学提升，把上课当成表演一样去追求完美。

汪　鸣

教师简介

汪鸣，1958年生，安徽安庆人。安徽师范大学生命科学学院副教授。主讲“遗传学”“普通生物学”“人文·社会·自然科学基础”“生物学基础实验”等课程。主持和参与省级教学研究项目4项，参与编写教材2部，发表教学研究论文近10篇。获校级教学成果奖二等奖（1997），安徽师范大学“皖泰杯”教师教学优秀奖一等奖（1998）。获“安徽师范大学‘三育人’先进工作者”（1997、2015）称号。

示范课报道

寓繁于简释基因　化朴为巧析遗传

2012年10月22日，本学期校本科教学观摩课第七讲在赭山校区教学楼1509教室举行。皖泰教学奖获得者、生命科学学院汪鸣副教授依据遗传学的发展规律，科学直观地对“真菌类的遗传学分析”进行了说明。校督导团成员，教务处相关人员，生命科学学院领导、院督导组成员以及近30位青年教师参加了此次观摩活动。

汪老师在提问互动中引导学生回顾了高等动、植物基因定位的原理和方法，接着以诺贝尔奖获得者比德尔的著名学说“一个基因一个酶”为切入点，自然引入了真菌类遗传学分析的新课内容。他以基因定位的方法为主线，通过层层递进的讲解，配合多媒体课件和简洁的板书，展示了链孢霉的生活史和不同交配型配子融合后的减数分裂过程，诠释了链孢霉的特点及其作为遗传学分析材料的优点，重点剖析了链孢霉着丝粒作图和连锁基因作图等遗传学中较为复杂的问题。

汪老师的观摩课教学设计严密，内容安排详略得当，讲课思路清晰，环环相扣，引人入胜。他声音洪亮且富有磁性，语言幽默、风趣，善于使用生动的比喻、拟人和类比等使抽象的概念形象化。如把第一次分裂结束时的子囊形态演绎为会说话的动画形象，不但使知识的传授极富有感染力，也让学生在轻松氛围中乐于接受、易于理解。

观摩课结束后，生命科学学院对评议活动高度重视，组织校院专家和观摩教师进行专题评议。年轻教师均被汪老师深厚的教学功底和精彩的讲解所折服，纷纷表示受益匪浅，并要从中学习借鉴，努力提高自己的教学技能和教学质量。校教学督导团一致认为这是一堂非常成功的教学观摩课。若使用激光笔进行便捷地翻页圈点，则可提高效率。

教学感言

示范观摩课内容为第六章第二节“真菌类的连锁分析”。本章关于连锁分析的重要概念、原理和基因定位的技术思路在其他六章内容中均有不同形式的体现，是教材内容重要的主线之一。本节内容的难点在于要综合运用多种方法对实验数据进行逻辑分析、推理、解释，并获得正确的结果。

授课时，可首先扼要回顾高等生物连锁分析的重要概念、原理和分析方法，强调实验设计和分析方法要针对不同研究对象的生物学特性，引入新课。从真菌（粗糙链孢霉）的有性生活史入手，突出研究对象不同于高等动、植物的一个重要特性：即一次可以只分析一个减数分裂的产物。因此，可以把着丝粒视为染色体上的一个基因座位，根据实验数据来判断一个特定基因与着丝粒的连锁关系。这一新的连锁分析与基因作图的方法即为“着丝粒作图”。这一方法也可以结合前述的重组作图方法来分析着丝粒与两个特定基因的连锁关系。新的实验数据以表的形式呈现，数据解读的方法是进一步分析的关键，理解了数据表的内涵，就可以引导学生依据原理，综合运用两种分析方法，来判断两个特定基因是否连锁。如果连锁，又是哪种连锁形式。

本节内容侧重实验结果的逻辑分析，因此，多媒体课件主要用于呈现图表信息。讲解时注意合理利用教材，详略得当。关键分析过程结合板书次第展开。期望这样的设计能使一节课结构完整，各个部分衔接自然，问题环环相扣，分析层层推进，一气呵成。从课后反馈来看，大体实现了重点突出，难点破解方法有效的设计意图。虽然在师生互动上还不够深入，板书设计上还不够严谨，时间把控上还不够精细，但总体上课堂教学的氛围良好，教学效果也得到了各方肯定。

回想我几十年来的从教经历，点滴收获得益于老教师们无私的传、帮、带，得益于与校内、外同行的交流和启发。他们的敬业精神，严谨的教风，各具特色的教学技能一直在感染着我。

就“遗传学”课程的教学而言，钻研教材是一门重要的功课。《遗传学》（刘祖洞主编）是遗传学经典中文教材。教材内容系统、全面，条理清晰，文字表达严谨、风趣。我国遗传学前辈践行的“教而不包”的教学思想也在教材中得到充分体现：很多重要的概念、原理和方法是以“隐性”的方式渗透在对实验现象和数据的分析过程之中的；很多表头文字和图注中蕴含着丰富的信息；差不多每道习题的选择都有明确的意图。为了培养学生独立分析问题、解决问题的能力，刘先生可谓呕心沥血。

“遗传学”是本科课程中教学难度较大的课程之一。它对学生的理解能力、分析推理能力和归纳表达能力要求较高，因此，课堂教学之外的学习过程管理也尤为重要。辅导答疑、批改作业和习题分析要求教师付出大量的时间和精力，但必须通过这些环节才能及时了解学生对教学中涉及的重要概念和理论的理解程度，对遗传分析方法掌握的熟练程度。分析缺陷和错误产生的原因，反思教学，调整方法，才能实现教学相长。在批改作业时，对学生解题中出现的文字表述不专业、错别字和标点符号使用不规范等也要指出，要使学生能感受到这些细节也是个人综合素质的一部分。

教师应该是“杂家”，除了要具有扎实的专业底蕴和过硬的教学技能之外，还应该具有广泛的文史兴趣和文体爱好。这不仅有助于营造具有感染力的课堂氛围，也能更好地将教学的交流延伸到课堂之外。

教学是一门永无止境的艺术。一个成功的教师应该具备众多优秀的特质，当然，“教育者崇高的道德品质是教育获得成功的最重要的前提”。

吴孝兵

教师简介

吴孝兵，1965年生，安徽全椒人。安徽师范大学生命科学学院教授，博士，博士生导师，“皖江学者”计划讲席教授，安徽省学术与技术带头人。主讲“动物学”“分子生态学”等课程。主持安徽省教学研究重点项目等教研项目，主持“脊椎动物学”精品课程及“动物生物学”校级教学团队建设，发表教学科研论文160余篇。主编《夏季黄山脊椎动物野外实习指导》及合作主编《动物学》等教材。获安徽省优秀教学成果奖三等奖1项。获“安徽省优秀教师”（1998）称号。

示范课报道

追本溯源论生物　言简意足述演化

2013年4月16日，赭山校区教学楼1509教室座无虚席，本学期校本科教学示范观摩课第四讲拉开帷幕。省级精品课程负责人、“皖泰杯”教学奖获得者、生命科学学院吴孝兵教授用准确、精炼、风趣、幽默的语言为观摩师生带来了一场精彩绝伦的示范课。校纪委书记程度，教务处领导，校督导团成员，生命科学学院领导、院督导组和部分中青年教师观摩了此次公开课。

此次授课内容是“爬行动物是怎样征服陆地的”。爬行动物在脊椎动物演化史上处于承上启下的进化地位，是陆生动物的开始。吴老师从两栖动物离不开水环境的客观事实导入新课，让学生思考两栖动物为什么离不开水，与学生一起探寻原因，即爬行动物能产羊膜卵并在陆地繁殖。吴老师围绕结构与功能之间的关系，以爬行动物如何适应陆地环境为讲课重点，从皮肤到骨骼层层解析爬行动物的主要特征。他娴熟地将自身科研成果和相关学科领域的最新研究成果进展融入课堂教学之中。

吴老师深厚的专业学识和丰富的教学经验使得他的授课内容源于教材而高于教材。讲稿、教材、前沿知识这三方面融为一体，课堂教学相互渗透，教师的教学水平得到了充分发挥，学生的学术视野得到了有力拓展。他语言表达清晰、流畅，多媒体课件制作精美、实用，视频精巧、恰当；与生产、生活密切相关的实例信手拈来，师生互动自然，课堂气氛融洽。

课后，学院组织了评议活动。校督导团高度肯定了吴老师的教学水平和教学方法，希望广大青年教师虚心学习他严谨乐教的敬业精神，在自己的教学实践过程中借鉴名师们的优秀教学方法和教学技能。

教学感言

如何调动学生学习主动性并让他们始终保有浓厚的学习兴趣是教师必须面对的难题。因此，根据教学内容精心设计教学过程尤为重要。我二十多年来的教学实践证明，将授课内容以讲故事的方式展示给学生是行之有效的。我把它归为“三部曲”：课堂引言（故事的开堂白）是吸引学生的第一步，可采取问问题等多种方式“牵引”学生的注意力；各内容、条块间衔接自然、逻辑性强、重难点突出是第二步，如以互动环节等方式设计课堂教学的“高潮”或“兴奋点”以解除学生长时间听课出现的疲劳，进一步“抓住”学生，这些需要教师有娴熟的教学技巧；为辅助解决课堂中的难点或拓展课堂教学内容，将国内外该研究领域的最新、最有价值的科研成果灵活地注入课堂教学中是第三步，这需要教师高深的知识储备。

在教学相长的课堂教学过程中，我始终认为它是一个满满的生命正能量的师生互动，是师生双方心灵交融与智慧的升华！教师不仅要欣赏每一堂课，用自己的激情和热情感染学生，调动他们的主动性和创造性，享受每一堂成功课带给学生和自己的快乐，更要常常反思自己上的每一堂课！牢记大学的教与学之间应该体现出“传承不泥古，创新不离宗”的关系，这就要求教师时刻要有“一桶水”的储备以保障“一杯水”的奉献！

教学座右铭

教学是有生命的活动过程，是师生双方心灵的交融和智慧的升华，需要的是真心、真情、真爱！

张小平

教师简介

张小平，1956年生，安徽泾县人。安徽师范大学生命科学学院教授，博士，博士生导师。主要研究植物学。主讲“植物学”等课程。主持校级和省级教改项目各1项，主编高等师范院校新世纪《植物学》教材。获安徽师范大学校级教学成果奖（2005），上海市优秀教材二等奖（2007）。获“安徽师范大学教学名师”（2007）称号。

示范课报道

罕譬而喻述植物　寓繁于简析菊科

2014年5月15日，本学期校本科教学示范观摩课第八讲在赭山校区田楼8607录播教室举行。生命科学学院博士生导师张小平教授凭借丰富的专业知识，精湛的教学技能和严谨的语言风格为现场师生讲授了“植物学”中的“被子植物门——菊科”章节中的精彩内容。校纪委书记程度，校督导团、教务处有关人员，生命科学学院领导、院督导组、部分中青年教师和学生参加了观摩活动。学院高度重视此次观摩课，听课教师达30人。

课上，张老师以介绍菊科拉丁学名及其保留名称为切入点，结合日常生活中常见的莴苣、茼蒿、大丽菊等食用和观赏植物，对菊科进行了总体概述，随后引用植物学家克朗奎斯特的“有花植物系统关系图”，清晰、直观地阐明了菊科在被子植物中的系统分类地位，即菊科是一个年轻而进化的大科。随后，张老师围绕菊科“为什么如此年轻却又如此进化?”以及“这个类群为什么如此庞大?”等问题，从菊科的孢粉化石记录，头状花序的构造及花的形态、雌雄蕊和“连萼瘦果”的结构等方面，并结合丰富的解剖图片，深入浅出地讲解了菊科的系统分类地位及主要形态、特征等知识，循序渐进地引导学生学习新课内容。

张老师授课思路清晰、内容丰富、逻辑性强，多媒体课件制作精美。张老师对课堂的把控能力极强，上课期间多媒体出现故障，正当听课教师和学生不知所措时，张老师却镇定自如，带着学生畅游花的世界，感受菊科植物的魅力。

观摩课结束后，生命科学学院组织校院专家和观摩教师进行了评议，校督导团认为这是一堂非常成功的教学观摩课。青年教师为张老师深厚的教学功底和精彩的讲解所折服，纷纷表示受益匪浅，并要从中学习、借鉴，努力提高自己的教学技能和教学水平。

教学感言

教师是一种光荣而神圣的职业。教师像一把钥匙，能开启知识和心灵之门，让世界变得精彩纷呈；教师像一条纽带，一端系于人类的文明与智慧，一头连着社会的历史和未来。因此，身为教师，责任重大。当怀一颗诚惶诚恐之心，不能有丝毫懈怠。我的感悟是：做好教师，首先师德为本。奉献、求真、慈爱、热诚乃师德之精髓；其次，才学为重。博学、敏思、才高、艺深即才学之涵义。唯有恪守准则，勤勉敬业，才能不断完善自我，达此境界。执教30余载，其间虽然辛苦，默默无闻，但我从中得到了真正的快乐和满足。在多年的从教生涯中，我始终以我的老师们为奋斗楷模，对教学充满一腔热情，对学生怀抱一颗挚爱之心，认真上好每一节课，仔细做好每一件事，不图轰轰烈烈，只求无怨无悔。

热爱专业，乐于奉献。传道、授业、解惑，为社会培养和输送人才是社会赋予教师的神圣职责。为此，教师首先应该做到热爱专业，乐于奉献。我的专业——植物分类学，是一门起源古老的经典学科，它的辉煌、鼎盛时期已成为历史，现在已不再是人们追逐的热门专业，而且工作性质特殊，要经常出野外。但它却是生物学中一门重要的基础学科，也是生命科学学院学生的专业主干课。本学科内容十分广博，研究对象是植物各类群形态结构、分类和有关的生命活动、发育规律，以及植物和外界环境间多种多样的关系。并且，植物学理论知识与我们人类生活实践和经济社会发展密切相关。科学发展和经济建设离不开这方面的人才。正是基于这样的认识，尽管我在读硕士、博士，以及两次出国深造期间，都有改换专业另谋发展的机会，但是我一直矢志不渝，不改初衷，始终坚持在植物分类学领域学习进修，以不断提高自己的业务水平。作为我校植物学科的带头人，我与同专业的其他老师一起，通过多年不懈的努力，使得我校植物学科的教学水平和科研力量不断增强，并在全国获得了举足轻重的地位。

以情为本，教学相长。课堂教学既是学校实现教书育人功能的主要手段，同时也是教师展示职业技能的舞台。因此，就像演员一样，要当一个好老师，上好一门课，则要求老师既要有深厚的知识功底，更要具备关爱学生的人文情怀。从教以来，我一直坚持在本科教学一线，先后承担过“植物形态解剖学”“植物分类学”“分支系统学”“专业外语”等课程的教学任务。我在教学中，认真备课，仔细钻研，抓住教材的重点和难点，针对不同的教学对象和要求，写出详细教案。为了激发学生对植物学的兴趣，我采取理论教学与动手实践相结合的方式。一方面在理论上不断地补充本学科的最新进展信息，以开阔学生的学识视野，另一方面，还经常利用周末和节假日带领学生到野外，进行植物采集和调查，以培养学生的感性知识。丰富多彩的教学内容和联系实际的教学方法使很多学生爱上了植物学，以至于历届毕业生中有一大批同学都把植物学或者与植物学专业有关的农学、林学和中药学当作了自己终身的职业，并且成为了该专业的优秀人才。

注重科研，创新教学。在高校教育中，科研与教学的关系如同江河之水“源”与“流”的关系。科研好比江河之源，而教学则如同河水之流。正是因为层出不穷的科学新发现和新成果，才为教学提供了源源不断的新素材、新内容。几十年来，我一边教学，一边做科学研究。曾主持和完成国家级、省部级植物学研究项目20余项，在国内外专业学术刊物上发表论文120余篇，出版学术著作3部。研究成果曾被载入2004年出版的《中国植物志》总论，该书是一部全面总结我国维管束植物系统分类成就的巨著。1999年，我和周忠泽编著《中国蓼科花粉的系统演化》一书获全国优秀学术著作暨科技进步奖三等奖。2002年，我作为第二主持人的“中国蓼科植物的孢粉学及其技术方法研究”获安徽省自然科学奖三等奖。丰硕的科研成果为我搞好教学，创新教学奠定了坚实的基础。2004年，我根据多年教授本科植物学课程的经验和体会，并结合国外植物学发展的新趋势，我与上海师范大学王全喜教授共同担任主编，在全面修订传统《植物学》教材的基础上，在科学出版社出版了《植物学》教材。本教材在内容、知识体系和编写格式等方面以全新的面貌出现，受到师生的欢迎和好评。目前，该教材已被全国十几所重点师范大学定为通用教材。

当老师要奉献，但同时也会收获快乐。只要你热爱教育，再苦、再累也值得。在今后的岁月里，我会一如既往地继续努力，老老实实做人，踏踏实实做事，认认真真教学，成为学生真正的良师益友！

张庭廷

教师简介

张庭廷，1955年生，安徽东至人。安徽师范大学生命科学学院教授，博士生导师。主要研究生物科学、分子生态学、生物化学。主持省级精品课程“生物化学”和其他教研项目多项，发表教研文章多篇。获安徽省省级教学成果奖二等奖，安徽师范大学教学优秀奖。获“安徽省教学名师”“安徽师范大学‘三育人’先进工作者”称号。

示范课报道

由静化动解糖酵　引譬援类显理趣

2014年10月27日，本学期校本科教学示范观摩课第三讲在赭山校区田楼8607教室举行。本次示范课由我校教学名师、生命科学学院博士生导师张庭廷教授主讲。张老师凭借精湛的教学技艺，扎实的专业功底，开阔的知识视野，将一向被视为难讲授的“基础生物化学”讲得极具知识含量，又极富亲和力和感染力。校纪委书记程度，校督导团、教务处有关人员，生命科学学院领导、院督导组及院内外部分中青年教师近50人参加了此次观摩活动。

张老师以世界飞人博尔特飞奔的英姿，以飞人维持这种高速运动所需要的能量来源为线索，用“who，what，how”这些疑问词开头，巧妙而生动地把学生从学习物质结构和性质为主的“静态生物化学”引入以“糖、脂、蛋白质”三大物质代谢和能量代谢为核心的“动态生物化学”的学习过程中。糖酵解是学生学习动态生化的第一条代谢途径，也是糖代谢乃至整个物质代谢中的重难点。张老师在黑板上边讲边写，十分娴熟地用化学结构式演绎出糖酵解十步反应过程，采用不同颜色的粉笔突出重点，并用PPT辅助讲清重要步骤、调节酶、糖酵解意义，又引用来自《Science》和《Nature》的最新有关研究进展进行例证。整个教学环节清晰连贯、重难点突出、信息量丰富，教学过程如行云流水，充分体现出其深厚的知识积累和极强的课堂驾驭能力。

张老师结合糖酵解的反应步骤和意义将运动减肥的全民健身理念以及跑步呼吸加快和腿酸疼的原因恰到好处地融入课堂，大大增强了学习的趣味性和有效性。同时，张老师还将ATP即能量的消耗与产生巧妙而又富含哲理地将先付出才有收获的人生道理贯穿其中，既让学生容易理解学习的内容，为什么要付出，又在其中渗透做人的基本道理，达到教书育人、润物无声的效果。

观摩课结束后，校督导团、生命科学学院精心组织了评议活动。大家一致认为，张老师的课程衔接巧妙，教学设计详略得当，板书和多媒体完美结合，举例恰当而富于内涵，是一堂精彩纷呈的教学观摩课。

教学感言

当代著名教育家叶澜讲得好："让课堂焕发出生命的活力。"我开过不少公开课，最近的一次是在2014年10月27日，我讲授的内容为"糖酵解"。糖酵解是学生学习动态生化的第一条代谢途径，也是糖代谢乃至整个物质代谢中的重难点。导入新课时，我以世界飞人博尔特飞奔的英姿，以飞人维持这种高速运动所需要的能量来源为线索，用"Who，What，How"这些疑问词开头，巧妙而生动地把学生从学习物质结构和性质为主的"静态生物化学"，引入以"糖、脂、蛋白质"三大物质代谢和能量代谢为核心的"动态生物化学"的学习过程，以起到由静入动，以具象化抽象的引领作用；教学手段上，我主要以板书为主，在黑板上用化学结构式演绎出糖酵解十步反应过程，采用不同颜色粉笔突出重点，并用PPT辅助讲清重要步骤、调节酶、糖酵解意义，使学生能很好地理解和记忆；在引导学生对学科前沿有关知识探究方面，我引用来自《Science》和《Nature》的最新有关研究进展进行例证，以拓宽学生眼界；授课方法上，我努力将生活实例贯穿其中，如结合糖酵解的反应步骤和意义将运动减肥的全民健身理念以及跑步呼吸加快和腿酸疼的原因恰到好处地融入课堂，大大增强了学习的趣味性和有效性；授课中，不忘教书育人，如在讲解糖酵解中ATP即能量的消耗与产生时，巧妙嵌入先付出才有收获的人生道理，这不仅让学生容易理解学习的内容，又在学习中领会到人生的哲理内涵。

教师的知识要"精博并构"，"精"入细微，"博"采众长，才能驾轻就熟，深入浅出。教师的教学要"勤情并举"，即勤勉，备课中勤于思考；爱学生，充满感情，爱课堂，充满激情。

教学座右铭

每节课都是我的匠心制作，每个学生都是我教学生命的延续！

朱国萍

教师简介

朱国萍，1970年生，安徽合肥人。安徽师范大学生命科学学院二级教授，博士，博士生导师，中国生物化学与分子生物学会全国酶学专业委员会委员，中国微生物学会全国酶工程专业委员会委员。主要研究分子生物学。主讲“分子生物学（双语）”等课程。主持国家级双语教学示范课程“分子生物学”，在《中国细胞生物学学报》等期刊发表教学论文多篇。获安徽省教学成果奖二等奖，安徽师范大学优秀教学奖特等奖，全国五一劳动奖章。获“全国先进工作者”“安徽师范大学教学名师”“教育部新世纪优秀人才”称号。

示范课报道

深入浅出探奥秘　化繁为简揭本质

2015年5月15日，本学期校本科教学示范观摩课第九讲在赭山校区田家炳教育书院8607教室举行。本讲由安徽师范大学教学名师，安徽师范大学优秀教学奖特等奖获得者，分子生物学国家级双语教学示范课程负责人，生命科学学院朱国萍教授主讲。校纪委书记程度，校督导团、教务处有关人员，生命科学学院副院长吴海龙、唐俊生，院督导组及部分中青年教师等50人观摩了此次公开课。

此次公开课是“现代分子生物学”的双语教学，教学内容是“真核生物的基因表达调控”。朱老师依据学科特点，运用习题系统回顾和总结了上节课的主要内容，加深了学生对关键内容的理解，并自然引入新课。朱老师结合自己最新的科研成果，以原核细胞中异柠檬酸脱氢酶（IDH）的表达通路及链霉菌生活史的特点为例，向师生们介绍了以往我们一直认为是真核基因表达调控所独有的特点，其实在原核细胞中也有类似的表现，以此来让学生明白，生命科学领域的理论会随着科学研究的深入而不断发展和完善。同时，也通过这种方式让学生把枯燥的知识“活化”。

朱老师的英语口语非常好，课堂上至少80%内容用英语讲授，且双语板书工整、规范。教学内容重点突出、详略得当；专业概念表述准确、简练；英文课件图文并茂、生动活泼，朱老师在上课期间辅以英文动漫短片，更是让抽象的分子生物学知识变得生动、有趣，整个课堂气氛轻松、愉快。

朱老师以双向互动式教学法为主，将多种教学手段和方法灵活组合运用，提倡学生自主学习，鼓励学习方法的多样性。同时，学生也可在课堂上提出问题，与老师及其他同学进行讨论，充分发挥学生的能动性，尊重学生学习主体的地位，激发和培养学生独立思考的能力，并取得了良好的教学示范效果。

观摩课结束后，生命科学学院精心组织了评议活动。校督导团给予了此次课程充分的肯定，认为这是一堂高质量的双语教学课。与会教师也纷纷表达了参与本次观摩课的收获和感想。此次公开课全程摄像，以供双语教学课程的教师进行研讨和交流，不断提高我校双语教学课程的建设和教学水平。

教学感言

双语教学作为大学英语教学的有益补充和全新模式，已成为高等教育改革中的亮点。分子生物学作为生物专业的必修课，是当前生命科学中发展最快，并正在与其他学科广泛交叉与渗透的重要前沿领域和新兴学科。为了上好这门课，课程组对“分子生物学”专业基础课的旧框架体系进行了改革与创新，包括教学目标、教学内容、教学方法、考核方式、教材建设、网络平台建设等。经过长期的教学实践，我已经建立了一套行之有效的“分子生物学”双语教学模式，主要做法如下。

渗透式教学法：采用开放性、普及性的渗透式双语教学法，以不影响学科教学进度为前提，以学生每节课掌握3—8个专业英文语汇为最低要求，视学生英语水平不同，适时调整实际渗透量和渗透形式。基本概念、基本原理等均以英语为主，辅以中文讲解。

英语多媒体课件：充分利用多媒体教学信息容量大，生动、形象的优势，图文并茂地展示教学内容，采用生动、活泼的课堂教学方法，如生物学家的英文小故事、英文歌曲等给学生创造视听环境，培养学生对双语教学的兴趣和求知欲，让学生在掌握基本概念和原理的同时，加深理解和记忆。

英语动漫：分子生物学的基本概念和原理比较抽象，所以我从各种渠道收集、整理了大量的英语动漫，并在课堂上采用。我先将基本原理的各个环节讲解清楚，再带着大家一起观看动漫。例如讲解原核生物复制叉时，我将涉及的拓扑异构酶、解旋酶、单链结合蛋白、引物酶、DNA聚合酶（I、III）、DNA连接酶等蛋白质或酶的功能一一讲解清楚，然后播放对应的动漫，于是所有的个体串联起来，形成了连贯的动态的影像效果。动漫形象、生动地再现了抽象的教学内容，在帮助学生深刻理解教学内容的同时，也让学生更加熟悉专业英语的读音和语调。

例证法：分子生物学发展很快，但是分子水平的知识似乎离我们的生活很远，我尽量将生活中的实例与课堂教学结合起来，让学生充分感受到所学知识的必要性和实用性。例如我举了人体不能合成维生素C，而老鼠可以合成维生素C的例子来诠释假基因的形成机制，举了早老症等生活中的疾病来讲解基因突变以及DNA序列的重要性，等等。

互动式教学法：强调学生在整个教学过程中的参与性。课堂上，教师经常提问，学生回答；课下，学生经常提问，教师解答。及时了解学生对专业知识和专业英语掌握的水平及差异，及时听取学生对教学方法的意见和建议，调整教学内容及教学方法，包括板书、语速等。

编写双语教学简明教程：为了突出教学内容的科学性、先进性、新颖性与启发性，根据我校学生的实际英语水平和学习特点，我编写了《Molecular Biology》双语教学简明教程，并适当融进了当前世界分子生物学研究的新热点和最新研究成果，帮助学生课后可以根据教材复习和自主学习。

网络化教学：我利用网络资源，将动漫、教学课件及课外读物上传到网盘，让所有学生共享。我为了学生更好地了解学科前沿信息，利用网络平台，上传一些著名学者的现场学术报告、文献资料等。

关注新领域及最新成果：分子生物学的发展突飞猛进，在课堂教学中，我会时刻关注热点研究领域及成果，并将它们传递给学生（电子版或纸质版），让学生切身体会到自己所学的知识是大家关注的焦点，是走在世界前沿或者是前沿领域的必备基础知识。例如我的教学中包括了表观遗传学、蛋白质组学以及最新的基因组编辑等内容。

责任心与事业心要并重。要想做一名学生拥戴的教师，要有事业心。日新月异的科学技术及科教兴国的发展战略对高校教师提出了全新要求。我们要多方面提升自己，与时俱进，快速更新知识，让自己和学生走在时代的前沿。同时，我们要心中长存责任心，教学不能马虎，同时要教育学生明辨是非，传之做人的道理。我在课堂上以及网盘中会常常介绍世界著名生物学家的成长及励志故事给学生，使学生既可以感性地见识这些知名科学家的学识与风采，又可以树立远大的抱负和正确的世界观。

教与学要并重。比起传授知识，我认为培养学生独立思考和自学的能力更重要。我提倡学生自主学习，并教授给学生我自己的多样的自学方法，充分发挥学生学习主体的地位，激发和培养学生独立思考的能力。俗话说：活到老，学到老。我每年也在学习，以力求在教学中反映最新进展。例如，我今年在教学中增加了基因组编辑的知识，我阅读了很多文献，收集了很多相关的动漫，自己学习好了后，最终将它介绍给学生。以自己的实际行动，鼓励学生终身学习。

教学与科研要并重。对于高校教师，我认为教学与科研是有机的统一体。教学是激发科研灵感的基础，科研是提升教学水平的保障。科研是大学联结科学与人才培养的桥梁，将科学研究引入教学，可以使大学生在研究中学习和在学习中研究。我通过教学常把自己科研创新的知识及技术、经验与教训传授给学生，帮助学生少走弯路。同时，我在教学中发现的一些问题（有时是学生的提问），又会让我去思考以前未曾关注过的科学问题，有些甚至对我的科研能有所启发。

教书育人是教师的天职，高校教师的素质关系到国家科学技术水平的提升及社会主义生态文明建设的未来。责任心与事业心并重、教与学并重、教学与科研并重是上好一门课的三件法宝。

王友保

教师简介

王友保，1974年生，安徽肥西人。安徽师范大学生命科学学院教授。主要研究生态学。主讲“普通生态学”“污染生态学”“生态学实验”“环境修复原理与技术”“生态学原理与应用”“环境保护与资源利用”“污染生态学”“环境污染与生态修复”等课程。主持安徽师范大学教学研究项目，“普通生态学”精品课程建设项目，校企合作实习基地建设项目等多项教学研究项目。出版教材4部，发表教学研究论文近10篇。获安徽师范大学优秀教学成果奖一等奖。获“安徽师范大学教坛新秀”称号。

示范课报道

独茧抽丝谈群落　纲举目张论生态

2015年11月30日，本学期校本科教学示范观摩课第十一讲在赭山校区田家炳楼8607录播教室举行。安徽师范大学教坛新秀，校优秀教学一等奖获得者，生命科学学院王友保教授就“普通生态学”中的“生物群落的结构”进行了精彩讲解。校督导团、教务处有关人员，生命科学学院领导班子、院督导组和部分中青年教师等41人参加了此次观摩活动。

“生物群落的结构”是基础生态学课程中的重要知识点，是群落生态学的入门知识，也是认识群落的基础。王老师从群落的结构单元入手，紧扣教材内容，针对结构单元“生活型”和“层片”展开了抽丝剥茧式的细致论述。在此基础上，他通过图片形象、生动地构建出“生活型”的五种类型，比较、分析了“层”和“层片”之间的异同点，自然而然地将大家引领到“群落的结构”知识点。这时，王老师通过联系同学们的生活实际，和同学们共同探讨了森林中的鸟类群落结构，水体中的鱼类群落结构等，进而引导同学们关注渔业养殖中的关键生态因子。

王老师的授课语言浅显易懂，举止温文尔雅，教态落落大方；教学内容立足课本，层次由易及难，循序渐进；教学形式多样，课件制作美观，这些都充分展示了他深厚的教学内功。

生命科学学院高度重视本次示范观摩课活动，课后精心组织了教学评议活动。中青年教师对此次观摩课给予了高度评价，普遍反映王老师的课前准备充分，课堂气氛活跃，学生积极性高，在教学设计、课堂组织和教学方法等方面受益匪浅。校督导团也充分肯定了王老师的教学效果，认为此次观摩课在课程准备、多媒体使用和板书设计等方面表现俱佳，一致认为这是一堂非常成功的教学观摩课，起到了良好的示范作用。

教学感言

按照课程的教学进度，本次公开课讲述的内容是“生物群落的结构”。群落是生态学研究的一个重要层次，生物群落的结构是基础生态学课程中的重要知识点，是群落生态学的入门知识，也是认识群落的基础。将该部分内容讲清楚，讲生动，讲得学生感兴趣，做到吸引学生，便于学生的理解和掌握，是我这堂课，也是我在日常教学中所追求的效果。为此，我依据教学大纲，明确该课程教学的目标、要求，明确课程教学过程中的重点和难点，再据此整理相关的知识、内容，搜集与课程内容相关的生产实践中的实例，以及近年来相关科学研究中的实例，精心制作课件，以生动、活泼的画面引导学生。具体到教学过程中，从群落的结构单元入手，紧扣教材内容，对结构单元“生活型”和“层片”展开了抽丝剥茧式的细致论述。在此基础上，通过图片，形象、生动地构建出“生活型”的五种类型，比较、分析了“层”和“层片”之间的异同点，自然而然地将大家引领到“群落的结构”知识点。再通过联系同学们的生活实际，和同学们共同探讨森林中的鸟类群落结构、水体中的鱼类结构等，引导同学们关注渔业养殖中关键生态因子。这样既讲清了本节课的理论知识，又能够结合生产，联系实际，让学生学得认真，学得轻松。

曾有人这样说过：幼儿园的老师是抱着学生走；小学的老师是拉着学生走；中学的老师是在前面领着，带着学生走；大学的老师则是指出一个方向，告诉学生该怎么走，让学生自己走。大学的老师似乎很轻松。其实不然，大学教师的教，对于学生的学具有重要的引领作用。教师的教不仅仅是教给学生课本上的理论知识，更不是照本宣科地对着课本来读。教师的教，更重要的是教学生确立自己的兴趣、方法和态度。面对这些刚刚成年的大学生，面对着这些即将踏进社会的学生，作为一名大学教师，日常的教学中，更多的是需要培养学生对学习的兴趣，对一个专业，对一个领域的兴趣，引导他们确定自己的方向，这很重要。大学的课堂教学更多的是要教会学生方法，学习的方法，为人处世的方法，以及对待事物的态度。只有这样，当学生在老师为他们指出的方向，一路走过去的时候，他们才不会被困难和挫折吓倒。

在此基础上，我们在教学目标的设置上，需要突出学生兴趣的培养和方法的教授；在教学内容的处理上，需要多投入一点精力和时间，尽可能多地搜集相关信息，让教学内容与学科前沿相衔接，与日常生活和生产实践相联系，让教学实施在教材的基础上有所提升；在教学活动的安排和教学方法的运用上，尽可能多样化、新颖化，这样才可能真正实现对学生知识能力和思维创新能力的培养。

教学座右铭

教师的教，对于学生的学具有重要的引领作用；教师的教，更重要的是教学生确立自己的兴趣、方法和态度。

杨如意

教师简介

杨如意，1979年生，安徽怀远人。安徽师范大学环境科学与工程学院教授，博士，硕士生导师。主要研究环境科学。主讲“环境生物学”“生物化学”“基础实验II”等课程。主持省级教研项目、质量工程项目和振兴计划项目各1项，开展环境科学专业实践教学体系综合改革研究，发表教学研究论文1篇。获安徽师范大学优秀教学奖二等奖（2010）。获“安徽师范大学教坛新秀”（2013）称号。

示范课报道

前呼后应显代谢　来龙去脉示循环

2012年11月27日，本学期校本科教学观摩课第十四讲在花津校区教学楼2070501教室举行。校优秀教学二等奖获得者、环境科学与工程学院杨如意副教授以糖的分解代谢为线索，以糖代谢的亚细胞定位为切入点，将有氧代谢与无氧代谢相联系，对“三羧酸循环的途径与过程”进行了精彩讲授。校督导团成员，教务处相关人员，环境科学与工程学院领导和部分教师等观摩了此次公开课。

杨老师首先回顾了糖酵解、丙酮酸的氧化过程，以此过渡到三羧酸循环过程的介绍，并着重强调了此循环过程在物质代谢中的核心地位。他对各步反应过程逐一推导，细致阐述了其中的奥秘所在。尤其是对两次氧化脱羧反应中二氧化碳的来源、循环过程中的关键调控位点和能量的产生方式进行了重点分析，使枯燥、繁琐的代谢途径被演绎得生动而简洁，让学生在轻松的状态下掌握了代谢途径的前因后果和它们之间的联系。同时，培养和训练了他们的综合分析能力。

杨老师善于将零碎的知识点网络化、系统化，便于学生理解和记忆，使得相关的教学内容融会贯通。如三羧酸循环和糖酵解、脂肪酸代谢、氨基酸代谢的相互沟通，清晰地勾勒出了物质代谢的脉络。他还灵活地通过设问的方式引导、启发学生进行思考，师生互动效果良好。课程的讲解以教材为基础，又不拘泥于教材，不但融合了学术前沿知识如异柠檬酸脱氢酶的结构和功能介绍，而且能够指出教材中存在的问题和不足，使学生对知识的掌握更加牢固。

环境科学与工程学院在课后对本次观摩课进行了评议。年轻教师对此次观摩课给予了高度评价，普遍反映在教学设计、内容安排、教学方式等方面受益匪浅。校督导团也充分肯定了杨老师的教学效果，认为此次观摩课在课程准备、多媒体使用、师生互动等方面均表现上佳，一致认为这是一堂非常成功的教学观摩课，起到了良好的示范作用。若杨老师能略微放慢语速，教学效果将会更好。

教学感言

“生物化学”中的“三羧酸循环”是物质代谢部分最基础、最核心的内容，它不仅是糖、脂、氨基酸等物质彻底氧化的必经途径和联系枢纽，而且是产能最集中的部分。教学内容要把三羧酸循环的代谢途径、调控步骤、能量代谢、生理意义等作为重点，结合脱羧反应中碳的来源、脱氢反应中受氢体的类型、能量计算等问题，引导学生思考，并将本节课程与电子传递链、酶活性调节等内容相互联系、相互渗透形成知识网络，传授高效的学习方法和技巧。帮助学生构建融会贯通的网络化知识体系要比单纯灌输碎片化的知识点效果要好得多。

此部分内容综合性和连贯性强，最能体现学生知识掌握的扎实程度，同时也是容易激起学生兴趣的知识点。但是，为了保证观摩课内容的完整性，课程的教学进度偏快，学生掌握起来有一定难度。

“生物化学”是生物学各专业的基础课程，但对于环境科学专业的学生而言，如何在教学内容上体现本专业的特点，从而为其人才培养目标服务是教师必须优先考虑的问题。许多环境问题的解决需要用到生物学的知识和技术，但是环境科学专业仅有生态学、微生物学、生物化学等几门课程，课程体系的系统性不够完整。因此，在教学内容安排上，本课程重点是从微观层面阐述常见污染物降解的途径，以及提高降解速率的方法；而对于难降解污染物和生态破坏问题则需要补充微生物驯化、基因工程、生态修复等内容，教师需要具有宽厚的生物学背景，这样才能使学生对污染治理问题有更全面的认识。

环境科学是一门实践性、应用性很强的学科，因此培养学生的实践创新能力尤为重要。本专业实验课程多数是验证性的。现代环境生物技术的发展日新月异，新的污染物和环境问题不断涌现，因此有必要结合当前的热点环境问题和学科发展前沿，设置更多创新性实验，激发学生的学习兴趣，培养学生的创新能力。

教学座右铭

只有与实践相结合，不断发展、创新的知识才最有生命力。

周守标

教师简介

周守标，1963年生，安徽和县人。安徽师范大学环境科学与工程学院教授，博士，博士生导师。主要研究植物学和环境生态学。主讲“生态学”“城市生态学”等课程。多次指导本科生参加大学生创新创业训练计划项目以及优秀毕业论文培育计划项目等。主持国家及省部级多项科研项目，主持安徽省精品课程“植物学”，参与出版专著10部，在国内外期刊发表论文270余篇。获安徽师范大学教师教学优秀奖一等奖（2001），安徽师范大学教学成果奖一等奖（2005），安徽师范大学优秀教学奖二等奖（2012）。

示范课报道

图文并茂析生态　新益求新授方法

2014年4月8日，本学期校本科教学示范观摩课第四讲在花津校区教学楼2070501录播教室举行。环境科学与工程学院副院长、博士生导师周守标教授凭借丰富的专业知识，精湛的教学技能，精神饱满的教学姿态和逻辑严谨的语言风格为现场师生讲授了“生态学”中“生态系统生态学”中的精彩内容。校督导团、教务处有关人员，环工学院领导、院督导组、院各专业负责人、部分中青年教师和学生参加了观摩活动。学院高度重视此次观摩课，听课教师达17人。

课上，周老师首先用一组“生态系统概念图”直观而清晰地展示了整章内容的要点，随后通过恰当的实例解析，丰富的图片介绍，深入浅出地讲解了生态系统的概念及基本特征、发展过程、研究内容等知识，循序渐进地引导学生学习新课内容。周老师在讲授新课时思路清晰、内容丰富，他在对生态系统的内涵进行深入解析的同时，注意结合学科前沿的发展理论，向在座师生介绍当前生态学的研究重点和最新的学科动态，拓展了学生的思维空间。此外，周老师善于结合当今社会的环境热点问题启发学生思考，不仅传授了知识，开拓了学生的视野和思路，还激发了学生的学习兴趣以及对环境保护的责任意识。

授课过程中，周老师精神饱满、充满激情、知识主线脉络分明、前后内容衔接自然、流畅，多媒体课件制作精良，全面反映了课程体系架构，体现了娴熟的教学技能和深厚的教学基本功。周老师教学目标明确，理论联系实际，重视对学生科学思维方法的训练，授课内容既有深度又有广度。

观摩课后，环境科学与工程学院精心组织了评议活动，校、院督导教师、学院领导和所有听课教师参加了评议，大家用“周教授给我们上了一堂成功精彩的示范课”高度肯定了周老师的教学水平和教学方法，值得广大青年教师学习、借鉴。青年教师们纷纷表示本次示范课有益于自身对教学实践活动的理解，从中也学习到了很多教学技能和方法。

教学感言

“生态学”是富含辩证关系的一门自然哲学，它以生物有机体的个体、种群、群落和生态系统为对象，以人与生态环境的关系为基本问题，是经过理性反思来指导人们行为准则而建构起来的一门学科。为了上好“生态学”的每一堂课（包括观摩课、公开课），必须精心准备一堂课的教学意图、教学设计和教学手段。依据“生态学”课程的特点，结合教学内容的衔接关系，首先设计“问题情境”引入教学内容，以概念图和核心概念等形式向学生展示掌握的知识点和衔接关系，以科学史和科学前沿背景内容向学生阐述生态学知识的重要价值和掌握的必要性，以图文并茂、形式活泼的精美多媒体课件手段吸引学生的学习兴趣，并在一堂课中掌握更多的知识内容，以学生自制课件为作业加深其对核心概念的理解和延伸，以生动、明晰的语言表达、诠释知识的内涵。反思“生态学”的课堂教学，必须要求自己陶醉在每堂课的教学情境中，必须把上好每堂课作为一件最幸福、快乐的事情来做。作为一名高校老师，不仅要通过娴熟的教学技能传授给学生专业知识，激发学生的求知欲望，而且要善于培养学生崇高的理想和信念，激励学生学会学习，学会做事，学会做人。

教学座右铭

淡泊名利，为人师表。把人才培养、科学研究和社会服务作为终身事业，永不放弃。

艺体篇

薛　军

教师简介

薛军，1972年生，安徽金寨人。安徽师范大学音乐学院副教授，硕士生导师，安徽师范大学音乐学院器乐教研室主任，安徽师范大学民族管弦乐团常任指挥。主要研究中国竹笛演奏与教学及民乐指挥。主讲“竹笛演奏”“民乐合奏”“民乐重奏”等课程。参演的民乐五重奏《映山红》获得安徽省“大学生之春”乙组二等奖（1999），获安徽省第七届艺术节民族器乐大赛专业组二等奖（2004），指导民乐合奏《凤阳歌》获得教育部第三届大学生艺术展演专业组二等奖（2012），指导的民乐合奏《龙舞》获得教育部第四届大学生艺术展演专业组二等奖（2015）。获得安徽师范大学优秀教学奖一等奖（2011），安徽省优秀教学奖三等奖（2012），安徽省优秀教学奖三等奖（2013）。

示范课报道

笛吹圆润醇厚久　乐响清雅余韵长

2011年11月17日，校优秀教学奖一等奖获得者、音乐学院薛军副教授在赭山校区音乐楼603教室举行了公开课。校督导团成员，教务处有关人员，音乐学院督导组等观摩了此次公开课。

此次公开课的教学内容是“乐曲《春到湘江》的竹笛演奏”。薛老师精心介绍了《春到湘江》的音乐风格、特点，从乐谱剖析、吹奏技巧和音乐形象等方面对这首乐曲的四个部分进行了绘声绘色的讲解，并将学生吹奏与教师示范逐一进行对比，让学生从中既能把握作品的总体风格，又能于细微处加强对作品的理解。尽管是“一对一”的个别教学，但薛老师仍重视教学过程中师生的双向作用，既重视学生音乐知识与技能的获得，更重视根据学生的特点进行有针对性的指导和点拨。

薛老师注重对学生基本功的训练，不论是指法和气息，还是吐音和音色，都会在学生吹奏后指出不足并强调重点。同时，他对音乐作品的文化内涵进行细致分析，教会学生将作品解读融入吹奏技巧，找到作品情感的迸发点，从而吹奏到位，在悠扬婉转的笛声中感染听众。

教学感言

一、教学反思

艺术教育在培养“人”的过程中，有着不可或缺的作用。同时，艺术教育也有自己特殊的规律，即：兴趣化、个性化、个别化和实践化。

兴趣化。兴趣是学习的动力，在艺术教育中兴趣尤为重要，所以，对于艺术教育工作者来说，培养学生学习专业的兴趣应放在首位。

个性化。一个人在思想、性格、品质、意志、情感、态度等方面不同于其他人的特质称之为个性，在艺术教育中，由于个人在性格、气质、涵养等方面的差异，而使得对于艺术认知的“个性”，而当这种“个性”发展到一定阶段，就有可能变为“风格”，所以，艺术教育者应该发现并彰显学生的“个性”。

个别化。在艺术教育中，个别授课是主要的授课方式，尤其是音乐专业的术科教学。如：声乐、器乐的一对一小课教学，而指挥专业更有甚者常为三对一教学（一名教师，两名艺术指导），这样更有助于教师发现学生的个性，激发其潜能，达到因材施教的目的。

实践化。艺术教育也是实践性很强的学科，这一点在音乐专业的术科教学中尤为重要。“演奏演奏，先演后奏”，说的就是这个道理。在实践中运用课堂所学，在实践中感受音乐的魅力。在音乐表演艺术中，艺术实践是主体教学中不可或缺的有机成分，只有这样，才能培养出真正有高度艺术领悟力、艺术感染力、艺术影响力的高层次艺术人才。

二、教学感悟

艺术是审美教育的重要载体，作为音乐专业术科教师，应当让学生在学习中“感受音乐”，同时提高自己的审美情趣，进而提升个人品质，从而达到培养“人”的目标。因此，“走出课堂，送上舞台，将舞台作为音乐专业术科教学课堂的终端”，将是我今后努力的方向。

朱小芸

教师简介

朱小芸，1963年生，安徽芜湖人。安徽师范大学音乐学院教授，安徽师范大学音乐学院声乐教研室主任。先后赴莫斯科格涅辛音乐学院、上海音乐学院和中央音乐学院访问学习。获“安徽省教学名师”“安徽省优秀教学团队带头人”称号。

示范课报道

情系师生艺术美　琴动心弦天籁音

2012年5月9日，音乐学院朱小芸教授在赭山校区音乐楼9503教室举行了声乐个别课的观摩教学活动。校督导团成员，教务处有关人员，音乐学院领导、院教学督导组等参加了观摩活动，音乐学院的许多教师慕名前来观摩。

此次授课，朱老师根据学生的发声特点制订了系统、科学的训练计划，授课内容由浅入深，逐步推进，由单一发声的反复练习过渡到作品的成段演唱。她不仅要求学生掌握基本的发声技能，而且要求学生能从这些单调练习中领悟到丰富的情感因素。她还强调声乐知识与其他知识之间的渗透，细致介绍了演唱作品的背景和风格，让学生更好地把握演唱风格，增强艺术的表现力。

朱老师在教学过程的每个环节都亲身示范，不仅体现了她深厚的歌唱功底，也在比较中让学生辨别出注意要素。在与学生的默契配合中，她总是及时给出恰到好处的点评、总结。她醇厚、优美的嗓音和熟练、自然的教学带给观摩者以轻松的艺术享受，引起大家的情感共鸣。

课后，校、院两级督导专家对本次教学观摩课进行了评议。大家一致认为朱老师精湛的业务技能，高超的艺术表现力，生动的教学方法等对术课教学有引领和示范作用，让青年教师和学生都获益良多，真正做到了技术和艺术的完美统一。

教学感言

一、教学反思

周荫昌先生在《声乐教学论》中写道："声乐，教也难学也难。毫不过分地说，艺术教学本来就难，音乐艺术更难，音乐中的声乐尤其难。"声乐技术课是一门实践性极强的技法课程，声乐难学，这是由抽象的声乐教学性质决定的。在教学过程中，我们应该通过课堂教学及学生课后练习，使学生不断掌握发声方法和技巧，逐渐认识技术与艺术之间的关系，有效地将发声技巧与音乐表现力结合起来，从而能够运用清晰、准确的歌唱语言，表达声乐作品的风格和思想感情。

此次公开课的上课学生是二年级的李娅同学，她的主要问题是声音挤卡，气息的流动差。我针对这样的问题，在制订教学计划时，着手从练声开始，用开口元音"ɑ"的发音状态，去寻找闭合元音"i"和"e"的发音状态，结合上下音阶的跑动练习，加强气息的运动，在有流动的气息支持下，训练学生打开喉咙歌唱的状态，在一次次的练习中，加强学生对气息流动与喉咙打开的认识，从而使学生真正掌握这一专业技术。

通过多年声乐教学经验的积累和教学规律的探索，我认为声乐教学中，首先应初步建立学生正确的歌唱习惯（正确的呼吸方法，歌唱姿势，喉头稳定及舌根、下巴的松弛等）；在自然音区基础上，用中等音量训练中声区，中声区做到喉头稳定、声音流畅、建立气息支持点；使学生严格掌握音准、节奏、力求吐字清楚，歌曲演唱时，能基本表达好作品的思想感情和风格。

其次，稳定中声区，使声音流畅、圆润并有力度，掌握高声区换声方法，逐步加强声音技巧锻炼和力度控制与音色变化，着重培养学生分析与处理歌曲的能力，加强音乐语汇特点的实践锻炼，力求将声、情、字、表演及风格相结合。

最后，作为声乐教师，我们应用通俗、精炼、准确、形象、生动的课堂语言，训练学生各个发声器官协调配合，让学生在学习中，学会辩证地去思考问题，合理构建机体的协调运动，从而获得正确的歌唱方法。

二、教学感悟

声乐教学除了传授给学生知识和技能外，更重要的是赋予他们音乐的素养和艺术的灵魂与力量。我甘愿做一名平凡的园丁，在乐田里坚持教真、育善、化美！

孙艺辉

教师简介

孙艺辉，1972年生，安徽合肥人。安徽师范大学音乐学院副教授，硕士生导师，安徽师范大学音乐学院键盘教研室副主任，国家公派留俄硕士，美国俄亥俄州立大学访问学者，中国音乐家协会会员，中国音乐家协会钢琴考级评委，中国教育学会音乐教育分会高师键盘乐器学术委员会学术委员，安徽省钢琴协会副主席。主要研究方向为钢琴演奏与教学研究。主讲“钢琴演奏”“钢琴演奏理论”“钢琴重奏”“钢琴教学法”等课程。参与主编国内钢琴教材两部。获安徽师范大学优秀教学奖，多次指导学生在各类比赛中获奖，多次担任省内钢琴比赛评委。

示范课报道

聆听经典艺术　感受指尖魅力

2016年3月30日，校本科教学示范观摩课第二场正式开讲。安徽师范大学“皖泰杯”教学奖获得者，安徽师范大学优秀教学奖获得者，音乐学院孙艺辉副教授为师生奉献了一节精彩的示范课。校督导团成员，教务处领导，音乐学院领导、部分中青年教师和学生等50余人参加了此次观摩活动。

本次观摩课为2014级音乐表演专业“钢琴演奏Ⅳ”。孙老师首先进行音阶和琶音的弹奏教学，这是整个钢琴技术的基础，要求“连、匀、齐”，通过练习使学生做好弹奏乐曲的充分准备。随后，孙老师教授了莫扎特的《C大调钢琴奏鸣曲K330》。在学生弹奏之前，孙老师讲述了作品的创作背景、曲式结构、演奏要领，给学生一个总体的框架和形象，让学生从感性到理性不断深化；在演奏过程中，孙老师不断提醒学生在不同乐句时的强弱变化、装饰音的额处理、呼吸的位置等等，力求准确表演作曲家的初衷。在中小学音乐教材歌曲《美丽的村庄》伴奏教学中，孙老师分别从歌曲风格、伴奏音型、和弦选择等方面给学生充分的引导，让学生自己完成伴奏的编配、演奏，培养学生的自主学习和创新能力。最后，孙老师进行了贝多芬《C大调第一钢琴协奏曲》的教学，通过讲解、纠正以及与学生的合奏，培养了学生的协作意识和音乐素养。

在本次观摩课中，孙老师教学思路清晰、内容丰富，讲解与示范并重，注重与学生沟通，挖掘学生的创造力，在个别课教学中穿插对学生团队意识的培养，体现了老师本身深厚的教学功底和演奏能力，真正做到既“教书”又“育人”。前来观摩的老师和同学们对孙老师的授课给予了高度的评价，表示从中学习到了很多。

教学感言

在这一节公开课的教学中，我注重了以下几方面。

一、培养和激发学生的学习兴趣

在教学曲目设计中，我根据学生的实际演奏水平，选择了莫扎特的《C大调钢琴奏鸣曲K330》第一章，这首作品活泼明快，技术难度适中，可以给学生以丰富的音乐表现空间，有利于在教学中启发学生的音乐想象力，唤起他们的音乐感受力，进而点燃他们的音乐表现欲，激活他们的音乐创造力，让他们通过演奏有所感，有所想，有所悟，有所为，从而在品味音乐和诠释音乐的过程中，体会到钢琴演奏的真正意义。

二、尊重差异，强调学生的课后练习

钢琴演奏学习主要是通过演奏者本人在实践中学习和领悟，教师除了抓好课堂教学环节之外，还应当留意学生的课后练习情况。因此，在上课一开始，我通过与学生的交谈了解到学生课后练习的一些情况：作业的完成程度、有哪些疑问或难点，使得下一步的课堂教学更具有针对性。比如学生提到不能正确把握一处节奏，在随后的课堂教学环节中，通过我的讲解、示范，这一难点得到了解决。

三、教学内容选择多样化，丰富教学课堂

我们知道，相对独奏而言，演奏者在合奏的演奏过程中需要协调的因素更多：不同演奏者之间的协调配合，不同乐器音色、节奏、声部的协调，等等。因此，钢琴室内乐课程对于培养演奏者的协作意识和更为全面的音乐综合素质具有重要意义。在教学曲目设计中，我结合学生的实际演奏水平和教学进度安排，选择了贝多芬第二钢琴协奏曲第三乐章这首活泼、欢快的作品，并在课堂上与学生协奏，让学生在合作中感受音乐，从而意识到自己在演奏中的不足，激发他们课后练习的热情。

四、激励为主，着眼发展

钢琴演奏是艰苦而漫长的学习过程，绝非心血来潮。学生都希望自己刻苦的练习能得到老师在课堂上的肯定和赞许。我在教学中注意发现学生的闪光点，比如学生在为歌曲《美丽的村庄》伴奏时，对于她的即兴编配虽有不足之处，我仍然对她的伴奏音型设计给予肯定。教师对于学生的及时鼓励、肯定，用他们的“闪光点”来激励他们克服“困难点”，能激发学生朝着更高的目标前进。

很多人都有这样一种观点：钢琴演奏课程是一门技术课程，它的教学过程往往是在传授一种手艺或技艺。而我国钢琴教育家陈祖馨先生则主张：钢琴教学应以艺术审美为主导，在“感受音乐”中掌握钢琴的演奏技艺。这句话充分体现了钢琴演奏课程教学的新思路，也是我应当学习和遵循的教学理念。

陈 琳

教师简介

陈琳，1973年生，安徽无为人。安徽师范大学美术学院教授，博士，硕士生导师，安徽师范大学美术学院副院长。主要研究中西方美术史论、美术教育理论、视觉艺术及设计心理学等。主讲“外国美术史”“西方美术理论”“中外绘画比较”“教育实习”等课程。已出版专著、教材数本，在专业学术期刊上发表论文近20篇。

示范课报道

陶情启智寓翰墨 灵机妙悟诉丹青

2012年9月27日，2012—2013学年第一学期校本科教学观摩课第三讲在花津校区教学楼2070501教室举行。校优秀教学二等奖获得者、美术学院陈琳副教授以艺术为媒介、以史实为线索，对“西方美术理论”中的“后现代艺术现象”进行了多视点和全方位的全新阐述。校督导团成员，教务处领导，美术学院领导、院督导组成员与部分青年教师及学生等近70人参加了此次观摩活动。

陈老师首先通过2分30秒的行为艺术表演生动演绎出后现代艺术的精髓，在艺术文化交织的时空背景中将观摩师生引入后现代的情境之中。她紧扣主旨，在追本溯源中探寻艺术特征，在名家佳作中把握创作倾向，在多元文化中辨析东方元素。针对后现代艺术现象深奥、复杂的学术理念，陈老师在现场演示的基础上，运用大量直观、具有代表性的作品图片或反思回省，或剖析动因，或启迪人性，在师生互动中帮助学生将义理阐发和丰富现象完美结合，使之易于接受，乐于思考。

陈老师理论上博采众长，在知识汇聚的才气中挥洒自如；教学上稳中求变，在彰显个性的灵气中创新方法；沟通上重视学生兴趣，在万千画卷的大气中契合心灵。校督导团老师认为这是一堂高质量的观摩课，若能在语速上略加控制，适度放慢，则会给人更多的想象空间和思考余地。

教学感言

“西方美术理论”课程为专业理论课程，我在课程准备中注意凸显理论与实践之间的辩证关系，以艺术为媒介、以史实为线索，对西方美术理论中的各种艺术现象进行了多视点和全方位的阐述，在追本溯源中探寻艺术特征，在名家佳作中把握创作倾向。本次观摩课针对后现代艺术现象和深奥、复杂的学术理念，运用大量直观、具有代表性的作品图片，或反思回省，或剖析动因，或启迪人性，灵活运用师生互动的教学方式来帮助学生将义理阐发和丰富现象完美结合起来，使之易于接受，乐于思考。就本次课堂教学来说，内容过于丰富造成节奏过快，学生接受起来有困难。今后的课堂教学应该将教学内容以预习的方式让学生先行了解，这样课堂教学中讨论、互动环节会更加从容。

“西方美术理论”课程是美术专业的必修课，它是基于学生对中外美术史已有准确了解的基础上而开设的有关西方绘画理论研究的课程。通过对西方美术史上重要的理论家、影响美术史发展的美术理论观点的介绍，使学生能够了解美术现象背后深层次的理论动因，形成更宽广的学术胸襟，更独立的学术态度，更深刻的学术思想。在具体教学过程中，教师应该一方面通过课堂讲解来阐述西方美术理论家的主要观点，另一方面开展课堂专题汇报和小论文写作相结合的教学方式，全方位提升学生的理论思辨能力和表达能力，使他们能够真正成为一名能力全面、思想深刻的新时代大学生。

教学座右铭

“艺”“术”兼顾，掌握专业与教学的平衡；“知”“行”合一，完成理论与实践的统一；“道”“路”并行，实现教学理想的愿景。

高　飞

教师简介

高飞，1961年生，安徽界首人。安徽师范大学美术学院教授，硕士生导师，美术学院院长，安徽省学术和技术带头人，中国美术家协会会员，安徽省美术家协会副主席，安徽省油画学会副主席。主讲“速写”“油画”“创作”等课程。主持国家社科、国家艺术基金、教育部人文社科、安徽省哲学社会科学基金项目各1项，发表论文30余篇。获安徽省人文社科奖三等奖2项，教育部艺术教育科研论文奖二等奖1项，安徽省文联文艺评论奖三等奖1项。作品曾入选第七届、第十届全国美展，第一、三、六届全国水彩、粉画展，中国油画展，中国青年油画展，第二届中国体育美术作品展，等。

示范课报道

娓娓道来拨迷雾　惟妙惟肖构丹青

2013年3月26日，2012—2013学年第二学期校本科教学观摩课第二讲在美术学院A104教室举行。高飞教授结合典型画家作品，深度剖析了油画肖像写生的相关问题。校纪委书记程度，校督导团相关成员，教务处有关领导，美术学院领导、部分青年教师及研究生参加了此次观摩活动。

高老师以图文并茂的画面，分析了油画肖像艺术发展过程中的主要流派及其风格特点、艺术手法和处理技巧，并以典型画家及其作品为例，详细讲解了油画写生中的构图、色彩、造型、艺术表现和精神传达等方面。高老师娓娓道来，内容翔实、丰富，观点精辟，深入浅出地概括了油画肖像写生过程中需要关注和解决的主要问题。

观摩课结束后，美术学院组织督导专家、学院领导及听课教师对示范课进行了评议。大家一致认为，本次观摩课充分展现了高飞教授备课的充分性，授课环节设计的精巧性，希望广大教师虚心学习，不断提高课堂教学水平。

教学感言

油画肖像艺术历史悠久，在本科美术专业课程体系中属重要一环。因此，教学活动存在着与前期课程衔接、理论知识准备等问题。为了上好这门课程，必须就油画肖像艺术的主要流派及其风格特点、艺术手法和处理技巧作比较详尽的介绍。囿于课程时间，这类问题不能在一节观摩课里进行详解，只能以典型画家及其作品为例，对油画写生中的构图、色彩、造型、艺术表现和精神阐达做简要介绍，更多艺术现象要放在具体的课程实践中，就学生个体特征进行针对性讲授、辅导。

“油画全身像”是绘画专业油画方向核心必修课程。通过课堂练习，掌握适合学生个体的作画方法，由原来的打基础过程转化到一个追求画面表现语言的高层次阶段。通过油画肖像写生教学，可以培养、提高学生较强的造型能力、色彩修养和审美感受。具体教学中通过训练油画肖像整体画面的表现力，以视觉体验的方式，观察、感受对象的造型、色彩、空间等画面构成的诸多因素，要求学生在基本掌握油画材料性能的同时，强化个人的感受，表达自己的想法，表现出写生对象的精神特质。通过研究色彩规律，提高学生的色彩造型能力和表现力。教学中结合研究优秀作品，拓宽艺术视野，培养学生多角度的鉴赏能力、理解能力和表现能力，以提高学生个性审美能力。授课过程中，教师应将理论知识讲授、作品鉴赏、集体讨论和实践指导相结合，做到内容充实、思路清晰、形式活泼，同时要善于调动和保护学生的主动性和艺术个性，实现教与学的双向互动。

教学座右铭

崇德、精艺、勤思、尚新。

崇德是育人的核心，精艺是育人的目标，勤思是育人的推进器，尚新是艺术的生命源。

周　群

教师简介

周群，1968年生，安徽霍邱人。安徽师范大学美术学院教授，硕士生导师，安徽师范大学教授委员会委员，绘画专业负责人，中国美术家协会会员。主要研究美术教育和美术创作。主讲“素描”“色彩”“油画”“油画创作”等课程。获国家艺术基金美术创作资助项目立项。美术创作作品多次参加全国美展，在省级展览中分获金、银、铜奖。在全国美术期刊发表教研与科研文章数篇。

示范课报道

丹青妙手绘肌理　点讲成笔练画功

2015年3月31日，2014—2015学年第二学期校本科教学示范观摩课第四讲在美术学院B401教室举行。此次观摩课由美术学院周群副教授主讲，校督导团、教务处有关人员，美术学院党委书记王刚，副院长刘曼玉、陈克义，院督导组成员、各专业负责人和部分中青年教师等30人参加了此次观摩活动。

本次观摩课的教学内容是“油画半身像写生”。周老师从中西方油画大师的经典作品切入，紧密结合教学内容和学生的学习实际，从油画半身像写生的整体布局、形体塑造、色彩处理、主次虚实、形式节奏以及画面经营表现等方面，为同学们深入讲解了油画半身像写生的重点与难点。

周老师通过点评部分同学的作品，详细分析了同学们在油画半身像写生过程中容易出现的主要问题及解决方法，要求学生培育正确的观察方法，并强化对人物形象的敏锐感受，提高审美情趣和修养。周老师授课时还特别强调，学生作画时必须加强对绘画基本功和基本规律的把握，并学会独立思考，努力对画面进行独特表现，创作出富有个性的作品。整节课内容翔实，表述流畅自然，课堂气氛活跃，且具有独特的教学理念。

观摩课结束后，美术学院组织督导专家、学院领导及听课教师对本次示范课进行了评议。大家一致认为，本次观摩课充分展现了周老师认真、严谨的备课，扎实、完善的专业理论以及新颖、独特的授课技巧，为大家展示了一场精彩、生动的教学观摩课，给大家提供了一个交流、学习的平台，也更好地发挥了骨干教师在学科教学中的引领作用。

教学感言

一、课后反思

在课前准备时，要紧密结合教学内容和学生的学习实际情况，针对性地备课并设计教学方法。我在校级观摩课“油画半身像写生”中，针对学生在平时训练时不注意思考作品的构思、立意，作品面貌单一，形式单调，思维定式，“无头脑”绘画等情况，从中西方油画大师的经典作品切入，图例解读油画半身像写生的构思、立意、整体布局、形体塑造、色彩处理、主次虚实、形式节奏以及画面经营表现等方面，为学生们深入讲解油画半身像写生的重点与难点。在讲解中，重点强调作画过程中的构图、立意，启发学生在写生中要具有创作意识。同时，采用点评的方法，直观地分析了具有代表性的学生作品，指出学生们在油画半身像写生过程中容易出现的主要问题及解决方法。我的教学理念是：学生们的塑造能力有高低，存在差异是正常的，但不能没有想法，要在训练塑造能力的基础上构思画面，尽力在画面中体现个人感受。

不足之处：技法课观摩教学如能现场示范，直观、清晰地展示、讲解，教学会更加生动。但由于油画作画过程较长而没能实施，使教学效果打了折扣。

二、教学感悟

在教学中要结合学生的学习实际情况，因人而异地实施教学，针对性地指导。关注学生在绘画过程中无意识流露出的表现形式和表达的兴趣点，沿着学生的绘画思路加以引导，鼓励学生尝试多样的表现手法和绘画形式，不拘泥于统一的表现模式，在不失去塑造形体共性的前提下与个性化的感受、审美需求相结合。引导学生培养正确的观察方法，精心构思、立意，使学生的作品个性鲜明，形式风格多样且富有内涵。同时，技法课中尽可能地演示教学，使教学更加直观。

教学座右铭

教学相长。教学实践活动能促进教师的艺术思考和艺术实践；教师的艺术实践能推动、提高教学水平和教学效果。

赵俊红

教师简介

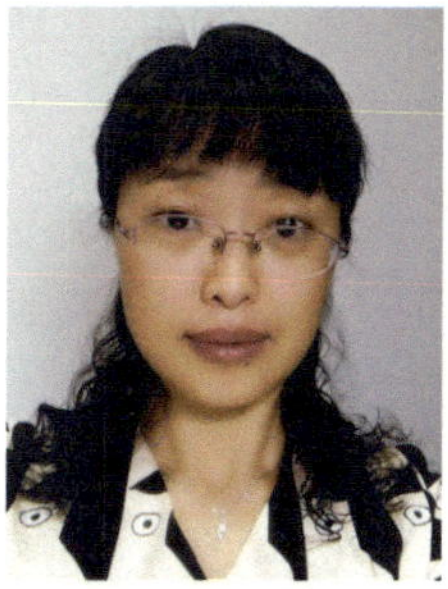

赵俊红，1969年生，安徽怀远人。安徽师范大学体育学院副教授，硕士。主要研究大学体育课中的排球、健身秧歌、太极柔力球等。获安徽师范大学优秀教学奖三等奖（2010）。获“安徽省第十三届运动会高校组排球赛优秀教练员”（2014），“安徽师范大学‘三育人’先进工作者”（2015）称号。多次指导校排球队参加安徽省运动会高校组排球比赛并获奖。

示范课报道

婀娜多姿万千态　曼妙婉转秧歌舞

2011年11月11日，校优秀教学奖三等奖获得者、体育学院青年教师赵俊红在赭山校区体操馆举行了公开课教学。校督导团成员、体育学院督导组等观摩了此次公开课。

此次公开课的教学内容是“健身秧歌”，授课对象是理工科学生。在教学过程中，赵老师首先带领学生开展了一系列的准备活动，充分活动身体的各关节；其次，赵老师通过提示动作名称、示范动作要领，引导学生复习、巩固已学过的健身秧歌动作，并适当地用正误对比的方法进行纠正。在随后的新动作的教学中，赵老师采用激情教学法先完整地示范新动作组合，使学生对新动作组合有一个完整的印象，再将新动作进行分解并逐一示范，既安排学生统一模仿，又让学生分组练习，对个别学生不规范的动作耐心地进行纠正。其间，伴随口令练习和配乐练习，帮助学生认知动作路线及其节奏。

赵老师教态大方、亲和，技术细节讲解清楚，口令动作准确、到位。在她的示范下，学生们伴随着美妙的音乐，踏着优美的舞步扭转、跳跃，将手绢和扇子舞得如行云流水，节奏感与音乐感融为一体，切实让人感受到秧歌舞热闹和喜悦的特性以及在培养学生积极向上的精神风貌方面所起的特殊作用。

教学感言

我自参加工作以来，始终工作在教学一线，在长期的教学实践中，深刻体会到：要培养出具有强烈社会责任感、创新精神和实践能力的优秀人才，必须坚持育人为本、德育优先、全面发展的原则。不同专业的学生在学好自己的专业知识的同时，还要学会锻炼身体、增强体质的方法。因此，我在教学过程中始终要求自己做到兢兢业业、认真负责，始终以严谨的工作态度潜移默化地影响学生，为学生做榜样。我在教学中能坚持做到热爱学生、关心学生，与学生建立平等、友好的师生关系；能认真对待每一节课，课前认真钻研教材，了解教材内容结构及重点和难点，并把重点、难点编成口诀，使学生易懂、易记，针对教学中学生可能会出现的错误动作，提前准备预防措施；潜心钻研教法，寻找能把教学内容变成更容易被学生接受和掌握的教学方法；把教学目标分成若干部分，层层递进，逐步提高要求，避免学生在学习初期产生畏难情绪。课中遵循循序渐进的教学原则组织教学，采用集体教学、分组合作学习、分组探究式学习和分层教学等教学方法，充分发挥学生的主体作用，满足不同层次学生的锻炼需求，调动学生学习的积极性、主动性；善于与同学交流，及时调动学生情绪，寓教于乐，使学生主动学习、乐于学习，创建良好的学习氛围；真诚对待每一个学生，关心全体同学，对体育基础较弱和性格内向的同学给予更多的关爱和鼓励、更多的辅导，并不断地给他们做陪练，使他们尽快地掌握动作要领，增强自信心，享受体育带来的快乐，使他们爱上体育课。课后，我会认真总结，每一位同学技术上的进步都会给我带来快乐和成就感；也反思课堂上存在的问题，如对于不爱好排球运动的同学怎样才能调动他的参与热情，对于垫球时手臂伸不直的同学怎样才能让他们找到垫球时的肌肉感觉等。

教学座右铭

学生技术动作的进步，是我教学最大的追求！

方 敏

教师简介

方敏，1969年生，安徽无为人。安徽师范大学体育学院教授。主讲“排球”“中学体育教材教法”等课程。获安徽师范大学优秀教学奖一等奖（2011）。获“安徽师范大学‘三育人’先进工作者”（2011）称号。

示范课报道

形神兼备内外修　力美交融刚柔济

2012年5月15日，学生们在花津校区体育馆排球场内迅速整队集合，校优秀教学奖一等奖获得者、体育学院方敏副教授为观摩师生讲授了一堂激情洋溢的排球课。校督导团成员，教务处有关人员，体育学院领导、院教学督导组以及部分青年教师参加了观摩活动。

此次授课内容是“传球、垫球与四号位的扣球技术”。方老师首先通过慢跑、柔韧练习操等活动让学生热身，精心设计了滚球接力的游戏活动，培养学生配合和协调控制能力，也有效地调动了学生的积极性和参与性。在教学过程中，方老师从站位姿势、击球部位、手臂手型等多方面对技术动作进行拆分讲解，而且将个人示范与学生练习相结合，将集中纠错与个别纠错相结合，使得学生在练习时有直观感受且能迅速掌握正确的动作要领。

方老师的教学在整体上安排合理、环节紧凑，遵循体育教学的基本规律，尤其是对重点内容的讲授上突出“技术为先、勤练为本”的原则；多方面激发和鼓励学生，积极引导双向互动，使学生既充分体验到排球运动的乐趣，又不断提高排球运动技术的水平。

课后，体育学院组织了本次观摩课的评议活动。观摩老师们对方老师兢兢业业、认真授课的态度和敬业精神给予高度评价，认为本次公开课的教学设计和教学实效等达到了体育教学与健康育人的双重效果，值得青年教师从中揣摩学习。据悉，体育学院正从多方面精心筹备和组织校级和院级观摩课的开展，让不同年龄层次的教师都能从中获益。

教学感言

这次公开课的授课内容是“传球、垫球与四号位扣球技术”。为实现学生排球基本技术有效提升的教学目标，我在教学准备部分设计了慢跑、拉伸练习进行热身，通过滚球接力游戏培养学生的团队配合和身体调控能力，同时有效调动学生学习的积极性和参与性。这些准备活动为基本部分教学创造了积极的教学情境。基本部分的教学过程分为两个环节，一是排球基本技术的复习，二是教学比赛中技术动作的运用。在传球、垫球的复习环节，做到精讲动作要领与强调学生对动作理解相结合，教师示范与学生练习相结合，集中纠错与个别纠错相结合，单人练习与配对练习相结合，并在练习中加入击掌动作，活跃课堂气氛，培养动作的节奏感，同时也提高了练习质量。四号位扣球采用垫—传—扣的串联练习方式，为比赛时技术的合理运用设计模拟场景。采用教学比赛练习方式，培养学生对排球技术的掌控及运用能力，该环节教学突出“取位”在技术运用时的重要性。结束部分的设计注重身体放松和教学总结，帮助学生自我分析学习效果。此次教学整体上安排合理，教学环节紧凑，遵循体育教学的基本规律，尤其是对重点内容的讲授上突出技术为先、勤练为本；激发学生，双向互动，使学生在充分体验排球运动乐趣的过程中获得知识技能。教学设计和教学实效达到了体育教学与健康育人的双重效果。在扣球练习中，教师传球虽然保证了传—扣质量，但也存在不足，一是学生多，影响了练习次数；二是教师不易观察学生的扣球动作。因此，培养二传是今后排球课程教学中需要解决的问题。

为师之道，重在传道。渐悟传道有三。一谓做人之道。育人为教学之本，欲育人必怀揣匠心、恪尽职守、踏实工作、诚实待人，只有率先垂范，才能默化学生，于教学中实现育人。二谓授业之道，突出“为教而教”的教学理念。教学中强调适应性、针对性、实效性、可操作性的教学指导思想，重视学生探究性学习思维方式的培养。技能学习过程中不仅要学会“照葫芦画瓢”，还要学会画不同形状的瓢，即倡导学生在技能学习中不仅要善于模仿，更要掌握动作的技术环节、发力顺序。教学内容的安排以中学“体育与健康”课程标准为导向，精简教材内容，改变面面俱到或蜻蜓点水的教学安排，做到教与学的重点突出、主次分清。教学方法上力求深入浅出、循序诱导。例如，依据生活中肢体动作和其他运动项目的动作迁移设计程序教学法，较好地解决了上手传球技术中腕指弹拨击球动作的教学难点。教学手段上，重点采用实习作业法、游戏比赛法、评价法等满足学生主体需要，增强学生的操作能力和适应能力，提高他们的学习热情，进而培养学生独立思考能力和专业实践能力，真正让学生体会到由学懂、学会、学悦过渡到教懂、教会、教悦。三谓尊重之道，关爱学生，更要尊重学生。十个手指有长短，懂得宽容、耐心辅导，学会赞赏，让每位学生在课堂上都有被尊重的感觉。尊重学生不是空洞的口号，也不是对学生行为的迁就，而是师生间的一种信任，是一种心与心的沟通。只有这样，才能为教书育人架起爱的桥梁，让师生在尊重、友爱的环境中实现教学互动，达成教学目标。

教学座右铭

师者，当怀一颗教书匠心，重在师表、传道。

陈建霞

教师简介

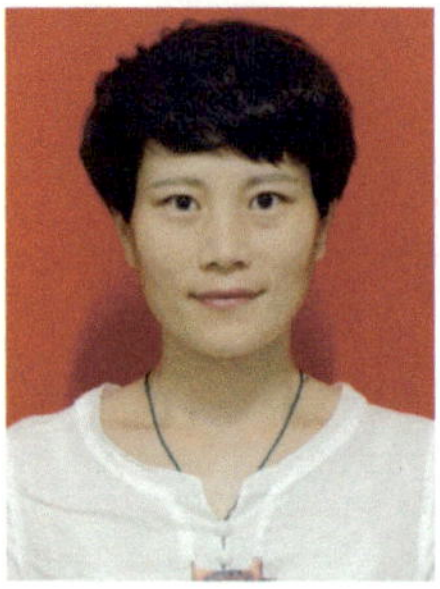

陈建霞，1979年生，安徽宁国人。安徽师范大学体育学院副教授，硕士生导师，体育舞蹈国家级教师，花样游泳国家级裁判。主讲“体育舞蹈”“艺术体操”“健美操”等课程。主持或参与省厅级教学研究项目多项。作为主教练多次率学校代表队参加全国和全省体育舞蹈和健美操比赛，夺得金牌十余枚。近三年十余次被国家体育总局选调参加全国花样游泳锦标赛等全国性赛事的执裁工作。多次在学校组织的教师教学大赛、青年教师教学基本功大赛中获奖。获“安徽师范大学体育学院‘三育人’先进工作者”“安徽师范大学优秀共产党员”“安徽省高等学校省级教坛新秀”等称号。

示范课报道

花样桑巴重旋律　优雅示范显真功

2013年11月15日，本学期校本科教学示范观摩课第七讲在花津校区体育学院专业舞蹈房举行。体育学院陈建霞副教授以精巧的教学设计，细致的教学组织，优雅的教学示范，为师生上演了一堂精彩的体育舞蹈课。校督导团、教务处有关人员，体育学院领导、部分中青年教师及学生参加了观摩。

课上，陈老师以一般性准备活动与桑巴胯、膝、踝三关节弹动技术练习专项准备相结合，引入授课内容“桑巴单人花样舞步组合”。陈老师运用完整示范、分解示范、镜面示范以及口令、提示、讲解等教学方法，突出桑巴舞步强弱拍动作的时值分配等教学重点，运用提问、学生示范纠错等教学手段培养学生观察、分析、解决问题的能力。教学内容设计环环相扣，讲解详略得当，课堂气氛活泼、生动，提高了学生自主学习的能力，培养了学生团队协作的意识。

课后，学院精心准备了评议活动。校督导团团长方宾给予了高度评价，认为此次示范课“教学组织好，教学技巧好，教学安排好”。大家一致认为陈老师的教学基本功扎实，教学规范、示范优雅，教学效果突出，这是一堂非常精彩的教学观摩课，起到了良好的示范作用。

教学感言

桑巴舞动作奔放，激情四射，富有强烈的感染力。如何将基本的桑巴舞步跳出多样的竞技花样舞步，是学生面临的一个难题。本次课就是基础舞步向花样舞步过渡的一次衔接课，任务是引导学生了解基础舞步和花样舞步之间的联系和区别。在教学设计上，采取由浅入深、层层诱导的方法，首先根据教学目的设计的舞步组合以基本动作的形式教授，再从花样舞步的关键因素（节奏和舞步的关系）入手，在音乐强弱拍和动作强弱拍上将基本舞步演绎成花样舞步。本次课的教学，通过鲜明的对比示范、简明扼要的讲解，学生很快理解了花样舞步的内涵，能够通过自己的理解将教材舞步演绎成为花样舞步。纵观课堂全程，也存在因为听课专家多，同学们有些紧张等情况，因此，在自我展示时，有的同学显得自信心不足，没有做到尽情展示。

每堂课都要让学生有所收获是我追求的目标，每堂课都能让学生在轻松、愉快的氛围中积极参与是我希望得到的效果。在教学设计中，我坚持理论知识与实践能力相结合，专业学习与全面发展相结合，知识传授与人格培养相结合的理念，特别注重挖掘体育专业课蕴含的丰富的德育因素，在授课时秉持“德育为先”的教育理念，将其渗透到教学的各个环节。教学过程中，我根据不同学生的实际情况综合并灵活采用示范、讲解、启发、互动、演绎等方法，因材施教，有效地调动学生的学习积极性，引导学生从“学会”到“会学”。我一直认为，一名好的老师就是学生的一面镜子。好老师应该以严谨、求实的工作作风，认真、负责的工作态度去影响学生的世界观、人生观和价值观的形成，以饱满的工作热情，勤奋、上进的求知精神去引导学生乐于奉献、吃苦耐劳，努力学好本领；以自己的诚实守信、礼貌待人去要求学生待人热情、友好、礼貌，互相关心，互相帮助，共同进步。

教学座右铭

爱生如己，教生如子，待生如友。

吴本亮

教师简介

吴本亮，1957年生，安徽池州人。安徽师范大学体育学院副教授，体育舞蹈国家级裁判，体育舞蹈双向高级教师高级评审。获“安徽师范大学优秀教师”“安徽师范大学‘三育人’先进工作者”“优秀实习指导教师”等称号。

示范课报道

热情拉丁重示范　优雅舞姿显艺术

2015年10月21日，本学期校本科教学示范观摩课第三讲在体育学院艺术体育馆举行，在展示了整齐的队列、队形和标准的热身操之后，由校优秀教学奖二等奖获得者、体育学院吴本亮副教授为师生讲授了拉丁舞精彩一课。校督导团、教务处有关人员，体育学院党委书记袁德水、副院长席玉宝、高升和部分中青年教师及学生等30人参加了观摩活动。

本次课吴老师主要讲解了拉丁舞的单人基本动作组合花样、双人铜牌银牌套路以及伦巴的基本动作组合。在上课期间，吴老师利用动感的音乐、响亮的口令和优美的舞姿为大家示范了节奏较为简明、欢快的恰恰和柔美的伦巴基本动作，稍作学习后，学生便在队形中找好自己的位置，跟随音乐练习新的舞蹈动作。在动作练习过程中，吴老师先后安排多名学生，逐一带领全队同学进行练习，不仅营造了一个良好的学习拉丁舞的氛围，而且充分发挥了学生自主学习的能动性，培养了学生舞蹈教学的基本能力。在此期间，吴老师对关键动作多次进行示范，并对学生提出的问题一一解答。

吴老师教态自然，口令清晰，动作规范，姿态优美，他的舞技征服了在场所有人的心。在吴老师的带领下，所有同学都完成一遍舞蹈套路后，随着音乐节奏的起伏，同学们的舞步也逐渐娴熟，情绪更加投入，一个个优雅的转身、一次次优美舞姿的展示赢得了在场所有人的掌声。

观摩课结束后，体育学院精心组织了评议活动。参加观摩课的师生们对本次观摩课给予了高度评价，认为此次观摩课不仅展示了吴老师精湛的舞蹈技巧和教学技能，而且为学生专业知识学习奠定了扎实的基础，为提高青年教师教学技能搭建了新的平台，让他们领略了不同的授课风格。

教学感言

体育舞蹈的基础训练对于任何舞蹈教学来说都是必不可少的，我院体育教育专业学生大都是在进入大学后才接触舞蹈，舞蹈基础相对较弱。因此，加强学生基础训练是首要任务，也是舞蹈课教学的重点。我的主要做法是：合理编排教学进度，采用科学的教学方法。一是整理出一套系统、规范的训练动作。从启蒙入手，循序渐进，除讲授相关的理论知识外，主要是分阶段进行练习，使基本动作变化和身韵结合起来，掌握各项舞蹈的基本特点与风格。二是让学生通过对各种类型舞蹈的反复练习，自然地将基本动作和技巧动作有机地连贯起来进行训练，以便快速地掌握基本技能。三是营造良好的课堂教学氛围，用动感的音乐，响亮的口令，优美的舞姿示范去感染学生，激发学生的学习兴趣，培养学生的学习热情。

多年的体育舞蹈教学经历使我深深感悟到：要用“爱与尊重”来对待每一位同学，要尊重学生个体之间在学习上的差异，注重个性培养、挖掘各自潜能，营造和谐、笃学、向上的教学氛围，确立“学高为师，身正为范”的信念。教学中主要以“三基”为主要任务，掌握扎实的基本功，并注重提升师范生的实践教学能力。在提高学生综合能力的同时，重点将基本实践教学能力的培养贯穿在日常教学与课外辅导、训练等活动之中。例如，结合其他专业课的学习进行互动，利用所学教材的重难点研析，分辨不同教学法的运用权重，进行说课和微课的演示，使学生做到深学、透学、广学，拓展理论与实践的综合能力。

教学座右铭

爱就是教育，没有爱就没有教育。

王国凡

教师简介

王国凡，1964年生，安徽肥西人。安徽师范大学体育学院教授，硕士生导师，中华武术七段，中国体能康复专家组成员，西医临床全科执业医师。主要研究武术、运动康复等。主讲“大学体育”“武术”“运动体能康复”等课程。获安徽师范大学“皖泰杯”教学成果奖一等奖。

示范课报道

以柔克刚教书彰显硬功底　传统文化育人四两拨千斤

2016年4月28日，在花津校区体育学院北武术馆内，体育学院体育教育与民族传统体育专业硕士研究生导师、“皖泰杯”教学成果一等奖获得者王国凡教授主讲了一节精彩的武术示范课，校督导团、教务处有关人员，体育学院领导、院督导组、青年教师及部分教育硕士20余人参加了本次观摩活动。

本次授课内容是青年健身拳、形神拳和二十四式简化太极拳。在进行充分的热身活动后，王老师首先带领学生进行了青年健身拳和形神拳的复习巩固练习，接下来他结合自己的科研工作简要介绍了二十四式简化太极拳的演化历史、练习意境及其内涵和精髓，并展示了两套风格迥异的二十四式太极拳，其柔如静水、动若波涛的精准演示，既呈现出太极拳的精华，又极大地激发了学生的学习兴趣。随后，王老师以一个个动作分解为单元，讲解其要领、指导学生逐一练习、适时地进行个别纠错和集体纠错，学生的演练水平不断提升。示范课最后，王老师对整节课进行了回顾，并进行了拉伸放松和运动康复活动，体现了科学运动与对学生的关爱。在整节课的教学进程中，节奏不缓不急，层层展开，循序渐进，且做到了张弛有度，充分展示出王老师良好的课堂掌控能力，深厚的武术功底和丰富的教学经验。课中穿插的课外知识拓展对激发学生的求知、求学意识，有非常积极的作用。

在教学评议活动中，大家一致认为王老师教学思路清晰、内容丰富，讲解与示范并重，注重与学生沟通，挖掘学生的创造力和提高学生的兴趣，在课前准备、教学思路、教学方法等方面表现俱佳，是一堂非常成功的教学观摩课，具有良好的示范作用。

教学感言

以二十四式简化太极拳公开课教学为例，简述我的教学设计。在这次课的准备过程中，我意在使体育教育专业的学生对太极拳这一民族传统体育项目的“理”与“法”及其独特的中华传统文化内涵有大致的了解。在教学实施过程中，首先，通过教师的优美动作示范激起学生的学习兴趣：演练时选用的配乐有《万里长城永不倒》和《春江花月夜》。前一首音乐是反映旧时国人备受外国列强欺凌，借助中华武术奋起抗争的历史，教师在演练时将太极拳刚猛、激越的一面进行了展示，同时也体现了太极拳具有实战技击的特点；《春江花月夜》所展示的诗情、画意与对宇宙奥秘、人生哲理的体察融为一体，亦虚亦实的音乐境界与太极拳的阴阳、虚实、刚柔、攻守等哲学涵义配合贴切，演练主要展现的是太极拳柔和、平衡的一面，其具备的健身强体、表演娱乐、修身养性与自我完善功能。教师不同风格的配乐示范演练后，采用分动示教教法，注重精讲多练，并适时进行个别纠错和集体演练，收到了良好的教学效果。

教学座右铭

功夫=正确的方法+时间。

梦想的实现，在于继承传统，敢于创新；持之以恒，全力以赴，从我做起，从现在做起。

后　记

2010年至2016年期间，我校举办了多场教学观摩课和教学公开课，充分展示了我校教师的教学艺术和教学魅力。为发挥教师先进典型的示范引领作用，引导广大教师积极提高师德和教学水平，进一步提升我校教育教学质量，2016年5月，我校教务处、教学督导团动议编写此书，并在分管校长领导下成立了由教务处有关领导和校督导团全体成员组成的编委会。编委会对该书的书名、编写体例及入选教师的条件等进行了反复的商讨，最终在开展过教学观摩（公开）课和校督导团专访过的教师中遴选了114位教师，基本依教学观摩（公开）课授课时间顺序辑录于相应的板块中。入选教师在原示范教学的基础上，对观摩课（公开课）准备的意图，教学设计的着眼点，实施中的成功经验及不足进行反思，并从教学目标的设置，教学内容的处理，教学实施与教材的关系，教学内容与学科前沿的衔接，知识能力思维创新的落实，教学活动的安排，教学方法的运用等方面对自身的教学经验进行了认真总结。这种源于示范课教学又高于示范课教学的不懈追求，不仅充分体现了入选教师的教学艺术魅力，而且充分彰显了入选教师精益求精、追求卓越的敬业精神。

在该书的编写过程中，编委会成员通力协作，付出了辛勤的劳动。根据编写要求，校督导团成员对所在学院及相关学院入选教师提供的材料进行了初步的编辑、整理，在此基础上编委会倪三好、方宾、郭淑新、黄时中、束立生、张春林、陈新平、王守恒（以统稿章节先后为序）等根据编写体例分辑进行统稿，最后经编委会集体审稿后定稿。

该书的编写得到学校和教务处领导的大力支持，王伦校长明确指出，该书的编写是一件好事，要把该书做成精品，成为我校教学研究的名片，朱家存副校长自始至终指导该书的编写并亲自作序。教务处席贻龙处长和黄亮副处长对该书的编写提出了诸多建设性的指导意见，各相关学院的教学院长和教学办公室的老师也给予了诸多帮助。教务处汪启年老师和督导团秘书李卯、程瑶琴做了大量的事务性工作，教务处陈琪老师、董书宝老师、文学院潘晓军老师等为该书的编写提供了大量的相关材料。安徽师范大学出版社对该书的出版给予了鼎力相助。在此，谨向所有关心、支持该书编写工作的领导、老师，特别是对各位参与编写工作老师的辛勤劳动表示诚挚的谢意！

课堂教学作为高校人才培养的主渠道是一项专业性和科学性很强的工作，该书的编写涉及的学科广、入选教师多，加之缺乏这方面可资借鉴的经验，书中舛误和疏漏在所难免，恳请各位老师、读者提出宝贵意见，期待该书的续集以更完美的面貌呈现给广大读者。

本书编委会

2016年10月28日